GANZHEITLICH HEILEN DURCH HOMÖOPATHIE

W0392074

Walther Hohenester / Michael Helfferich

GANZHEITLICH HEILEN DURCH HOMÖOPATHIE

Zuverlässige Diagnose
und wirkungsvolle Behandlung

SÜDWEST

Inhalt

Die Natur heilt

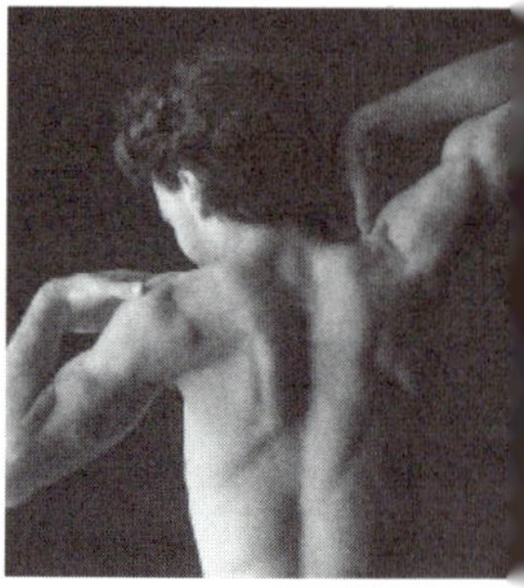

Körper und Seele
in Harmonie

Homöopathie für die ganze Familie

Sanfte Medizin ohne
Nebenwirkungen

ilkraft der Minerale

esen sind Apotheken

Homöopathie auch für Kinder

Giftig und doch gesund

Den Urlaub ohne Beschwerden genießen

eilende Essenzen aus
m Garten der Natur

lüten als Heilmittel

VORWORT

Viele sprechen von
Homöopathie und wissen
gar nicht, was der Begriff
tatsächlich bedeutet.
Fragen stehen im Raum:
Ist Homöopathie Schwindel?
Oder die einzig wahre Art,
zu heilen?
Vage Vermutungen
werden geäußert:
Es hat mit Pflanzen zu tun.
Kleine Kügelchen
muß man einnehmen.

Naturmedizin kontra Schulmedizin

Den ganzen Menschen heilen

Tatsache ist, daß sich immer mehr Menschen der Homöopathie verschreiben, der Kunst, Krankheiten auf den Grund zu gehen und sie auf sanfte Art zu beseitigen. Sie fühlen sich angezogen von dem hohen Ziel, nicht allein die Krankheit zu heilen, sondern den kranken Menschen.

Die Mittel der Homöopathie sind seit knapp 200 Jahren – solange existiert diese Heilkunst schon – die gleichen: Kamille, Schwefel, Phosphor, Kohle, um nur einige zu nennen. Diese natürlichen Wirkstoffe in den homöopathischen Verdünnungen und Verreibungen – den sogenannten Potenzen – kann man mit heutigen Methoden physikalisch noch immer nicht nachweisen. Dennoch wirken sie!

Die Kritiker höhnen

Von ihren Gegnern wird die Homöopathie meist unfair als Scharlatanerie abgeurteilt; ihnen fehlen die wissenschaftlichen Beweise. Dies war zu Zeiten Hahnemanns, dem Begründer der Homöopathie, keineswegs anders als heute.

Homöopathie bekämpft die jeweilige Krankheit von Grund auf, nicht nur Symptome und akute Beschwerden werden gezielt geheilt, sondern der Mensch als ein Ganzes wird behandelt.

- Wer einmal miterlebt hat, wie eine schwere, eitrige Angina mit homöopathischen Verreibungen erfolgreich behandelt wurde, mit Verreibungen, in denen die heilenden natürlichen Mittel als meßbare Wirkstoffe gar nicht mehr vorhanden sind, der wird nachdenklich.
- Wer beobachtet hat, wie die sanfte Medizin Homöopathie schnellere und dauerhafte Heilung ermöglichte, wo ohne sie Antibiotika hätten eingesetzt werden müssen, der wird Einwände wie »wissenschaftlich unhaltbar« wenig überzeugend finden.

Der Einsatz ist vielfältig

Es lohnt sich also, sich mit der Homöopathie auseinanderzusetzen. Gerade in der Kinderheilkunde, der Notfallmedizin, aber auch bei allen fieberhaften Infekten, Husten und Schnupfen hat sich der Einsatz homöopathischer Mittel hervorragend bewährt.

Wer unter Reisekrankheiten leidet, sollte auf wirksame Mittel wie Cocculus, Petroleum oder Tabacum nicht verzichten. Und Nux vomica, die Brechnuß, hilft bei Übelkeit und Magenschmerzen – besonders all denen, die reizbar und nervös durch das Leben hasten. Tollkirsche und Chinarinde, Tintenfisch und Tierkohle, Quecksilber und Kalkschwefelleber: Der Arzneischatz der Homöopathie ist unerschöpflich.

Lernen Sie die Homöopathie kennen

Hahnemann machte Selbstversuche. Er erprobte die Wirkung des Arzneimittels am Gesunden!

Sich in dieser natürlichen Heilkunde auszukennen und das passende Mittel aus dem großen Arzneischrank der Homöopathie zu finden, ist der Sinn dieses Buchs.
Wir möchten Ihnen zeigen, wie Sie eine homöopathische Hausapotheke zweckmäßig zusammenstellen, wie Sie Unpäßlichkeiten des Alltags schonend selbst behandeln, ohne lästige Nebenwirkungen. Sie erfahren, was Sie vorbeugend in den Koffer packen, wenn Sie auf Reisen gehen. Und wir möchten Ihnen außerdem zeigen, was die Homöopathie bei ernsthaften Krankheiten zu leisten imstande ist.
Probieren Sie eine medizinische Methode, die auf eine langjährige erfolgreiche Tradition zurückblicken kann, und die ohne lästige Nebenwirkungen auskommt. Vertrauen Sie der Natur!

Rechte Seite: Der Begründer der Homöopathie, Friedrich Christian Samuel Hahnemann (1755–1843) prägte den Grundsatz der Heilmethode: Ähnliches wird durch Ähnliches geheilt.

Hahnemanns Selbstversuche

»Ich nahm zum Versuch halber etliche Tage zweimal täglich jedesmahl 4 Quentchen gute China ein; die Füße, die Fingerspitzen wurden mir erst kalt, ich ward matt und schläfrig, dann fing mir das Herz an zu klopfen, mein Puls ward hart und geschwind: eine unleidliche Ängstlichkeit, ein Zittern (aber ohne Schauder), eine Abgeschlagenheit durch alle Glieder; dann Klopfen im Kopfe, Röthe der Wangen, Durst, kurz alle mir sonst beim Wechselfieber gewöhnlichen Symptome erschienen nacheinander, doch ohne eigentlichen Fieberschauder ...«

Samuel Hahnemann

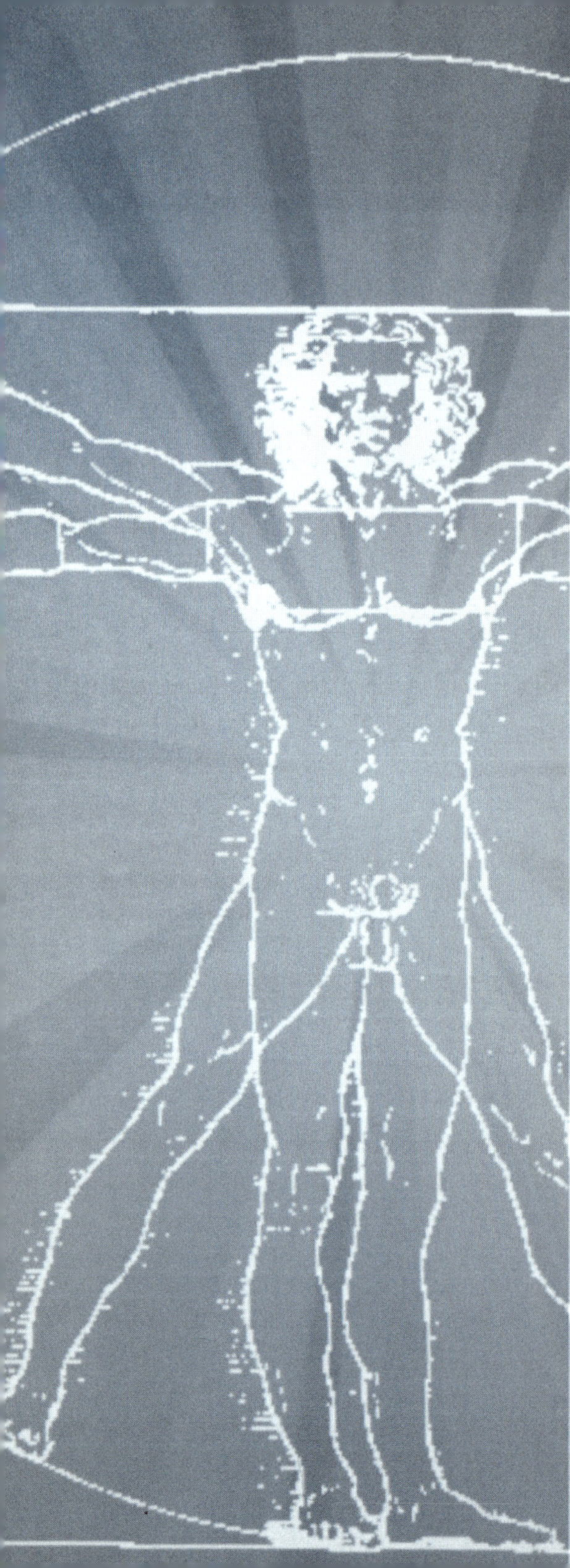

HOMÖOPATHIE IN DER HEUTIGEN PRAXIS

Der Homöopath betrachtet den ganzen Menschen. Die körperlichen, geistigen und seelischen Symptome des Kranken sind für ihn das allein Ausschlaggebende. Aus ihnen erkennt er, welches Arzneimittel er verordnen muß. Laborwerte, Blutdruckmessungen, Röntgenaufnahmen sind für ihn lediglich Unterstützung seiner Untersuchung. Er behandelt nicht den Schnupfen, das Kopfweh, den Durchfall, sondern die Gesamtsymptome, unter denen der Patient leidet.

Homöopathie – Allopathie – Isopathie

In den meisten Apotheken und im Gespräch mit Ihrem Homöopathen stoßen Sie auf drei Begriffe: Homöopathie, Allopathie und Isopathie. Hier müssen Sie genau unterscheiden.

Homöopathie

Samuel Hahnemann führte 1807 den Begriff »Homöopathie« für sein spezielles Heilverfahren ein. Grundlegend dafür war und ist die Ähnlichkeitsregel: Ähnliches wird durch Ähnliches geheilt und die Erfahrung:

- Schwache Reize entfachen die Lebenskraft.
- Mittlere Reize hemmen die Lebenskraft.
- Starke oder stärkere Reize heben die Lebenskraft auf.

Die homöopathischen Arzneien stammen aus dem Pflanzen-, Tier- und Mineralreich und werden in den unterschiedlichsten Verdünnungen, genannt Potenzen, angewandt.

Stoffe, die in hoher Dosis beim Gesunden bestimmte Symptome auslösen, bewirken in homöopathischer Verdünnung beim entsprechend Erkrankten eine Stimulierung der Selbstheilungskräfte und damit die Heilung.

Ein Beispiel für die Wirkung

Sie fühlen sich zerschlagen; ein Sturz, eine Prellung oder ein ausgedehnter Stadtbummel kann der Grund sein. Das Bett scheint zu hart, jede Berührung schmerzt. Sie sind gereizt und finden trotz Übermüdung keinen Schlaf. Hier hilft die Heilpflanze Arnica montana, die beim Gesunden genau diesen Zustand hervorruft. Nach der Einnahme von Arnica in homöopathischer Verdünnung klingen die Beschwerden ab.

Allopathie

Diesen Begriff führte Hahnemann für die klassische Schulmedizin ein, also für jene medizinische Behandlung, bei der Arzneimittel eingesetzt werden, die den Krankheitssymptomen unmittelbar entgegenwirken.

Ein paar Beispiele: Husten wird mit einem Hustenblocker wie Kodein behandelt, gegen Verstopfung werden Abführmittel verschrieben, und bei Krebs gibt es das Zellwachstum hemmende Substanzen wie Zytostatika. Doch aus der Sicht der Homöopathie sind

Allopathisch eingesetzte Arzneimittel erzeugen im gesunden Körper meist einen den Krankheitssymptomen, die sie heilen sollen, entgegengesetzten Zustand.

Krankheitssymptome nie zufällig. Vielmehr bemüht sich der Organismus, aus eigener Kraft wieder gesund zu werden. Werden nun den Beschwerden entgegengesetzt wirkende Mittel gegeben, dann schwächt das den Körper. Ein zweites Problem der Allopathie liegt in der Dosierung: Je schwerer die Erkrankung, desto stärker müssen die Mittel sein – und damit wächst die Gefahr der zusätzlich schädigenden Nebenwirkungen.

Isopathie

Anfang des 19. Jahrhunderts wurde die Isopathie in Anlehnung an die Homöopathie entwickelt; sie behandelt Gleiches mit Gleichem. Das griechische Wort »iso« bedeutet gleich. Die Behandlung erfolgt mit den Stoffen, sogenannten Nosoden, die die Erkrankung auslösen oder die durch das Krankheitsgeschehen im Körper gebildet werden. Diese werden meist nach den Regeln der homöopathischen Arzneibücher verdünnt und in geeigneten Potenzen angewandt.
Einige Beispiele: Um die Entstehung neuer Nierensteine zu verhindern, wird Calculi renali verschrieben – Nierensteine. Zur Ausheilung von Scharlach empfehlen die isopathisch arbeitenden Ärzte Sarlatinum – Scharlachbazillen. Bei Erkrankungen als Folge von Umweltgiften wie Holzschutzmitteln oder auch Amalgamfüllungen können z. B. Xyladecor oder Silberamalgam als Nosoden mit Erfolg eingesetzt werden. Bei Durchfall soll ein leichtes Abführmittel die Selbstheilungsreaktion des Darms unterstützen.

Die homöopathische Untersuchung

Wer zum Homöopathen geht, staunt zunächst über die grundlegend andere Art, mit der Arzt oder Ärztin, Heilpraktiker oder Heilpraktikerin der Krankheit auf den Grund gehen. Die homöopathische Fallaufnahme, Anamnese genannt, ist das erste Gespräch zwischen Patienten und behandelndem Arzt; es dauert mindestens eine Stunde! Für den Homöopathen sind Aussehen, Redeweise, Kleidung des Kranken nicht minder wichtig wie die Schmerzen, unter denen er leidet. Wie sitzt der Patient auf seinem Stuhl? Gerade, korrekt, steif? Oder lässig, locker? Ist er schweigsam oder redselig?

Hektisch und unruhig oder schüchtern und ruhig?

Die homöopathische Behandlung richtet sich nie allein nach den Beschwerden, sondern immer auch nach der Persönlichkeit des Patienten.

Magenschmerzen, unter denen ein nervöser, aufbrausender, ständig seine Untergebenen drangsalierender Mensch leidet, werden homöopathisch anders behandelt, als Magenschmerzen eines schüchternen, zögernden, verklemmt Wirkenden.

Nicht nur die Beschwerden und der individuelle Typ sind in der Homöopathie zu beachten, sondern auch die Tatsache, wer sie hat und wann sie auftreten. Vormittags? Abends? Nachts?

Ist die Erkältung ganz plötzlich aufgetreten, oder hat sie sich langsam eingeschlichen?

Symptomenverzeichnisse helfen dem Homöopathen

Die homöopathische Anamnese besteht u. a. aus dem Sammeln von Symptomen, die verschieden gewertet werden. Die Summe dieser Symptome führt zum gesuchten Simile, dem heilenden Mittel, und damit zur Behandlung. Da der Homöopath unmöglich die zu jedem Simile führende Symptomenreihe im Kopf haben kann, benutzt er Symptomenverzeichnisse, sogenannte Repertorien, die das Vergleichen – auch Repertorisieren genannt – der Symptome des Patienten mit den zum Simile gehörenden erleichtern.

Nicht allein die aktuellen Beschwerden verweisen auf das geeignete Mittel; auch auf den Typ kommt es an!

Das richtige homöopathische Mittel

Um das passende homöopathische Mittel zu finden, sind nach Hahnemann die »auffallenden, sonderlichen, ungewöhnlichen und eigenheitlichen Zeichen und Symptome des Krankheitsfalles besonders und fast einzig fest ins Auge zu fassen«.

Das bedeutet: Nicht der Kopfschmerz ist bei einer Lebensmittelvergiftung ausschlaggebend für die Art der Behandlung, denn Kopfschmerzen sind sehr häufig bei Lebensmittelvergiftungen. Vielmehr sind die in dem speziellen Fall geschilderten Symptome entscheidend bei der Suche nach einem geeigneten homöopathischen Mittel: etwa Todesangst, Schwindelgefühl, kraftlose Beine.

Der homöopathische Grundgedanke

Ähnliches wird durch Ähnliches geheilt, so lautet der Grundgedanke der Homöopathie. Deshalb darf zur Behandlung von Erkrankungen nur das Arzneimittel in einer potenzierten Dosis verschrieben werden, das in hoher Dosis beim Gesunden ein ähnliches Krankheitsbild hervorruft.

Tabletten, Globuli oder Tropfen?

Ist das passende Simile gefunden, wird es dem Patienten in Form von Tabletten, Tropfen, Kügelchen, den sogenannten Globuli, oder Pulvern gegeben.

- Tabletten und Pulver bestehen in ihrer Grundsubstanz aus Milchzucker. Da er schal süßlich schmeckt, sind die Tabletten manchen Patienten unangenehm; besonders Kinder mögen sie meist nicht.
- Die Globuli, kleine Kügelchen, werden aus Saccharose, also Rübenzucker, hergestellt. Sie sind gut zu dosieren und gelten als die praktischste Form homöopathischer Arzneien. Für Säuglinge und Kleinkinder können Sie die Globuli in Wasser auflösen.
- Die Tropfen enthalten meist 45prozentigen Alkohol, deshalb dürfen Sie bei Kindern und Alkoholikern keine Tropfen einsetzen! Sie wirken in den niederen Potenzen bis D4 meist kräftiger.

Die Behandlungsvorschläge in diesem Buch nennen fast immer Globuli. Sie sind handlich und lassen sich gut auf Reisen mitnehmen. Sollten Sie einmal nur Tabletten oder Tropfen statt Globuli erhalten können, so gilt die Umrechnungsformel:
3 bis 5 Globuli = 1 Tablette = 5 Tropfen.

Der Umgang mit Globuli

Bitte werfen Sie die Kügelchen, die beim Ausfüllen aus dem Fläschchen in die hohle Hand nicht benötigt werden, fort. Geben Sie sie nicht mehr in das Gefäß zurück, die Wirkung wird dadurch abgeschwächt!
Verschließen Sie das Fläschchen, in dem Sie die Globuli aufbewahren, stets sorgfältig! Bei Feuchtigkeit lösen sie sich auf und können nicht mehr verwendet werden.

Was bedeutet »verdünnen«?

Die Urtinkturen

Die homöopathischen Arzneimittel werden aus der sogenannten Urtinktur hergestellt, so z. B.

- Belladonna, die Tollkirschenzubereitung, aus dem reinen flüssigen Tollkirschenextrakt
- Sulfurzubereitungen aus Schwefelkristallen
- Sepiapotenzen aus den Tintenbeuteln des Tintenfisches.

Die Ausgangsstoffe für die homöopathischen Urtinkturen stammen von Pflanzen, Tieren, Mineralien, Metallen, Krankheitserregern.

Alle homöopathischen Mittel werden in starker Verdünnung verordnet; auch wenn die Wirkstoffe gar nicht mehr nachweisbar sind – sie wirken doch!

Urtinkturen wirken zu stark

Samuel Hahnemann hat zu Beginn seiner Laufbahn ausschließlich Urtinkturen verabreicht, wie es in der seinerzeit herkömmlichen Medizin üblich war, die den Symptomen entgegengesetzt wirkende Mittel einsetzte. Das ist in der sogenannten Allopathie auch heute noch so.

Die Reaktionen der Patienten auf die homöopathischen Urtinkturen waren derart heftig, oft sogar lebensbedrohend, daß Hahnemann begann, sie zu verdünnen. Dabei stellte er fest, daß seine Mittel um so wirksamer wurden, je mehr er die Urtinktur verdünnte.

Verdünnen bedeutet potenzieren!

Da die Urtinktur durch die einzelnen Verdünnungen immer kräftiger und damit wirksamer wurde, mußte Hahnemann diesen Produktionsschritt bei der Herstellung seiner Mittel neu benennen. Er schuf den Begriff »potenzieren«. Das bedeutet, einen natürlichen Stoff wirksamer machen; er wird durch die Verarbeitung potenter! Damit ist eine der Grundideen der Homöopathie angesprochen.

Die Hunderterpotenzen

Hahnemann verdünnte seine Urtinkturen in Hunderterschritten.

- Er mischte zunächst einen Tropfen der Urtinktur mit 99 Teilen Alkohol und erhielt so die erste Zentesimalpotenz C1; die Bezeichnung kommt von dem lateinischen »Centum«, was hundert bedeutet.

- Diese Potenz verdünnte er mit weiteren 99 Teilen Alkohol und erhielt so C2.
- Dieses Verfahren der schrittweisen Verdünnung der Urtinktur ist beliebig weiter fortzusetzen.

Das stufenweise Potenzieren wird nach jedem Schritt mit einem zehnmaligen bzw. hundertmaligen kräftigen Schütteln bei der Herstellung von Flüssigkeiten oder einem einstündigen Verreiben bei der Herstellung von Pulvern, Globuli und Tabletten unterbrochen. Dieses Verfahren wird bis heute angewandt.
Und auf dieses stoßweise Schütteln oder Verreiben kommt es an! Es setzt jene energetischen Kräfte frei, die die Homöopathie auf vielen Gebieten unschlagbar macht. D.h., die Verarbeitung der ursprünglichen Stoffe setzt ihre Energien erst wirklich frei.

Das Verfahren reizt die Kritiker

Frappierend: Selbst wenn ein Verdünnungsgrad erreicht wurde, bei dem von der Urtinktur kein einziges Atom mehr vorhanden ist, entfaltet sich die Wirkung des Mittels immer stärker.

Natürlich bietet die Vorgehensweise des Potenzierens gerade heute breite Angriffsflächen für die Kritik. Kann man nicht gleich einen Tropfen Urtinktur in den Starnberger See schütten, auf Wind und Wellen warten, und dann einen Eßlöffel voll zu sich nehmen?
Die Kritik übersieht jedoch den entscheidenden Prozeß des Verreibens oder Verschüttelns. Theorien, die durch den Vorgang dieses Potenzierens freigesetzten Kräfte zu erklären, existieren bereits.

- Die einen sprechen von intramolekularer und intraatomarer Energie, die in biologische Energie umgewandelt wird.
- Andere spekulieren über geistige Botschaften, die von der Urtinktur an die verdünnte Lösung weitergegeben werden.
- Die moderne Physik ist mit der Quantentheorie dem Rätsel einen großen Schritt nähergekommen.
- Eine endgültige Erklärung ist jedoch noch nicht möglich.

Der Erfolg widerlegt die Kritik

Ein nicht zu widerlegendes Argument für die Homöopathie ist ihre hohe Trefferquote bei Kindern, Tieren und Pflanzen. Denn sie alle wissen nichts vom Gelehrtenstreit und fehlenden wissenschaftlichen Nachweis, bei ihnen zählt allein der Erfolg.

Erfahrung lehrt!
Bewiesen ist die heilende Wirkung der homöopathischen Verdünnungen und Verreibungen bis jetzt nur aufgrund ungezählter Erfahrungen mit diesen Mitteln. Die Verdünnung nach dem Hahnemannschen Prinzip – das Verschütteln bzw. Verreiben einer natürlichen Urtinktur – und ihre wohldosierte Anwendung im Rahmen einer homöopathischen Behandlung kann der Beginn einer lang erhofften Genesung sein.

Die Potenzen

Jedes Mittel existiert in D-, C- oder LM-Potenzen. Sie bezeichnen die Art der Verdünnung.

Wer sich mit homöopathischen Mitteln beschäftigt, stößt auf mehrere Arten der Potenzierung und ihre entsprechend unterschiedlichen Bezeichnungen: D-Potenzen, C-Potenzen, LM-Potenzen, Q-Potenzen. Sie alle haben ihre therapeutische Berechtigung und werden differenziert eingesetzt. Wie erreicht der Homöopath nun Globuli oder Tropfen der Potenz D6, C200, LM6 oder Q1?

D-Potenzen

- Man mischt einen Teil der Ursubstanz mit neun Teilen Alkohol; nach zehn kräftigen Schüttelschlägen erhält man die Potenz D1. Der Begriff leitet sich vom Lateinischen »decem« ab, das zehn bedeutet.
- Ein Teil D1-Verdünnung plus neun Teile Alkohol vermischt in zehn kräftigen Schüttelschlägen ergibt D2. Dieses Verfahren läßt sich beliebig fortsetzen.

C-Potenzen

- Ein Teil der Ursubstanz wird mit 99 Teilen Alkohol während 100 kräftigen Schüttelschlägen vermischt, es entsteht C1; der Begriff wird vom lateinischen »centum« abgeleitet, das 100 bedeutet.
- Ein Teil C1-Verdünnung wird mit 99 Teilen Alkohol nach 100 kräftigen Schüttelschlägen zu C2 usw.
- Die Reihe wird so lange fortgesetzt, bis beispielsweise C200 oder noch höhere Potenzen erreicht sind.

LM-Potenzen

Q-Potenzen entsprechen den LM-Potenzen, ihr Name ist vom lateinischen »quinquaginta mila« abgeleitet, hat sich allerdings noch nicht durchgesetzt. Diese Bezeichnung wäre analog zu D und C.

LM bedeutet ein Mischungsverhältnis von 1 zu 50 000. Die Potenzierung geschieht über Streukügelchen, sogenannte Globuli, die mit einem Tropfen der entsprechenden Lösung getränkt, aufgelöst und wieder getränkt werden. LM6 bedeutet also ein sechsmaliges stufenweises Dynamisieren in 50 000er Schritten.

Hahnemann war sehr genau: Er mischte einen Tropfen einer C3-Lösung, die genau noch 0,0000000004 Gramm der Ausgangssubstanz enthielt, mit 99 Tropfen Alkohol, schüttelte 100 mal und ließ von dieser Mischung einen Tropfen auf 500 Milchpulverkügelchen fallen, die sich in einem Glaszylinder befanden. Der Tropfen verteilte sich fast gleichmäßig auf die Kügelchen – nachweisbar durch Verwendung einer Farblösung. Das Endergebnis war eine Verdünnung von 100 mal 500, also 1 zu 50 000.

Diese Potenzierung über Streukügelchen hat Hahnemann erst in seinen letzten Lebensjahren entwickelt. Die LM-Potenzen werden auch heute noch auf diese Weise zubereitet.

Der Bergkristall Silicea wird von Hahnemann und Schüßler gleichermaßen als Heilmittel eingesetzt.

Die richtige Dosierung

- C-Potenzen wirken rascher.
- LM-Potenzen sind erfahrungsgemäß sehr sanft.
- Tiefere Potenzen von D4 bis D6 können öfter eingesetzt werden. Man gibt dann 2–3 mal je 5–7 Tropfen oder Globuli. Bei Kindern genügen 2–3 mal je 3–4 Globuli.

In akuten Fällen kann die Dosierung viertel- bis halbstündlich erfolgen, so lange bis eine Besserung eintritt. Anschließend reduziert man die Dosierung auf drei, schließlich auf eine Gabe täglich.

Eine pauschale Beurteilung der verschiedenen Dosierungen ist schwierig. Homöopathische Mittel wirken sehr individuell und damit bei jedem Patienten anders.

Behandlungsdauer und Potenzierung

Akute Erkrankungen

- Bei akuten Beschwerden nehmen Sie das Mittel maximal 4 mal in den jeweils angegebenen Abständen.
- Erfolgt keine Besserung, können Sie das nächstähnliche Mittel einsetzen.
- Haben Sie auch jetzt keinen Erfolg, müssen Sie einen Homöopathen einschalten.

Chronische Erkrankungen

- Bei chronischen Beschwerden nehmen Sie das geeignete Mittel eine Woche lang in der empfohlenen Dosierung.
- Bessern sich die Beschwerden nicht, wechseln Sie auf das nächstähnliche Mittel. Stellt sich danach kein Erfolg ein, fragen Sie einen Homöopathen um Rat.

Verbessert, aber nicht geheilt?

- Werden die Beschwerden nach der anfänglichen Behandlung besser, klingen aber nicht völlig ab, dann nehmen Sie das Mittel 3 Tage lang in der Potenzierung C12: 1 mal täglich 5 Globuli.
- Am 4. Tag nehmen Sie 1 mal 3 Globuli C30.
- Führt auch dies nicht zum Erfolg, wenden Sie sich bitte an einen Homöopathen.

Die Weiterpotenzierung

Höchst wirkungsvoll ist die sogenannte Weiterpotenzierung:

- Sie nehmen zu Beginn der Behandlung 5 Tropfen oder 3–5 Globuli oder 1 Tablette mit einer mittleren Potenz, also etwa D12.
- Anschließend wird dieselbe Gabe in 1/2 Tasse abgekochtem und wieder abgekühltem Wasser aufgelöst und mit einem Hornlöffel (keinen Metallöffel verwenden!) verkleppert – wie Sie Sahne schlagen.
- Von dieser Mischung wird in zweistündigen Abständen ein Schluck getrunken. Bei Besserung können Sie die Abstände vergrößern.

Wodurch und wann die Symptome besser oder schlechter werden, wann sie auftreten und wann sie sich ändern: Der Fachausdruck heißt Modalitäten.

Intensive Düfte und Homöopathie vertragen sich nicht

Wer homöopathische Mittel einnimmt, muß während dieser Zeit unbedingt auf Präparate verzichten, die stark riechende ätherische Öle enthalten. Sie können die heilende Wirkung der Tabletten, Tropfen und Globuli aufheben!

Lutschen Sie bitte keine Hustenbonbons, Pfefferminzbonbons, und nehmen Sie möglichst keine eukalyptus- oder mentholhaltigen Hustensäfte! Bitte verwenden Sie auch keine kampferhaltigen Salben!

Ebenso verboten sind Saunaaufgüsse mit ätherischen Ölen, Duftlampen, mentholhaltige Taschentücher! Bitte benutzen Sie jetzt auch keine stark duftenden Zahnpasten! Die Firma Wybert hat eine mentholfreie Paste herausgebracht, die während einer homöopathischen Behandlung sehr gut geeignet ist.

Fragen Sie Ihren Homöopathen auch nach Kaffee, Espresso, Cappuccino. Sie wirken leider ebenfalls den homöopathischen Heilmitteln entgegen.

Wenn es schlimmer wird, wird es besser!

Bei chronischen oder schon länger bestehenden Beschwerden kann es passieren, daß nach der Einnahme eines homöopathischen Mittels die sogenannte Erstverschlimmerung eintritt.

Bei Rheuma können Schmerzen und Schwellungen zunehmen, eine wochenlang schmerzende Verstauchung tut vorübergehend vielleicht doppelt weh.

Keine Angst! Es ist nichts anderes als ein Zeichen, daß Sie das richtige Präparat gefunden haben. Da die Homöopathie Ähnliches mit Ähnlichem behandelt, ist der entstandene Effekt laut Hahnemann eine »das ursprüngliche Übel etwas an Stärke übersteigende höchst ähnliche Arzneikrankheit«. Und diese Krankheit macht sich lediglich für kurze Zeit bemerkbar. Sie wird durch das Simile geheilt.

Ein Anruf bei Ihrem Arzt oder Ihrem Heilpraktiker kann bei einer Erstverschlimmerung nach der Einnahme homöopathischer Mittel immer Klärung bringen. Ist sie sehr stark und lästig, wird die nächste Einnahmedosis verringert.

Sie nehmen zum ersten Mal ein homöopathisches Mittel? Die Beschwerden werden stärker? Keine Angst: Es kann eine Erstverschlimmerung sein, die zeigt, daß es wirkt! Bitte setzen Sie das Mittel ab, und fragen Sie Ihren Homöopathen.

Die Modalitäten bestimmen den Erfolg

Unter Modalitäten versteht man in der Homöopathie, welche äußeren Einflüsse oder Maßnahmen die Beschwerden bessern oder verschlechtern, z. B. Lage- oder Temperaturveränderungen, Tageszeiten, Gemütsverfassungen, Nahrungsmittel etc.

Um eine möglichst hohe Trefferquote bei der Mittelwahl zu erzielen, müssen nicht nur die Symptome, sondern auch die Modalitäten von Mittel und Krankheitsbild weitestgehend übereinstimmen.

Homöopathische Typen und ihre Konstitutionsmittel

Der Homöopath behandelt nicht die Krankheit, sondern den kranken Menschen. Er beobachtet all seine Symptome vor der Behandlung. Die Art der Schmerzen, die ein Patient schildert, ist ihm genauso wichtig wie beispielsweise seine Kleidung, seine Sprache, seine Reaktion auf äußere Einflüsse.

Ein Konstitutionsmittel für jeden Typ

Konstitutionsmittel im homöopathischen Sinn sind Heilmittel, die dem Menschen in seiner Gesamtheit entsprechen, seinem körperlichen, emotionalen und geistigen Symptomenbild gleichen.

Das Mittel, das mit dem gesamten Symptomenbild eines Menschen körperlich, geistig und emotional am meisten übereinstimmt, nennt man in der Homöopathie Konstitutionsmittel.
Ein Patient ist z.B. ein Arsenicum-album- (Arsen-), ein Pulsatilla- (Küchenschelle-), ein Calcium-carbonicum-(Austernschale-)Typ, wenn er seinem homöopathischen Mittel – dem Arsen, der Pulsatilla, dem Calcium carbonicum – in seinem Gesamterscheinungsbild am ähnlichsten ist.

Vorsicht bei Konstitutionsmitteln!

Konstitutionsmittel sind vielschichtig. Manchmal passen nur wenige der geschilderten Eigenschaften auf einen Patienten, oft nur zwei oder drei. Gerade sie aber weisen dem geschulten Jünger Hahnemanns den richtigen Weg bei der Einschätzung des Patienten und der Suche nach der erfolgreichen Behandlung.

Den Typ erkennen

Nicht immer sind die jeweiligen Kennzeichen deutlich zu erkennen, meist wirken andere Merkmale in das entsprechende Gesamtbild hinein. Die Persönlichkeit wird von einer zweiten, oft auch dritten Eigenart bestimmt. Dann ist die Ähnlichkeit zu einem einzigen Konstitutionsmittel nicht mehr sehr groß, und es wird allein eine Heilung im Krankheitsfall nicht bewirken können.

Konstitutionsmittel stärken die Psyche

Konstitutionsmittel spielen eine herausragende Bedeutung in der Homöopathie, gerade auf der geistigen Ebene. Oft kann man sie bei verschiedenen auftretenden Krankheiten des Patienten einsetzen. Sie heilen vorzüglich und helfen außerdem, charakterliche Schwierigkeiten zu lindern.

Ein Typ – ein Mittel?

Wir sprechen von Arsen-, Pulsatilla-, Calcium-carbonicum-Typen, wenn ein Patient in seinem Gesamtbild dem Wirkungsspektrum von einem dieser natürlichen Stoffe am nächsten kommt. Meist überlagern sich einige homöopathische Mittel; eventuell durchläuft der Mensch im Lauf seines Lebens mehrere Typen hintereinander.

Vorsicht bei chronischen Erkrankungen!
Eine homöopathische Behandlung mit Konstitutionsmitteln oder homöopathische Gaben in sehr hoher Potenz können die Umwandlung chronischer Krankheiten in akute bewirken. Informieren Sie daher ihren Homöopathen über lange bestehende Beschwerden oder Einschränkungen.

Der Arsen-Typ – das penible Rennpferd

Arsenicum album wird aus weißem Arsenoxid hergestellt, dem seit Urzeiten wohlbekannten Gift – nicht nur für alte Damen mit Spitzenhäubchen.

Informieren Sie sich über weitere homöopathische Typen und die für Sie in Frage kommenden Konstitutionsmittel im Kapitel »Ihre Medikamente für Ihre Beschwerden« (Seite 180 ff.).

Arsen untermauert vorzüglich die Theorie Hahnemanns, nach der das stärkste Gift, in homöopathischer Potenzierung angewandt, zum besten Arzneimittel wird.

Nervös und ängstlich

Der Arsen-Typ ist der übernervöse, unruhige, leicht erregbare, einem edlen Rennpferd gleichende Mensch.

Er schwitzt bei der geringsten körperlichen Anstrengung, ist ständig getrieben von qualvoller innerer Unruhe und leidet an brennendem Durst, den er jedoch nur mit kleinen Schlucken Flüssigkeit lindert. Nachts wacht er auf, von Todesangst getrieben, denkt bei den kleinsten Unpäßlichkeiten an unheilbare Krankheiten, Krebs, drohenden Herzinfarkt ...

Pedantisch und anspruchsvoll

Dieser Mensch ist pedantisch, ordentlich, pünktlich. Künstlerisch veranlagte, schöpferisch tätige Menschen gehören sehr oft diesem Typ an, ihr Perfektionismus treibt sie zu Höchstleistungen. Er muß sein Werk bestens gestalten; hat er es aber endlich zu Ende gebracht – nachdem er es verbessert, korrigiert, überarbeitet hat –, verliert er jegliches Interesse daran: Es ist doch nichts Besonderes wert!

Diese Menschen stellen hohe Ansprüche an sich und das Leben, sind aber auch in der Lage, ihren Mitmenschen viel zu geben.

Höchstleistung ist gefragt – Tag und Nacht. Arsenicum album ist das Kennzeichen des Typs auf der Kommandobrücke, dem es unsagbar schwer fällt, Arbeit zu delegieren. Die Hausfrau organisiert ihr Leben und das ihrer Familie bis aufs korrekt gesetzte i-Tüpfelchen.

Selbst kritisch – aber selten selbstkritisch

Kritik können sie nur schwer erdulden, denn sie wissen, was sie können. Klassensprecher, Vorsitzende von Elternbeiräten sind nicht selten von diesem Typ geprägt. Oft sind sie geizig, aus übergroßer Angst, irgendwann einmal arbeitslos zu werden und völlig zu verarmen. Vermieten sie ihre Ferienwohnung, geben sie lange Listen mit, um den Gebrauch der Räume und des Inventars zu erklären.

Bei Krankheit ungeduldig

Bei Krankheiten ist dieser Typ ungeduldig. Mit akribisch ausgearbeiteten Papieren geht er zum Arzt, so daß der Homöopath schon meist durch diese Eigenart weiß, wen er vor sich hat. Oft hat er schon viele Ärzte konsultiert.

Arsen heilt schwere Krankheiten!

Angina pectoris- und Asthma-Anfälle, die meist nachts auftreten, werden oft durch Arsenicum album gelindert oder geheilt. Arsen ist das Mittel der Wahl bei Lebensmittelvergiftungen, die meist mit absoluter Schwäche und spürbarem Verlust der Lebenskraft verbunden sind. Es ist oft auch bei Angstzuständen und Krebsleiden angezeigt.

Eine Besserung tritt nach warmen und heißen Anwendungen sowie in der frischen Luft ein.

Arsenicum album als homöopathisches Mittel

Arsenicum album ist eines der bedeutendsten und sehr heftig eingreifenden Konstitutionsmittel. Es kann Krankheiten an jedem Körperteil heilen. Es wirkt auf der energetischen Ebene, über das

Nervensystem auf die Haut, auf Nieren und Herz, Drüsen und Verdauungskanal.

Modalitäten bei Arsen

Verschlechterung bei geringsten Anstrengungen, Kälte, nach Mitternacht, nach kaltem Essen und Getränken.

Der Pulsatilla-Typ – die mollige Mutti

»Windflower« heißt die Anemone auf englisch, weil sie sich zart im Wind zur Seite neigt. »Wiesen-Küchenschelle« wird sie auf deutsch genannt. Aus dieser kleinen Pflanze mit dem biegsamen Stengel wird ein Konstitutionsmittel hergestellt: Pulsatilla. Es ist ein typisches Frauenmittel, kann aber auch bei Männern und Jungen angewendet werden, die von kennzeichnend liebenswürdiger Ausstrahlung sind.

Liebenswürdig und sanft

Die hübsche, reizende, manchmal etwas mollige Frau, die ihre Kinderschar wie eine Glucke um sich sammelt, das sanfte, ausgeglichene kleine Mädchen: Sie alle tragen Merkmale der Windflower in ihrem Wesen. Sie neigen sich, um lächelnd wieder aufzustehen.

Jedes Konstitutionsmittel kann für die allgemeine Stärkung des betreffenden Typs genutzt werden; lernen Sie sich selbst anhand der Typbeschreibungen besser kennen.

Sie ist umgänglich und flexibel, aber auch abhängig von anderen und gefühlsbetont. Diese Frauen sind die idealen Lebensgefährtinnen, die alles für den Liebsten tun und trotzdem unbemerkt führen und lenken. In all ihrer Liebenswürdigkeit verlangt sie aber, daß man sich um sie kümmert, wenn sie sich einsam fühlt. Sie ist die Mustergattin und die gesuchte Mitarbeiterin. Es macht ihr nichts aus, Verantwortung zu delegieren, sie zeigt oft wenig Eigeninitiative, beugt sich unter Tränen dem anderen, dem Stärkeren, den sie braucht, um sich an ihn zu lehnen. Dieser Typ lebt auf im Freundeskreis.

Unentschlossen und schwankend

Sie ist unentschlossen, es fällt ihr schwer, sich zu entscheiden, welchen Mann sie wählen, welches Kleid sie anziehen, welches Theaterstück sie besuchen soll.
Sie kann kreativ sein, poetisch, doch sie lebt in ständig schwankenden Stimmungslagen. Windflower streitet kaum, weint gern, ist die

liebevolle, fürsorgliche Mutti oder der treusorgende Vater, wenn die Pulsatilla-Anteile bei ihm überwiegen.

Ihre Schmerzen wandern

Wenn sie Schmerzen haben, wandern sie scheinbar grundlos vom Magen zum Kopf, vom Hals in die Gelenke, um ganz plötzlich wieder zu verschwinden.

Typisch ist die nahezu völlige Durstlosigkeit. Fette Speisen vertragen sie nicht.

Dieser Typ Frau weint beim Lachen, sie ist innerhalb kürzester Zeit erschöpft und müde. Sie verträgt keine überheizten, muffigen Räume und würde am liebsten den ganzen Tag in der frischen Luft verbringen.

Pulsatilla als homöopathisches Mittel

Pulsatilla – wie könnte es anders sein – wird mit Erfolg bei Menstruationsbeschwerden eingesetzt. Es wirkt aber auch bei den verschiedensten anderen Beschwerden: Hämorrhoiden, Lebererkrankungen, vielen Augen- und Ohrenleiden.

Modalitäten bei Pulsatilla

Verschlechterung in warmen Räumen und abends. Besserung in frischer Luft und im Freien.

Der Kalzium-Typ – das ewige Kind

Das Konstitutionsmittel Calcium carbonicum wird aus der Austernschale gewonnen, um in der Homöopathie angewendet zu werden. Es ist ein weit verbreitetes Mittel, nahezu alle Kinder durchlaufen einmal eine Calcium-carbonicum-Zeit; viele Menschen bleiben ihr Leben lang darin befangen.

Träge und schwerfällig

Das träge, schwerfällige, dickliche Kind, mit rundlichem Kopf und Pausbacken, das in seiner Beharrlichkeit manchmal die witzigsten Bemerkungen von sich gibt, um auf seine Weise die Welt zu kommentieren, ist sehr oft ein Kalzium-Typ .

Es schwitzt viel und leicht an Kopf und Füßen, hat einen schlaffen, weichen Händedruck.

Gutmütig, aber launisch

Zufrieden zieht es durch seine kleine Welt, läßt sich gutmütig von älteren Geschwistern ärgern und schiebt die Hausaufgaben unendlich lange vor sich her. Dennoch lernt es gut, wenn es sich einmal entschlossen hat, eine Aufgabe anzugehen. Unvermutet bekommt es Wutanfälle, sehr zur Verwunderung seiner Umgebung. Aber irgendwann müssen sich auch diese Kinder wehren! Meist jedoch spielen sie stundenlang vor sich hin, sind lieb und selbstvergessen, »pflegeleicht« und voll innerer Ruhe.

Viele Kinder dieses Typs verlangen auffallend oft nach Eiern, vertragen jedoch keine Milch. Schon der kleine Körper weiß instinktiv, was ihm fehlt.

Ein wenig schüchtern, ein wenig träge, eigenartig matt und mutlos warten sie. Harren austernmäßig, oft auch noch als Erwachsene, auf das Sandkorn – auf Calcium carbonicum in homöopathischer Potenz – das den Anstoß geben kann, die glänzende Perle zu produzieren: Besserung ihres momentanen Leidens, ja sogar ein Aufwachen aus ihrem naiven Dasein als ewiges Kind.

Calcium carbonicum als homöopathisches Mittel

Hier haben wir das Kinderheilmittel schlechthin, es ist das Basismittel der homöopathischen Kinderheilkunde. Aber auch Reisekrankheiten lassen sich gut mit Calcium carbonicum heilen.

Die homöopathische Selbstbehandlung

Bei akuten Beschwerden nehmen Sie das empfohlene Mittel 4 mal in den angegebenen Abständen. Erfolgt keine Besserung, probieren Sie das nächstähnliche Mittel.

Bei chronischen Beschwerden wie z. B. Ischias nehmen Sie die Arznei in der empfohlenen Dosierung 1 Woche. Bei Mißerfolg versuchen Sie das nächstähnliche Mittel.

Werden die Beschwerden geringer, verschwinden aber nicht völlig, dann nehmen Sie das empfohlene Mittel 3 Tage in der Potenzierung C12, 1 mal täglich 5 Globuli. Dann nehmen Sie noch 1 Tag 1 mal 3 Globuli C30. Führt auch dies nicht zum Erfolg, suchen Sie bitte einen Homöopathen auf.

HOMÖOPATHIE FÜR DIE GANZE FAMILIE

Die Homöopathie ist mannigfaltig und dabei voller Überraschungen. So hilft das gleiche Mittel, beispielsweise Pulsatilla, gegen völlig verschiedene Beschwerden: Es lindert Magenschmerzen und Rheuma, wird bei Krampfadern eingesetzt, dient als Wehenmittel und harmonisiert Schwangerschaftsgelüste. Und das ist noch lange nicht alles!

Krankheiten und Beschwerden

Maßgebend für die Behandlung sind allein die Modalitäten (siehe Seite 23) der einzelnen Beschwerden, die mit der Arznei übereinstimmen müssen. Bei Pulsatilla sind das z. B.: Verschlechterung der Beschwerden in warmen Räumen und abends, mangelnder Durst, Abneigung gegen Fett. Häufig sind die Schmerzen auf der linken Körperseite. Besserung beginnt in der frischen Luft, durch Trost.

Diese Tatsachen sind auch die hauptsächlichen Gründe, warum homöopathischen Arzneien nie Gebrauchsanweisungen beiliegen: Sie wirken von Mal zu Mal und von Person zu Person verschieden, weil sie das gestörte innere Gleichgewicht der jeweiligen Persönlichkeit neu einrichten.

In den folgenden Kapiteln behandeln wir all die großen und kleinen Beschwerden des täglichen Lebens. Probleme des Körpers und – wie könnte es im Sinne Hahnemanns anders sein – gleichzeitig Probleme der Seele. Ausführliche Informationen über die einzelnen homöopathischen Mittel erhalten Sie ab Seite 180.

Homöopathische Hilfen bei Akne

Abrotanum C3, Calcium carbonicum C12, Hepar sulfuris C12, Juglans regia C3, Kalium bromatum C6, Selenium C12, Silicea D12, Sulfur jodatum C6.

Besorgen Sie sich von all diesen Mitteln Globuli, wenn Sie an Hautunreinheiten oder Akne leiden oder wenn Ihre Kinder in die Pubertät kommen.

Akne

Juglans regia bei gewöhnlicher Akne

Bei ganz gewöhnlicher Akne im Gesicht, an Schulter und Rücken usw. hilft Juglans regia. Jucken und Prickeln der Haut bei Hitze sind typisch.

Dosierung
2 mal täglich
5 Globuli
Juglans regia C3

Modalitäten

Durch Kratzen verschlechtert sich die Akne.

Kalium bromatum für pubertäre Akne

Dosierung
1 mal 5 Globuli Kalium bromatum C 6

Für die besonders lästige Akne im jugendlichen Alter, in der Pubertät, ist Kalium bromatum das geeignete Mittel. An Brust, Schultern und Gesicht bilden sich die lästigen Pickel. Verbunden ist die Akne oft mit starkem Juckreiz überall am Körper. Bräunlich, hart und juckend sind die Pickel. Das Sekret ist rahmartig. Besonderes Kennzeichen: Benommenheit im Kopf, nervöse Unruhe, besonders der Hände.

Modalitäten

Schlechter während der Periode.

Selenium für Jugendliche

1 mal 5 Globuli Selenium C12

Wenn es sich um die lästige Jugendakne handelt, hilft Selenium. Bei kleinen, juckenden Bläschen in fettiger Haut und dem typischen Salbengesicht ist es das Mittel der Wahl. Oft ist ein gewisses Hitzegefühl vorhanden. Mitesser entstehen bei öliger Hautoberfläche. Trockene, schuppige Ausschläge kommen in den Handinnenflächen dazu. Auch Jucken an den Fingergelenken und zwischen den Fingern sowie eine Neigung zum Schwitzen sind charakteristisch.

Modalitäten

Vor und während der Menstruation verschlechtert sich die Akne. Trotz Frostigkeit wird Wärme nicht vertragen.

Den Darm entgiften – für die Haut

Bei starker und langandauernder Akne ist es empfehlenswert, Stuhluntersuchungen vorzunehmen, um einen eventuellen Befall mit Darmparasiten – z. B. Salmonellen, Pilze – vorab zu behandeln.
Zur Darmentgiftung bei Akne und Hautunreinheiten empfehlen wir Luvos Heilerde innerlich oder Birkenkohle-Kapseln (aus der Apotheke).

Sulfur jodatum bei Eiterpickeln mit rotem Rand

Jugendakne behandeln Sie mit Sulfur jodatum, wenn um die befallenen Hautstellen ein dunkelroter Rand besteht.
Auch bei Bartflechte ist das Mittel anwendbar. Eiternde Knötchen im Gesicht und rote Flecken auf rauher Haut sind weitere Kennzeichen für Sulfur jodatum. – Das Mittel ist rezeptpflichtig bis einschließlich D3 und C1.

Dosierung
1 mal täglich 5 Globuli Sulfur Jodatum C6

Abrotanum gegen Bläschen

Stark juckende, kleine, wäßrige Bläschen, auch kleine, rote Flecken oder weiße Pusteln dicht an dicht verweisen auf das Mittel Abrotanum. Charakteristisch ist die feine Zeichnung der Venen im Gesicht – »Besenreisergefäße«.
Haarausfall und Blutschwamm (Hämangiom) können daneben auftreten.

2 mal 5 Globuli Abrotanum C3

Calcium carbonicum für blasse, kalte Haut

Blasse und kalte Haut, häufig vergrößerte Lymphknoten verweisen auf das Mittel Calcium carbonicum. Die Betroffenen vertragen keine Milch, obwohl sie zuweilen durchaus Verlangen danach haben. Sie schwitzen schon bei kleinen Anstrengungen, sogar bei Kälte.
Nachtschweiß, besonders am Hinterkopf und im ersten Schlaf, sind weitere Zeichen. – Die Akne wird durch Wasser beim Waschen stärker.

1 mal 5 Globuli Calcium carbonicum C12

Hepar sulfuris für trockene Haut

Starke Akne bei trockener Haut, Pickel meist mit Eiter deuten auf Hepar sulfuris. Der Patient friert leicht, ist empfindlich gegen kalte Luft. Er bekommt Halsentzündungen durch kalte Luft oder kalte Getränke.

1 mal 5 Globuli Hepar sulfuris C12

Silicea

Bei Pickeln, Mitessern und Furunkeln hilft Silicea. Begleitende Kennzeichen sind Haarausfall, frühzeitiges Ergrauen, weiße Flecken an den Fingernägeln. Die Nägel sind verdickt, brechen leicht ab oder sind gespalten bzw. verkrüppelt. Die Hände und Füße sind immer kalt, häufig feucht.

2 mal täglich 3 Globuli Silicea D12

Arzneimittelmenge für Kleinkinder

Ob es sich um Fieber, Halsschmerzen, Husten, Schnupfen oder Unfälle und Verletzungen handelt: Generell behandeln Sie Kinder mit den gleichen homöopathischen Mitteln wie Erwachsene. Aber beachten Sie die Menge: Säuglinge und Kleinkinder erhalten lediglich zwei Drittel der hier im Buch für Erwachsene angegebenen Menge.

Angina

Halsschmerzen, Schluckbeschwerden, roter Rachen? Hier können die Mandeln vereitert sein. Gehen Sie mit solch ernstzunehmenden Erkrankungen zu einem homöopathisch ausgebildeten Arzt oder Heilpraktiker.

Gegen eitrige Mandeln, genannt Angina, werden von der Schulmedizin umgehend Antibiotika empfohlen, um die gefürchteten Folgeschäden auszuschließen. Denn vereiterte Mandeln können streuen und Gelenk-, Herzklappen-, Nieren-, Nerven- und Muskelentzündungen nach sich ziehen.

Hier bietet die homöopathische Behandlung eine nebenwirkungsfreie und schnell wirkende Alternative. Zu Halsschmerzen siehe Seite 69ff.

Vorsicht vor einer Mandeloperation

Eine vorsorgliche Entfernung der Mandeln ist meist abzulehnen, denn die Mandeln sind absolut nicht überflüssig. Sie sind eine Art Wächter des Nasen-Rachen-Raums und haben unter anderem die Aufgabe, Entzündungen auf ihrer Oberfläche oder in ihrem Inneren zu bekämpfen und die Erreger von den wichtigeren oder empfindlicheren Organen fernzuhalten.

So stellt eine Mandelentzündung meist nicht die eigentliche Krankheit, sondern eine »Stellvertreter«-Erkrankung dar. Nach einer Entfernung der Mandeln verlagert sich der Krankheitsprozeß nämlich gern auf die Rachendachmandel (Polypenwachstum), die Zungengrundmandel, die Seitenstränge, den Blinddarm – in der Volksmedizin Darmmandel genannt – oder die Bronchien.

Bryonia bei Angina nach Überhitzung

Die Halsschmerzen treten meist nach Überhitzung mit nachfolgender Abkühlung durch Eis oder zu kalte Getränke auf. Der Mund ist trocken, anfangs besteht Durstlosigkeit. Der Kranke hat das Gefühl, daß ihm etwas Hartes im Hals steckt, das das Schlucken schmerzhaft behindert. Der trockene und rauhe Rachen macht das Sprechen schmerzhaft. Wenn Durst aufkommt, dann ist er nicht häufig, sondern große Mengen werden auf einmal getrunken.

Dosierung
Bryonia C 6
alle 2 Stunden
3 Globuli

Die Halsschmerzen werden schlechter durch das Berühren des Halses, Kopfbewegung oder Beugen des Kopfes nach unten.

Der Kranke möchte in Ruhe gelassen werden, Gesellschaft, Bewegung oder Sprechen tun ihm nicht gut. Wenn seine Umgebung ihn nicht respektiert und er sich darüber aufregt, verschlimmert dies seinen Zustand noch weiter.

Ignatia bei Angina nach Enttäuschung

Die Beschwerden treten oft nach schweren Enttäuschungen auf. Ignatia ist eines der Hauptmittel bei Globus hystericus, einem ständigen Kloßgefühl im Hals. Auch bei Halsentzündungen mit Eiterbildung wird es benötigt, wenn die Schmerzen beim Schlucken verschwinden, aber anschließend wieder zurückkehren.

Ignatia C 6,
2–3 mal täglich
5 Globuli

Für das ganze Mittel typisch sind die paradoxen Symptome. Hier verschlimmern sich die Beschwerden beim Trinken, während die Schmerzen beim Essen um so mehr nachlassen, je fester und härter die Nahrung ist.

Nux vomica nach Überforderung und Streß

Die Halsregion ist rot und schmerzt wie verätzt. Das Vorbeistreichen kalter Atemluft schmerzt stark. Warme Getränke bessern die Beschwerden. Das Schlucken von Speichel oder Speisen schmerzt zwar, doch anschließend nimmt der Schmerz erst richtig zu.

Nux vomica C 6,
alle 2–3 Stunden
3 Globuli

Angina mit Abszeß

Hepar sulfuris für Gereizte

Hepar sulfuris verhindert eine Ausbreitung der eitrigen Entzündung in die Tiefe, den sogenannten Tonsillarabszeß, wenn die folgenden

Dosierung
Hepar sulfuris C12, 3 Globuli alle 2 Stunden

Symptome zutreffen: Ohne Rötung des Rachenraums sind die Gaumenmandeln vereitert. Stechende, splitterartige Schmerzen, wie mit einer Nadel gestochen, sind typisch, besonders beim Schlucken. Beim Gähnen oder Kopfdrehen erstrecken sich die Schmerzen bis zu den Ohren. Sie werden als ungewöhnlich stark empfunden. Jede Art von Kälte – kalte Zugluft, kalte Halswickel oder kalte Getränke – verschlimmern, ein warmer Schal um den Hals und warme Getränke lindern die Beschwerden.

Die Halsschmerzen werden durch Unterkühlung, durch Zugluft oder kalte Luft ausgelöst. Der Kranke friert leicht, auch bei Fieber, und ist empfindlich gegen den geringsten Luftzug oder die geringste Abkühlung, z. B. beim Ausziehen. Daher deckt er sich im Fieber trotz starkem Schwitzen nicht auf.
Er ist meist schlechter Laune. Die Menschen in seiner Umgebung reizen ihn, manchmal ist der Behandler an allem schuld, ohne daß er einen Fehler gemacht hat.

Silicea für milde, nachgiebige Menschen

Silicea C12, alle 2 Stunden 3 Globuli

Wie bei Hepar sulfuris können die Gaumenmandeln akut oder chronisch entzündet sein, und es besteht die Gefahr der Abszeßbildung. Auch für Silicea sprechen die folgenden Merkmale: Die Halsschmerzen entstehen durch Unterkühlung und werden beim Schlucken schlimmer.
Der Unterschied zu Hepar sulfuris:
Ein Mangel an Lebenswärme fällt auf. Der Patient ist immer frostig und friert besonders an Füßen, Händen und Kopf. Er trägt daher gern warme Kopfbedeckungen und verlangt heiße Umschläge oder Wickel auf den entzündeten Hals. Bei kalten Füßen erkältet er sich schnell. Er schwitzt am Kopf. Der stinkende Fußschweiß läßt die Haut zwischen den Zehen wund werden, obwohl er sich die Füße täglich wäscht.
Er hat zwar großen Hunger, aber wenig Appetit. Seine Lieblingsspeisen und Süßigkeiten schmecken nicht mehr, dennoch ißt er größere Mengen.
Er gibt schnell auf und besitzt wenig Selbstvertrauen, erscheint aber nach außen oft stur und renitent.

Sofort zum Arzt!

Treten im Verlauf der Selbstbehandlung eines oder mehrere der folgenden Zeichen auf, so müssen Sie sich umgehend an einen Arzt oder erfahrenen Homöopathen wenden:

- Unruhe und Erregung gehen über in Schwäche.
- Geistige Abwesenheit oder Delirium beginnt.
- Das Gesicht wird blaßblau, kühl und aufgedunsen.
- Die Atmung wird schneller und kurz.
- Der Puls wird schnell und klein oder – noch schlechter – klein und langsam.
- Das Fieber sinkt plötzlich ab und steigt im Schüttelfrost wieder rasch an.
- Die Pulsfrequenz nimmt nicht mit der Fieberhöhe zu.
- Die Schleimhäute, besonders in der Umgebung der Mandeln, werden schmierig und rötlich-blau.
- Geschwüre treten im Mundraum auf.
- Die Zunge wird braun und trocken oder hochrot, wie lackiert.

Auch in diesen fortgeschrittenen Stadien kann eine homöopathische Behandlung noch mit Erfolg begonnen werden, doch hier benötigen Sie unbedingt einen erfahrenen Therapeuten.

Angina mit Gefahr der Streuung

Arsenicum album bei ärgerlicher Unruhe und großer Schwäche

Die Eiterstippen fließen zu schmierig-dunklen Belägen zusammen. Fauliger Mundgeruch fällt auf, und Zahneindrücke sind an den Zungenrändern sichtbar; wegen des trockenen Munds trinkt der Kranke häufig warmen Tee in kleinen Schlucken, obwohl er fast nichts schlucken kann. Die Angina wurde durch Unterkühlung hervorgerufen. Die Schmerzen verschlimmern sich durch kalte Getränke, durch warmen Tee werden sie besser. Besonders süße, warme Getränke lindern die brennenden Halsschmerzen, am besten wirkt meist mit Kandiszucker gesüßte, heiße, verdünnte Milch; nehmen Sie zur Hälfte Milch und Wasser.

Dosierung
Arsenicum album C12, alle 2 Stunden 3 Globuli

Der Kranke ist sehr besorgt um seinen Zustand. Er macht sich viele Gedanken darüber, befragt den Arzt sehr genau, liest in Gesundheitsratgebern nach. Aufgrund seiner Ängste mag er nicht gern allein sein. Er ist sehr unruhig, besonders im Liegen wechselt er ständig die Lage als Ausdruck seiner inneren Unruhe. Er steht auf und geht herum, doch die große Schwäche zwingt ihn, sich wieder hinzulegen. Nachts stöhnt er.
Sein Körper ist kalt, Wärme – Wickel oder die Wärmflasche – bessert seinen Zustand. Nachts, besonders zwischen ein und drei Uhr, nehmen alle Beschwerden zu.

Baptisia bei großer Schwäche mit Gleichgültigkeit

Dosierung
Baptisia C 6, jede Stunde 3 Globuli

Befund und Befinden schlagen bald in ein ernstes Krankheitsbild um: Die dunkelrote Farbe der Mundschleimhaut und der Gaumenmandeln geht in stinkende Geschwüre mit Belägen über, die anfangs starken Schmerzen beim Schlucken lassen fast nach, das hohe Fieber mit Unruhe und Erregung verwandelt sich rasch in starke Schwäche mit Gleichgültigkeit.
Die Zunge zittert beim Herausstrecken; oft trägt sie einen Streifen in der Mitte, die Ränder sind rot. Das Zäpfchen ist dunkelrot. Der Kranke kann nur noch kalte Flüssigkeit schlucken.
Mit Baptisia können Sie auch dramatische Heilungen bei Katzenseuche erzielen, einer Erkrankung, die sonst meist tödlich endet.

Lachesis bei Angst gegenüber allem Beengenden

Lachesis C 6, jede Stunde 3 Globuli

Rachen und Gaumenmandeln sind trocken, stark geschwollen und purpurfarben bis blaurot. Der Hals ist äußerst empfindlich, deshalb läßt sich der Kranke ungern den Rachen untersuchen. Die geringste Berührung des Halses, der Druck von Kragen und Schal und auch das Räuspern sind sehr unangenehm. Die linke Halsseite ist meist schlimmer betroffen, manchmal ist auch nur die linke Mandel geschwollen, oder die Schmerzen beginnen links und wandern nach rechts.
Die Beschwerden verschlimmern sich durch äußere Wärme und warme Getränke. Kalte Getränke verursachen während des Schluckens zwar Schmerzen, doch hinterher bessert sich der Zustand deutlich. Die beim Leerschlucken auftretenden Schmerzen erstrecken

sich ins – meist linke – Ohr. Nach dem Schlafen nehmen die Schmerzen noch zu.
Typisch sind auch übersteigerte Angstgefühle, die Angst gegenüber allem Beengenden – am Hals, am Körper, in Beziehungen –, Ängste beim Einschlafen, angstvolles Erwachen nachts mit Atemnot und dem Bedürfnis nach kalter, frischer Luft.

Pyrogenium, wenn es kritisch wird

Das Krankheitsbild ist kritisch. Die Zunge ist sehr trocken und meist rot. Es besteht starker Durst. Die Eiterherde fließen zu schmierigen dunklen Belägen zusammen, faulig stinkender Mundgeruch.
Den Fieberschüben geht ein kalter Schauer im Rücken voraus. Eine Diskrepanz zwischen der Puls- und Temperaturkurve tritt auf: Entweder ist der Puls sehr schnell, und die Temperatur ist mäßig erhöht, oder der Puls schlägt langsam, und die Temperatur ist hoch.
Der Kranke ist sehr unruhig, er wechselt dauernd seine Lage. Durch das Gefühl der Zerschlagenheit erscheint ihm sein Bett unangenehm hart. Die Beschwerden verschlimmern sich durch Kälte.

Dosierung
Pyrogenium C12, alle 2 Stunden 3 Globuli

Bettnässen

Ein heikles Thema in vielen Familien ist das Bettnässen von Kleinkindern, das sich in manchen Fällen bis in die Schulzeit erstreckt. Bei den einen wird es gesund geredet, d. h., es wird für eine kleine Schwäche gehalten und als normal hingestellt. Bei anderen wird es möglichst vertuscht, aus Scham und Peinlichkeit oder aus dem Gefühl heraus, daß mehr dahintersteckt: Bettnässen als Spitze des psychischen Eisbergs.

Was ist normal?

Bettnässen ist nach dem dritten Lebensjahr keine normale Erscheinung mehr, sondern Ausdruck einer gestörten Konfliktverarbeitung. Es ist empfehlenswert, das Kind nicht zu schimpfen und wenig über das Bettnässen an sich zu reden. Statt dessen fragen Sie bitte, wie sich das Kind fühlt, und sprechen Sie mit ihm über die Probleme, die es bedrückt.

Einige wichtige Fragen sollten Sie vorab klären:

- Seit wann besteht das Bettnässen bei Ihrem Kind?
- Zu welcher Uhrzeit – nachts oder tagsüber – näßt das Kind etwa ein?
- Welches Erlebnis, welcher Konflikt könnte damit in Zusammenhang stehen?
- Welche sonstigen Besonderheiten weist das Kind auf?

Oft sind die Kleinen so vertieft in ihr Spiel, daß sie den Harndrang gar nicht bemerken, das ist normal. Wenn Einnässen oder Bettnässen die Regel ist, sollten Sie wachsam werden.

Homöopathie für Kinder

Je nach Schwere und Dauer des Bettnässens sowie Alter des Kindes sollten Sie einen Homöopathen und einen (Kinder-) Psychotherapeuten hinzuziehen.

Geeignete Mittel für Kinder

Acidum benzoicum, Acidum phosphoricum, Argentum nitricum, Arsenicum album, Belladonna, Calcium carbonicum, Capsicum, Causticum, Cina, Dulcamara, Equisetum, Ferrum metallicum, Gelsemium, Ignatia, Kalium phosphoricum, Kreosotum, Lycopodium, Magnesium phosphoricum, Natrium muriaticum, Pulsatilla, Sepia, Silicea, Staphisagria, Sulfur, Tuberculinum bovinum.

Dosierung

Sofern nicht anders angegeben, sollten Sie die Mittel wie folgt dosieren:

- 1 Woche lang 1 mal täglich 3 Globuli LM12 auf der Zunge oder in einem Schluck Wasser (ohne Kohlensäure) 15 Minuten vor dem Frühstück im Mund zergehen lassen.
- In der zweiten Woche keine Arznei.

Stellen Sie eine Besserung fest, so geben Sie dasselbe Mittel in der nächsthöheren Potenzierung LM18 folgendermaßen:

- 5 Tage lang 1 mal täglich 3 Globuli.
- Anschließend 1 Woche Pause.

Erfolgt das Bettnässen noch gelegentlich, oder tritt es nach einer längeren Pause wieder vermehrt auf, dann geben Sie die Potenz LM24 3 Tage lang 1 mal täglich 3 Globuli wie oben beschrieben. Dann setzen Sie die Behandlung ab.
Falls das Kind wieder einnäßt: 3 Tage lang LM24, oder wenden Sie sich an einen Homöopathen.

Ein zweites Mittel bei Mißerfolg

Falls Sie keine Veränderung feststellen, können Sie sich für ein zweites, nächstähnliches Mittel entscheiden.

Die Aufarbeitung eines Konflikts, der sich in Bettnässen äußert, ist ein Gewinn für die ganze Familie!

Bettnässen im ersten Schlaf

Bettnässen ist bei jedem Kind anders! Die einen verlieren nur einige Tropfen, bei anderen ist das ganze Bett naß; einmal passiert es gleich nach dem Einschlafen, einmal am frühen Morgen.

Hierunter verstehen wir in der Homöopathie, daß das Kind in den ersten zwei Stunden nach dem Einschlafen bereits einnäßt. Beobachten Sie das Kind aufmerksam; die weiteren Symptome führen Sie zu dem geeigneten Mittel und zum Erfolg.

Acidum phosphoricum für Gleichgültige

Die Kinder fallen durch ihre Gleichgültigkeit gegenüber vielen Dingen und durch ihre Konzentrationsschwäche auf. Da Denken und Lernen sie schnell erschöpft, schwinden ihnen bald die Gedanken, oder sie fühlen sich schlecht. Gedächtnisschwäche ist ein typisches Kennzeichen.

Sie sind introvertiert und schweigsam. Sie mögen nicht reden und brauchen oft lange für ihre Antworten. Angstvolles Erwachen nach schrecklichen Träumen von Phantomgestalten oder Toten ist möglich; ebenso Stöhnen oder Lachen im Schlaf.

Acidum benzoicum für Reizbare

Hier ist die Beschaffenheit des Urins von ausschlaggebender Bedeutung: dunkelrot oder braun wie Weinbrand, scharf, wundmachend, mit stechendem Geruch wie Pferdeharn oder Salmiakgeist. Der Urin füllt das ganze Zimmer mit seinem Geruch und färbt die Bettwäsche oft braun.

Die Kinder sind reizbar, widerspenstig und lassen sich nur durch Herumtragen auf dem Arm beruhigen.

Kreosotum für Launische

Das Kreosotum-Kind ist launisch und reizbar, verlangt vieles und wirft es dann weg. Als Säugling schrie es Tag und Nacht, wollte ständig an die Brust, meist mochte es aber nur nuckeln. Nachts wollte es möglichst nahe an der Mutter liegen und pausenlos gestreichelt werden.

Es wuchs rasch, das Zahnen war ein Alptraum: Das Kind schrie die ganze Nacht, hatte Durchfall oder wurde krank. Das Zahnfleisch war blaurot und geschwollen. Die Zähne kamen schon mit schwarzen Spitzen durch, oder zunächst gesunde Zähne brachen nach einigen Monaten am Zahnhals ab und wurden dann schwarz.

Das Kreosotum-Kind ißt schlecht. Es hat eine Vorliebe für geräuchertes Fleisch und heißen Kakao, es will sich vorwiegend davon ernähren. Auf Schwarzbrot bekommt es Blähungen und Durchfall. Ißt es verschiedene Lebensmittel durcheinander, bekommt es Bauchkrämpfe.
Zu Beginn der Nacht schläft es sehr tief, es ist dann kaum wachzurütteln. Der Urin ist hell, von größerer Menge und oft übelriechend. Generell sind die Ausscheidungen oft übelriechend und ätzend.

Sepia für schwer zugängliche Kinder

Das Sepia-Kind, in den meisten Fällen ein Mädchen, fällt meist durch seine negative Grundeinstellung auf. Es ist oft schwermütig, launisch, lustlos und verschlossen. Ob man sich um es bemüht, es fordert, Druck macht oder es trösten will, es weist einen zurück, wird ärgerlich, schmollt oder weint. Es läßt sich auch kaum auf den Schoß nehmen, sondern schiebt einen weg und entzieht sich.
Es ist oft müde, erwacht aber durch körperliche Anstrengung förmlich zum Leben. Durch kräftiges Laufen und vor allem Tanzen kommt es in Schwung. Dann blüht es auf und geht aus sich heraus.
Das Bettnässen tritt ausschließlich im ersten Schlaf auf und immer in Kombination mit Verstopfung. Für die Verstopfung ist charakteristisch, daß sie sich durch Trinken von viel Milch verschlimmert, das Kind verspürt keinen Stuhldrang, und der Stuhl ist weich. Auch tagsüber gehen gelegentlich einige Tropfen ab, wenn es das Wasserlassen aufschiebt, etwa beim Husten, Lachen, Niesen und Gehen.

Das homöopathische Mittel beim Bettnässen richtet sich maßgeblich nach dem Typ des Kindes. Beobachten Sie es aufmerksam!

Causticum gegen häufiges Bettnässen

Das Einnässen passiert nicht nur im ersten Schlaf oder nachts; auch bei Erschütterungen, beim Gehen, Husten, Lachen, Niesen und bei Kälte können einige Tropfen unbemerkt abgehen.
Es kann auch zum Einkoten kommen. Selbst harter Stuhlgang kann dann nicht zurückgehalten werden. Bei Verstopfung ist die Stuhlentleerung oft nur im Stehen möglich.
Verlangen nach geräuchertem Fleisch und oftmals Abneigung gegenüber Süßigkeiten und gekochtem Fleisch sind weitere Merkmale. Schlechter wird es bei trockenem Wetter und kalter Witterung; besser im Sommer bei feucht-warmer Witterung.

Cina gegen Würmer

Für Kinder, die immer wieder Maden-, seltener auch Spulwürmer haben und mit großen Urinmengen einnässen, ist Cina geeignet.

Diese Kinder sind ängstlich, reizbar, hungrig und launisch. Sie wollen die verschiedensten Dinge und lehnen sie ab, sobald sie ihnen angeboten werden. Sie sind humorlos und vertragen weder angesehen zu werden noch die Annäherung Fremder. Sie mögen herumgetragen oder geschaukelt werden, wehren sich jedoch gegen Zärtlichkeiten und Berührungen. Sie schlagen um sich und bohren häufig in der Nase. Zähneknirschen, Sprechen, Jammern, Auffahren oder Schreien im Schlaf sind weitere Charakteristika. Schreckhaft sind sie beim Erwachen.

Bettnässen nach seelischen Verletzungen

Bei Kummer und Enttäuschung Acidum phosphoricum

Bettnässen ist häufig eine Reaktion auf psychische Probleme, Verletzungen oder Kummer, den das Kind erfahren hat.

Das ruhige und introvertierte Kind besitzt wenig Selbstvertrauen und ein schwaches Ego. Deshalb dringen Enttäuschungen, Kummer, Kränkungen, Demütigungen, schlechte Nachrichten, eine unglückliche Liebe oder Schocks tief in die Seele ein.
Als Folge können Bettnässen oder deutliche Befindlichkeitsstörungen eintreten. Hier hilft Acidum phosphoricum.

Auch Ignatia hilft gegen den Kummer

Bettnässen aus vorwiegend psychischen Gründen, die verworren oder widersprüchlich sein können, heilen Sie mit Ignatia.
Ignatia-Kinder sind vorwiegend Mädchen. Sie sind feinfühlig, sentimental und sehr romantisch, vielseitig und intelligent. Sie neigen zu romantischen Traumvorstellungen und werden durch die Realität immer wieder tief enttäuscht. Sie sind introvertiert und behalten ihren Kummer für sich. Sie werden reizbar und neigen zu großen Stimmungsschwankungen. Seufzen und Schluchzen, Zuckungen im Gesicht und beim Einschlafen sind typisch. Schon bei geringem Widerspruch regen sie sich auf. Streitsüchtig sind sie. Und sie lassen sich nicht trösten. Widersprüchliche Symptome sind das wichtigste Merkmal für Ignatia: Wenn keiner ans Bettnässen denkt, bleibt das

Bett trocken. Führen die Eltern das Kind nachts noch einmal auf die Toilette, dann näßt das Kind später ein. Ist das Bett mit einer Plastikmatte präpariert oder trägt das Kind eine Windel, dann bleibt es trocken. Wird dies einmal vergessen, dann näßt es prompt ein.

Natrium muriaticum bei Enttäuschungen

Die Natrium muriaticum-Kinder sind häufiger Jungen. Auch sie sind feinfühlig und sehr sensibel. Erfahrungen wie z. B. mangelnde Nähe der Mutter, nächtliches Durchschreienlassen oder Klinikaufenthalte ohne die Anwesenheit der Eltern tagsüber und vor allem nachts haben sie gefühlsmäßig resignieren lassen.
Sie machen ihre Gefühle ausschließlich mit sich aus, sind introvertiert. Sie sind oft traurig, weinen nachts oder im stillen Kämmerlein, manchmal auch bei rührseligen Filmen. Sie lassen sich nicht von den Eltern trösten und wollen nicht bemitleidet werden. Sie versuchen, alles allein zu bewerkstelligen und mögen niemanden um Hilfe bitten.
Sie können auch tagsüber den Urin schlecht halten beim Gehen, Husten, Lachen, Niesen und Naseschneuzen. Im Gegensatz dazu können sie in Gegenwart Fremder keinen Urin lassen, d. h. sie gehen auf öffentlichen Toiletten immer in die Kabine.

Staphisagria bei Kränkung

Das Staphisagria-Kind ist meist männlich, sehr feinfühlig, zart besaitet und romantisch veranlagt. Es ist tief überzeugt von der eigenen Machtlosigkeit und fühlt sich nicht in der Lage, für seine eigenen Rechte zu kämpfen. Daher frißt es Kränkungen, wirkliche oder vermeintliche Ungerechtigkeiten und Beleidigungen lange Zeit in sich hinein. Es wird launisch und mürrisch. Es verlangt Gegenstände und wirft sie anschließend wieder weg.

Das homöopathische Mittel Staphisagria ist zugleich ein Hauptmittel gegen Gerstenkörner. Deshalb sollte es in der Hausapotheke nicht fehlen!

Das Einnässen kann hier als ein Kontrollverlust über die Wut angesehen werden. Schließlich kommt es zu heftigen Wutausbrüchen. Das Kind wirft mit Gegenständen nach den Personen, die es verletzt oder geärgert haben.
Eine Neigung zu Onanie ist typisch. Bettnässen ist hier häufig bei sexuell frühreifen und sexuell sehr erregbaren Kindern.

Silicea nach Liebesentzug

Das Silicea-Kind ist von Natur aus sanft, nachgiebig und ängstlich durch einen Mangel an Selbstvertrauen. Die Anweisungen der Eltern nimmt es sich sehr zu Herzen. Unfälle oder Fehler passieren meist nur einmal. Es lernt auch viel aus den Erfahrungen anderer. Es ist sehr pflegeleicht und benötigt nur wenig Zurechtweisung. Hingegen braucht es viel Liebe und Halt.

Fühlt sich ein kleines Kind nicht geliebt oder nicht anerkannt, dann kann es unbewußt mit Bettnässen reagieren. Es will auf sich aufmerksam machen.

Merken dies die Eltern nicht, werden solche Kinder zum Eigenschutz stur und eigensinnig, später auch mürrisch, reizbar und sehr zornig bei Widerspruch. Die innere Traurigkeit zeigt sich darin, daß sie weinen, wenn man freundlich und gütig mit ihnen spricht. Werden sie mit Liebesentzug bestraft – z.B. kein Gute-Nacht-Kuß –, dann machen sie unter Umständen ins Bett.

Diese Kinder haben eine schwache Blase bei vermehrtem Harndrang. Verstopfung und unvollständige Stuhlentleerung, auch bei weichem Stuhl, sind typisch.

Kalte Hände und Füße, Schlaflosigkeit bei kalten Füßen und übelriechender Fußschweiß, obwohl sie reinlich sind, sind weitere Merkmale dieses Typs.

Causticum nach mangelnder Anerkennung

Da diese Kinder sehr viel Mitgefühl besitzen, sind sie besonders abhängig von Sympathie und Wohlwollen und brauchen viel Zuwendung. Sie leiden mehr, wenn andere sich verletzen oder ungerecht behandelt werden, als wenn es sie selbst trifft. Sie können keinerlei Grausamkeiten an Tieren oder in Filmen ertragen. Dann weinen sie beim geringsten Anlaß. Sie sind nachts ängstlich, fürchten sich im Dunkeln, brauchen ein Licht und möchten oft nicht allein schlafen.

Pulsatilla nach häufigem Tadel

Pulsatilla-Typen kommen häufiger bei Mädchen vor. Sie sind mädchenhaft, schüchtern und hängen meist sehr an der Mutter. Sie sind schier unersättlich nach Liebe, möchten den ganzen Tag im Arm gehalten oder geknuddelt werden. Bekommen sie dies nicht, werden sie oft blitzschnell wütend oder launisch. Werden sie getröstet, so können sie genauso schnell wieder das »liebe Kind« sein.

Pulsatilla-Kinder

Sie ziehen immer wieder ihre Hausschuhe und Socken aus. Sie naschen oft gern Butter. Sie lehnen häufig Gemüse, eventuell auch Obst ab. Diese Eigenarten werden zum Dauerthema zwischen Mutter und Kind, und Bettnässen oder grippale Infekte mit Mittelohrentzündung sind die Folge. Tagsüber geht ab und zu etwas in die Hose – beim Gehen, Husten, Lachen, Niesen, Naseschneuzen oder wenn der Harndrang unterdrückt wird, z. B. in der Schule während des Unterrichts.

Typische Merkmale

Sie schlafen bevorzugt abgedeckt auf dem Rücken mit gespreizten Beinen. Die Arme liegen meist über dem Kopf oder unter dem Kopf verschränkt. Eine Reizblase oder häufiger Harndrang bei kalten Füßen ist hier ebenfalls möglich.
Schlimmer werden die Beschwerden nach kaltem Baden, wenn der Badeanzug nicht gewechselt wurde.

Bettnässen nach Konflikten

Furcht vor neuen Anforderungen mit Argentum nitricum heilen

Bettnässen vor neuen Situationen, vor Reisen, Prüfungen, aber auch vor freudigen Ereignissen kann sich immer wieder einmal einstellen und läßt sich gut mit Argentum nitricum beheben. Auch das Nachtröpfeln am Tag stellen Sie damit ab. Die Kinder können in denselben Situationen übrigens auch mit Durchfall reagieren. Auch unwillkürlicher Abgang von Urin und Stuhl sind unter Umständen möglich.

Eine Neigung zu Entzündungen der Harnwege mit Brennen und splitterartigen Schmerzen ist typisch für diese Kinder; der Urin ist dann meist spärlich und dunkel gefärbt.

Die Kinder wirken älter, als es ihrem Alter entspricht. Eilig und hastig sind sie; sie fürchten immer, zu spät zu kommen. Deshalb gehen sie zu früh aus dem Haus, um ja pünktlich in der Schule zu sein. Beim Schaukeln wird diesen Kindern leicht übel.

Eine Veränderung, eine ungewohnte Anforderung können wie ein Ortswechsel Kinder plötzlich überfordern. Das Bettnässen in Konfliktsituationen zeigt den kindlichen Streß.

Ängstliche, unsichere und leicht erregbare Kinder neigen zum Bettnässen in konfliktreichen Situationen. Der Typ Ihres Kindes verweist Sie auf das passende Mittel.

Arsenicum album bei Angst, etwas falsch zu machen

Das Arsen-Kind ist ängstlich und sehr vorsichtig. Es hat Angst, etwas falsch zu machen, und ist meist schon als Kind sehr ordentlich und genau. Meist ist es sehr früh sauber. Es achtet auf die Sauberkeit seiner Kleidung, möchte sich nicht schmutzig machen und räumt auch von selbst seine Spielsachen auf.
Hier tritt das Bettnässen auf, wenn die starken inneren Kontrollmechanismen erschöpft sind. Tagsüber kann es zum Einnässen kommen, wenn der Harndrang mit Blähungen verwechselt wird.
Dieses Kind friert und schwitzt leicht. Ruhelosigkeit, besonders nachts, mit plötzlichem Aufschrecken aus dem Schlaf durch Angstträume ist charakteristisch.

Lycopodium bei Furcht vor neuen Situationen

Das Lycopodium-Kind, meist sind es Jungen, ist ängstlich und unsicher, doch es überspielt seine Schwächen gern. Es gibt sich draufgängerisch und wagemutig und möchte seine Kameraden am liebsten immer anführen.
Neue Situationen und unbekannte Personen verunsichern es sehr. Die ersten Kindergartentage, neue Erzieherinnen oder die Einschulung sind schwierige Konfliktsituationen. Hierbei kommt es leicht zum Bettnässen.

Belladonna bei Erregung

Die Belladonna-Kinder sind meist kräftig und schnell erregbar. Sie besitzen große Augen, ihre Pupillenweite wechselt lebhaft.
Wenn sie aufgeregt sind, müssen sie häufig kleinere Mengen Wasser lassen. Tagsüber gehen ihnen leicht einige Tropfen Harn ab – bei Bewegung, im Gehen, beim Husten, oder wenn sie frieren. Nachts sind sie kaum zu wecken. Schreien im Schlaf und große Geräuschempfindlichkeit sind Kennzeichen, daß Belladonna hilft.

Ferrum metallicum für leicht Erregbare

Das Einnässen geschieht am Tag und nachts. Das Kreislaufsystem der Kinder, die mit Ferrum metallicum zu heilen sind, ist leicht erregbar. Die Gesichtsfarbe wechselt bei Aufregung sehr schnell von blaß zu hellrot, hektische rote Flecken können am Hals erscheinen.

Gelsemium für Aufgeregte

Einnässen bei Gefühlserregung, Lampenfieber oder nach spannenden Ereignissen. Die Kinder zittern eventuell vor Erregung. Der Urin ist reichlich und wasserhell.
Schlimmer wird das Bettnässen bei feuchtem Wetter, Nebel und vor Gewitter. Der Schlaf ist meist schlecht, daher gähnen diese Kinder tagsüber häufig. Auch Zähneklappern beim Frieren ist eines ihrer typischen Merkmale.

Magnesium phosphoricum bei Erregung und unruhigem Schlaf

Bettnässen und unruhiger Schlaf nach Erregung sprechen für Magnesium phosphoricum als das geeignete Mittel. Das Kind hat großen Durst und entleert große Mengen Harn, der meist Phosphate enthält. Häufig sind krampfartige oder schneidende Bauchschmerzen, die auf eine Wärmflasche gut ansprechen.

Acidum phosphoricum bei Heimweh

Das Kind zieht sich nach Enttäuschungen zunehmend zurück und mag in Ruhe gelassen werden. Um so mehr braucht es die Vertrautheit und den Schutz der eigenen vier Wände. Daher hat es schnell Heimweh, wenn es aus seiner gewohnten Umgebung herausgerissen wird.

Capsicum für einsame Kinder mit Heimweh

Bettnässen bei Heimkindern, bei Kindern mit getrennt lebenden Eltern, auf Klassenfahrt oder während eines Urlaubs in fremder Umgebung ist mit Capsicum zu beheben.
Die Kinder sind frostig, gut genährt mit roten Wangen, doch verdrießlich. Man sieht ihnen weder den Kummer noch das Heimweh an. Eine Neigung zu Schlafstörungen besteht. Harnwegsinfekte mit häufigem Harndrang und Brennen vor, während und nach dem Wasserlassen sind weitere Kennzeichen.

Heimweh und Einsamkeit können sich im Bettnässen ausdrücken. Das Kind fühlt sich unglücklich und alleingelassen.

Calcium carbonicum, wenn es ein Kleinkind bleiben will

Das Calcium-carbonicum-Kind entwickelt sich meist langsam: Eine verzögerte Zahnung, oft mit großen Beschwerden verbunden, ist typisch; es lernt spät sprechen und laufen, auch das Sauberwerden

dauert länger. Es ist meist rundlich, eher träge und friert leicht. Es schwitzt schon bei geringen Anstrengungen; Nachtschweiß schon zu Beginn des Schlafs – besonders am Hinterkopf – ist charakteristisch. Es ist sehr schutzbedürftig. Daher hängt es meist sehr an der Mutter und seiner gewohnten Umgebung. Es ist konservativ und genügsam, probiert wenig Neues aus. Es möchte am liebsten zu Hause sein. Große Angst, alleingelassen zu werden oder dem Gespött anderer ausgeliefert zu sein, beherrschen es.
In Situationen der Abnabelung wie Kindergarten oder Berufstätigkeit der Mutter, kommt es zum Bettnässen als Hilferuf: »Ich bin ja noch so klein und möchte auch so bleiben!«

Kalium phosphoricum bei Erschöpfung

In Fällen großer Erschöpfung, nach längerer körperlicher oder seelischer Belastung, nach schweren, zehrenden Erkrankungen kann plötzliches Bettnässen mit Kalium phosphoricum geheilt werden.

Das Kind hat sein inneres Gleichgewicht verloren: Apathie und Reizbarkeit wechseln sich ab. Leichteste Anforderungen erscheinen ihm riesengroß.

Sulfur bei Protest

Sulfur-Kinder sind meist kreativ, oft aber auch reizbar und vor allem sehr unordentlich.

Oft reizbare und grantige, aber sehr kreative Kinder, häufiger Jungen, können bei Bettnässen mit Sulfur geheilt werden. Sie achten nicht auf ihr Äußeres, sehen eher ungepflegt aus, besonders wenn ihre Haut rauh und unrein ist. Sie lehnen Körperpflege, Ordnung und feste Regeln innerhalb der Familie ab. Statt dessen machen sie schon als Kleinkinder viel Chaos, später sammeln sie fast alles, was sie ergattern können: Ihr Zimmer wird zur Rumpelkammer.

Tagsüber kommt es hin und wieder zu feuchten Unterhosen, wenn sie es, in ihre Interessen vertieft, zu lange verschoben haben, auf die Toilette zu gehen. Doch das stört sie meist wenig.
Sie müssen ständig Grenzen gesetzt bekommen. Erfolgt dies nicht einfühlsam, sondern als feste Prinzipien der Eltern oder im Übermaß als Bestrafung, so reagiert das Sulfur-Kind mit Protest: Bettnässen, Leistungsverweigerung in der Schule etc.

Tuberculinum bovinum bei Unzufriedenheit

Tuberkulinische Kinder sind unzufrieden, unbeständig und heftig. Ihr erstes Wort heißt oft »nein«. Wenn sie ihren Willen nicht durchsetzen können, reagieren sie mit heftigen Wutausbrüchen. Sie schmeißen sich auf den Boden und trommeln mit den Fäusten, werfen mit deftigen Ausdrücken um sich oder zerstören Gegenstände desjenigen, der sie gerade verärgert hat.

So behandeln Sie die Reizblase

Dulcamara bei Bettnässen nach Kälte

Die Kinder neigen zu Reizblase oder Harnwegsinfekten bei feuchtkaltem Wetter oder wenn sie naß geworden sind. Zum Einnässen kommt es, wenn sie auf dem feuchten Boden kalt geworden sind, wenn sie nach dem Baden die nasse Badekleidung anbehalten haben oder nach plötzlichem Wetterwechsel von warm auf kalt.

Equisetum für notorische Einnässer

Bei Kindern mit häufigem Harndrang, für die das Bettnässen schon zur Gewohnheit geworden ist, probieren Sie Equisetum aus.

Die Tollkirsche, in der Homöopathie Belladonna genannt, hilft Kindern nicht nur beim Bettnässen, sondern auch bei Scharlach und vielen anderen Kinderkrankheiten.

Ein paar Tropfen daneben beim Husten, Schneuzen, Niesen oder Herumspringen sollten Sie im Kinderzimmer nicht dramatisch bewerten; hier hilft die Homöopathie zuverlässig.

Kein Bettnässen, aber ein paar Tropfen

Manche Kinder machen das Bett nicht wirklich naß, aber aus unterschiedlichsten Gründen gehen unfreiwillig am Tag oder in der Nacht ein paar Tropfen ab.

- Beim Schneuzen: Causticum, Natrium muriaticum, Pulsatilla
- Beim Husten: Acidum phosphoricum, Belladonna, Calcium carbonicum, Capsicum, Causticum, Dulcamara, Ferrum metallicum, Ignatia, Kreosotum, Lycopodium, Natrium muriaticum, Pulsatilla, Sepia, Staphisagria, Sulfur
- Beim Niesen: Acidum phosphoricum, Capsicum, Causticum, Natrium muriaticum, Pulsatilla, Sepia
- Beim Lachen: Capsicum, Causticum, Natrium muriaticum, Pulsatilla, Sepia
- Bei Blähungen: Pulsatilla, Sulfur
- Bei Kopfschmerzen: Gelsemium
- Im Liegen: Kreosotum, Lycopodium, Pulsatilla
- Im Sitzen: Causticum, Natrium muriaticum, Pulsatilla
- Im Stehen: Belladonna, Causticum, Ferrum metallicum, Lycopodium, Natrium muriaticum, Pulsatilla, Sepia
- Beim Gehen: Acidum phosphoricum, Argentum nitricum, Belladonna, Causticum, Ferrum metallicum, Natrium muriaticum, Pulsatilla, Sepia
- In der Bewegung: Acidum phosphoricum, Belladonna, Calcium carbonicum, Staphisagria
- Nach Anstrengungen: Arsenicum album, Belladonna
- Beim Erschrecken: Causticum, Pulsatilla, Sepia
- Bei angenehmen Überraschungen: Pulsatilla
- Beim Erbrechen: Arsenicum album
- Bei Wurmbefall: Silicea
- Wenn es fließendes Wasser sieht: Sulfur
- Beim Kaltwerden: Belladonna, Causticum, Dulcamara
- Wenn das Kind den Gang zur Toilette vergißt: Sepia, Sulfur
- Wenn es sich nicht auf die Toilette traut: Calcium carbonicum, Natrium muriaticum, Pulsatilla, Sepia, Sulfur

Blähungen

Heftig kollernde Geräusche im Magen- und Darmbereich, auch hastiges Essen, eine ungenügende Verdauung oder Luftschlucken führen zu einer – oft sehr schmerzhaften – Gasbildung in den Därmen.

Carbo vegetabilis bei Blähungen im Oberbauch

Bei Blähungen unabhängig davon, was Sie gegessen haben, und einem aufgetriebenen Bauch hilft Carbo vegetabilis. Die Blähungen sind hier nur im Oberbauch, sie drücken das Zwerchfell nach oben und verursachen dadurch Herzbeschwerden (Roemheld-Syndrom).

Dosierung
C12, früh und abends je 3 Globuli Carbo vegetabilis

Typisch ist für diese Patienten eine Abneigung gegen Milch, Fleisch und fette Speisen. Durch Aufstoßen ist eine Erleichterung und Verbesserung der Blähungen möglich.

China bei Blähungen nach dem Essen

Das Völlegefühl tritt nach dem Essen auf. Es besteht großer Hunger, aber die Nahrung bleibt unverdaut im Magen liegen. Übelriechende Winde begleiten die Blähungen. Aufstoßen erleichtert diesen Patienten die Blähungen nicht. Milch wird übrigens nicht vertragen.

2 mal täglich 5 Globuli China C6

Kalium carbonicum bei genereller Verdauungsschwäche

Die Blähungen beginnen schon nach ein paar Häppchen. Saures Aufstoßen und Übelkeit, die sich im Liegen bessert, gehören dazu. Die Magenschmerzen strahlen zum Rücken aus. Ein Angstgefühl, auch ein Gefühl von Wasseransammlung im Magen sind charakteristisch. Diese Patienten haben eine allgemeine Verdauungsschwäche.

2 mal täglich 5 Globuli Kalium carbonicum C6

Lycopodium

Blähungen im Unterbauch mit Kollern und Rumpeln – einem Drängen nach oben – gehen bei Bewegung leicht ab. Die Betroffenen haben ein Gefühl, als ob der Gürtel oder die Kleider zu fest sitzen würden. Das Tragen von eng anliegenden Gürteln verursacht bereits Blähungen. Oft vertragen sie weder Knoblauch noch Zwiebeln. Die Winde sind geruchlos.

Früh und abends je 5 Globuli Lycopodium 10 Minuten vor den Mahlzeiten

Blasenentzündung

Siehe »Blasenbeschwerden in der Schwangerschaft«, Seite 163f.

Blutergüsse und Quetschungen

Dosierung
Halbstündlich 5 Globuli Arnica C 6 oder 1–2 mal täglich 3 Globuli C 30

Arnica bei Quetschungen

Arnica kommt bei Blutergüssen immer als allererstes Mittel in Frage. Es stoppt die Blutung bei stumpfen Verletzungen wie Quetschungen unmittelbar.

2 mal täglich 5 Globuli Acidum sulfuricum C 6

Acidum sulfuricum gegen Blutergüsse

Bei lange bestehenden, blauschwarz gefärbten Blutergüssen hilft Acidum sulfuricum, auch bei einem »Veilchen«. Der betroffene Bereich fühlt sich wund und steif an.

Das Mittel wird nach Arnica als erstem Heilmittel eingesetzt, wenn eine blauschwarze Verfärbung bestehen bleibt.

2 mal täglich 5 Globuli Badiaga C 6

Badiaga gegen große Blutergüsse

Wenn nach stumpfen Verletzungen große, harte Blutergüsse zurückbleiben, die sich wund anfühlen und berührungsempfindlich sind, hilft Badiaga.

Die Haut ist meist kupferfarben oder blau nach dem Bluterguß. Auch wenn Arnica nicht die erwünschte Wirkung gezeigt hat, können Sie es einsetzen.

1 mal täglich 5 Globuli Phosphor C 12 eine Woche lang

Phosphor gegen häufige blaue Flecke

Wer einen Bluterguß schon nach der geringsten Verletzung hat, wer eine Tischkante nur anschauen muß, und schon gibt es blaue Flecke, nimmt Phosphor.

2 mal täglich 5 Globuli Bellis perennis C 6

Bellis perennis bei Abszeßgefahr

Wenn sich ein Abszeß zu entwickeln droht oder schon entwickelt hat, hilft Bellis. Der Bluterguß schmerzt dann hämmernd und pochend.

Dosierung und Einnahme

Homöopathische Mittel, in hochakuten Fällen eingesetzt, sind äußerst wirksam in den Potenzen C6, C12 oder C30. Die individuelle Dosierung für alle Beschwerden finden Sie bei jeder einzelnen Arznei zusätzlich vermerkt.
Wir empfehlen, im Normalfall mit C6 Globuli zu beginnen. Wenn die Schmerzen stagnieren, nehmen Sie bitte – wenn nicht anders empfohlen – 1 mal täglich 5 Globuli C12, bis endgültige Besserung eintritt. Abschließend nehmen Sie 1 mal 3 Globuli C30. Die Globuli bitte immer langsam im Mund zergehen lassen.

Durchfall

Arsenicum album bei Durchfall mit Schwäche

Ein Muß für die homöopathische Hausapotheke ist Arsenicum album. Arsenicum album ist das Mittel, wenn die Beschwerden mit großer Angst verbunden sind, mit Schwäche und mit Durst, aber Getränke werden nur in kleinen Schlucken genommen.
Kaum wurde die Flüssigkeit geschluckt, muß man sich schon wieder erbrechen. Auch eine Abneigung gegen Essen oder Essensgerüche ist typisch.

Dosierung
Stündlich 3 Globuli Arsenicum album C30, bis Besserung eintritt

Durchfall ist immer wieder anders!

Beschwerden	Wichtigste homöopathische Mittel
Durchfall, Schwäche, Angst	Arsenicum album
Durchfall, Übelkeit, kalter Schweiß	Veratrum album
Durchfall, Übelkeit, Sodbrennen, große Schmerzen	Nux vomica
Wäßriger Durchfall, Kolikschmerzen	Pulsatilla

Veratrum album bei Durchfall mit Übelkeit und kaltem Schweiß

Dosierung
Halbstündlich 3 Globuli Veratrum album C 6

Bei Durchfall und Übelkeit in Verbindung mit kalten Schweißausbrüchen – besonders auf der Stirn –, Kreislaufkollaps mit Muskelkrämpfen, kalter, bläulich blasser Haut hilft Veratrum album. Trotz des Kältegefühls am ganzen Körper besteht meist ein inneres Brennen mit Durst auf große Mengen kalten Wassers. Die kalten Getränke verschlimmern jedoch den Zustand.

Nux vomica bei Durchfall nach zu viel Essen

Stündlich 5 Globuli Nux vomica C 6

Haben Sie zu viel durcheinander gegessen, versuchen Sie es mit Nux vomica. Es paßt auch bei Übelkeit, bei Sodbrennen, nach zu viel Kaffee, Tabak, Alkohol.
Der Betroffene fröstelt, hat große Schmerzen. Die Beschwerden werden abends und bei Ruhe besser, sie verschlechtern sich morgens und nach dem Essen. »Morgens um sieben ist die Welt nicht in Ordnung!«

Durchfall kann viele Ursachen haben; wenn er stark und mit allgemeiner Schwäche verbunden ist, hilft Ihnen Arsenicum album zuverlässig.

Pulsatilla bei Durchfall nach fettem Essen

Nach reichlichem, schwer im Magen liegendem Essen können Sie Pulsatilla versuchen, bei Folgen von fettem, schwerem Essen, fettem Fleisch, Schweinefleisch hilft dies Mittel ebenfalls. Besonders bei Beschwerden in Verbindung mit kalten Getränken. Auch bei Erbrechen nach dem Genuß von Käsefondue. Seltsamerweise wird Butter in großen Mengen gut vertragen, solange sie nicht zerlaufen ist. Wer Pulsatilla braucht, neigt, was die Verdauung anbetrifft, zu recht häufigen Durchfällen, die wäßrig sein können und Kolikschmerzen verursachen. Kein Stuhl gleicht dem anderen.

Dosierung
Stündlich 5 Globuli Pulsatilla C 6, bis Besserung eintritt

Hilfen bei Durchfall

Wer unter Durchfall leidet, verliert enorme Mengen Flüssigkeit. Absolut wichtig ist es deshalb, Flüssigkeit und Mineralien wieder zuzusetzen. Trinken Sie reichlich Mineralwasser ohne Kohlensäure, und besorgen Sie sich Mineralien in Form von Brausetabletten in der Apotheke.
Sollte eines der angegebenen Mittel nach einer Viertel- bis halben Stunde keine Wirkung zeigen, können Sie ohne weiteres ein nächstähnliches ausprobieren.

Fieber

Fieber kann das erste auffällige Merkmal einer Grippe, einer Infektion oder einer Kinderkrankheit sein. Bei Säuglingen und Kleinkindern tritt es häufig ohne weitere Entzündungsmerkmale auf.
Fieber ist eine wichtige Heilreaktion des Körpers. Dadurch wird der Körper in die Lage versetzt, einen Infekt zu überwinden:

- Die verschiedenen Abwehrzellen des Körpers (Leuko-, Lympho- und Monozyten) werden aktiviert und stimuliert.
- Die Lebensbedingungen für die eingedrungenen Erreger werden verschlechtert.
- An die Behandlung des Fiebers sollte erst bei Temperaturen über 39 °C gedacht werden, dann aber möglichst durch ein geeignetes homöopathisches Mittel.

Säuglinge und Kleinkinder verkraften Temperaturen bis 39 °C in der Regel gut; haben Sie also keine allzu große Angst.

Fieber bei Kleinkindern

Eine Ausnahme stellen die Kinder dar, die zu Fieberkrämpfen neigen. Sie sollten schon bei Temperaturen unter 39 °C durch einen erfahrenen Homöopathen behandelt werden. Falls dies nicht möglich ist, können Sie durch eine homöopathische Konstitutionsbehandlung in der fieberfreien Zeit diese gefährliche und unangemessene Reaktionsweise des Körpers regulieren.

So reagieren Sie bei einem Fieberkranken

- Lassen Sie dem Erkrankten vermehrt Aufmerksamkeit zukommen – in der Art und Weise, wie er sie benötigt.
- Klären Sie, welche Krankheit sich hinter dem Fieber verbirgt. Was ist in den letzten Stunden oder Tagen vorgefallen? Welche Personen aus der Umgebung haben ähnliche Beschwerden? Welche krankmachenden Einflüsse (z. B. Erkältungen, Erhitzungen, Überforderung, Streß, psychische Belastungen) liegen vor?
- Inwieweit macht die Erkrankung Angst? Warten Sie einfach ab, vertrauen Sie allein auf die Selbstheilungskräfte des Körpers, und schaffen Sie dem Patienten die geeigneten Bedingungen? Übernehmen Sie die Behandlung selbst, oder geben Sie die Behandlung an einen Arzt oder homöopathischen Behandler ab?

Fiebersenkende Maßnahmen

Der Wadenwickel ist die bekannteste und am häufigsten angewandte Maßnahme bei Fieber. Beachten Sie, daß kalte Wickel nur an warmen oder heißen Körperteilen angewandt werden dürfen. Mit Wadenwickeln an kalten Unterschenkeln und Füßen können Sie einen Fieberkrampf auslösen.

Der Einlauf ist eine wunderbare Unterstützung des Körpers aus der Erfahrungsheilkunde. Er senkt auf milde Weise das Fieber und aktiviert dennoch die Selbstheilungskräfte des Körpers. Er wird mit Wasser oder Kamillentee durchgeführt. Die Temperatur des Einlaufs sollte etwa 1 °C unter dem Fieberwert liegen. Er sollte möglichst eine Viertelstunde im Körper bleiben, bevor dem Stuhldrang nachgegeben wird.

Vertrauen Sie bei Fieber der Homöopathie

Je mehr Vertrauen Sie in die homöopathische Behandlung besitzen, desto eher verzichten Sie auf begleitende Maßnahmen der Fiebersenkung.
Wovon wir unbedingt abraten, ist die gleichzeitige Behandlung mit chemischen fiebersenkenden Mitteln: Je akuter die Krankheit verläuft, desto schneller tritt auch die Wirkung des passenden homöopathischen Mittels ein. Bei fiebrigen Erkrankungen sehen Sie nach wenigen Minuten bis maximal drei Stunden aufgrund veränderter Merkmale am Kranken, ob die homöopathische Arznei in angemessener Weise wirkt.

Die hier bei Fieber angegebenen Heilmittel sind bei Kindern und Erwachsenen anzuwenden. Die Dosierung bezieht sich auf Erwachsene; Kindern geben Sie zwei Drittel der Menge.

Homöopathische Mittel wirken schnell

Hier besteht häufig die Meinung: Die Homöopathie hilft zuweilen ganz gut, aber es dauert immer sehr lange. Dies trifft nur für die Komplexpräparate zu. Geben Sie das passende homöopathische Einzelmittel, so erfolgt die Besserung meist ebenso schnell wie bei chemischen Mitteln, aber das Allgemeinbefinden ist wesentlich besser.
Ist dies nicht der Fall, dann können Sie auf ein anderes homöopathisches Mittel übergehen, das der Krankheit als nächstes ähnlich erscheint.

Fiebersenkende Mittel behandeln nur oberflächlich

Der Verlauf des Fiebers und das Allgemeinbefinden sind die ersten Kriterien zur Beurteilung der Wirksamkeit der Arznei. Geben Sie z.B. gleichzeitig ein Fieberzäpfchen, so erfolgt automatisch eine Fiebersenkung und auch eine Veränderung des Allgemeinbefindens. Sie wissen nun weder, ob das homöopathische Mittel gewirkt hat, noch wie sie mit der homöopathischen Behandlung fortfahren sollen.

Homöopathische Mittel heilen die Ursache

Das passende homöopathische Arzneimittel senkt nicht das Fieber durch eine Veränderung der Temperaturregelung im Gehirn wie bei den chemischen Fiebermitteln – denn sie schwächen die Selbstheilungskräfte –, sondern es heilt die Erkrankung, die das Fieber verursacht, und damit verschwindet das Fieber von selbst zu dem Zeitpunkt, der für den Körper geeignet ist.

Homöopathische Mittel bei Fieber: Aconitum C6, Belladonna C6, Bryonia C6, Chamomilla C6, Echinacea angustifolia spagyrische Urtinktur, Echinacea angustifolia C3, Eupatorium perfoliatum C6, Ferrum phosphoricum C12, Gelsemium C6, Pulsatilla C6, Rhus toxicodendron C6, Vincetoxicum C3.

Sinnvolle Maßnahmen bei fieberhaften Erkrankungen

- Der Kranke braucht Ruhe, am besten Bettruhe. Ist er statt dessen quirlig oder aufgedreht, so ist abzuwägen, ob die äußeren Bedingungen ihn nicht zur Ruhe kommen lassen: Radio, Fernsehen, Kinder, terminliche Verpflichtungen etc. lenken ab. Es kann aber auch sein, daß die Unruhe ein individuelles Merkmal darstellt.
- Je weniger Nahrungsaufnahme, um so besser: Fasten soll der Kranke! In der anthroposophischen Medizin ist man der Überzeugung, daß das Abnehmen der Kinder während fiebriger Erkrankungen notwendig ist. Durch das Fieber wird ein Teil des kindlichen Eiweißes »eingeschmolzen«, das noch aus dem mütterlichen Organismus stammt. Bei der Gewichtszunahme in der Erholungsphase baut der Säugling sein Eiweiß gemäß seiner Individualität neu auf.
  Meist besteht bei fiebrigen Erkrankungen Appetitlosigkeit. Viele Mütter meinen, daß ihre Kinder unbedingt etwas essen müssen, denn Fieber zehrt bekanntlich. Die Mahlzeiten verzögern jedoch die Heilung und verschlechtern das Mutter-Kind-Verhältnis, denn die Kinder essen höchstens gegen ihr inneres Bedürfnis der Mutter zuliebe.
- Nur nach Bedarf sollte der Kranke trinken. Getränke sind gut und wichtig, solange sie im Einklang mit dem Bedürfnis des Kranken stehen. Ob kalt, warm oder heiß bestimmt der Kranke! Am geeignetsten sind Wasser, Früchtetees oder verdünnte Fruchtsäfte. Bei Kräutertees ist darauf zu achten, daß sie nicht die Wirkung des homöopathischen Mittels schwächen; deshalb sollten Sie bitte im Zweifelsfall darauf verzichten. Ob und wieviel der Patient trinkt und welche Temperatur er bevorzugt, sind wichtige Kriterien zur Auswahl des ähnlichen homöopathischen Mittels.
- Die weiteren Bedürfnisse des Kranken sollten beachtet und gegebenenfalls für die Wahl des homöopathischen Mittels registriert werden, z. B. Frischluftbedürfnis, Zu- oder Abdecken, kalte oder warme Getränke etc.

Plötzlicher Fieberbeginn

Aconitum bei schnellem Krankheitsbeginn

Der stürmische Beginn einer Erkrankung deutet auf Aconitum als das geeignete Mittel. Der Patient geht noch gesund zu Bett, d.h. ohne Anzeichen einer Erkrankung. Er erwacht dann nach zwei bis drei Stunden oder kurz vor Mitternacht mit hohem Fieber und ängstlicher Unruhe. Er scheint sein Leiden kaum ertragen zu können. Die Kranken schlafen nur kurzzeitig, weil sie sich immer wieder hin- und herwälzen, die Unruhe kann sich zur Todesangst steigern.
Zu Beginn des Fiebers kommt es zu Frostschauern, dann wird die Haut trocken, heiß. Der Puls ist schnell, voll und hart. Das Gesicht ist im Liegen rot, wird aber beim Aufsetzen schnell blaß.

Dosierung
Halbstündlich 3 Globuli Aconitum C 6

Belladonna bei Müdigkeit und ansteigendem Fieber

Das Fieber entwickelt sich plötzlich, aber weniger stürmisch als bei Aconitum. Meist verläuft es folgendermaßen: Der Patient erscheint mittags zwar gesund, aber er ißt nur wenig. Er legt sich entgegen seiner sonstigen Gewohnheit ins Bett. Nach ein bis zwei Stunden erwacht er mit folgenden charakteristischen Symptomen: hochrotes, glänzendes Gesicht mit weiten Pupillen; schwitzender Körper, er dampft im Bett; beim Aufdecken friert er sofort. Er möchte deshalb trotz der Hitze zugedeckt bleiben. Er schläft viel, oft mit Alpträumen oder phantasierend; die Hals- und Schläfenschlagadern pulsieren sichtbar; häufig hat er starken Durst auf kaltes Wasser; die Schleimhäute sind glühend rot, später dunkelrot und gefleckt; ein klopfender, harter, voller und schneller Puls ist tastbar.

Belladonna C 6, halbstündlich 3 Globuli, bei Besserung in zunehmenden Zeitabständen

Begleitumstände

- Oft kommen auch hämmernde Kopfschmerzen hinzu, die sich durch Erschütterung – beim Gehen oder Husten – oder beim Bücken noch verschlechtern.
- Helles Licht oder schon leise Geräusche können die Erkrankten beim Einschlafen oder im Schlaf derart hochfahren lassen, als ob sie ein Stromschlag getroffen habe.
- Es kann auch ein lästiger, trockener Hustenreiz im Kehlkopf auftreten.

Nächtliche Krämpfe bei Kleinkindern mit hohem Fieber können mit Belladonna geheilt werden.

Symptome bestimmen das homöopathische Mittel
Die homöopathische Behandlung sollte erst dann einsetzen, wenn aufgrund verschiedener Symptome eine eindeutige Arzneimittelwahl möglich ist. Damit ist gemeint, daß es nicht sinnvoll ist, bei den ersten Anzeichen einer fiebrigen Erkrankung das Mittel zu geben, das das letzte Mal so gut geholfen hat.

Chamomilla für Kleinkinder

Dosierung
Stündlich 3 Globuli Chamomilla C6

Chamomilla ist besonders häufig in den ersten Lebensmonaten hilfreich. Am auffallendsten ist das schrille, nervenaufreibende Geschrei des Kindes. Es kommt nur durch fortwährendes Herumtragen zur Ruhe oder zum Einschlafen. Bleibt die Mutter oder der Vater stehen oder wollen sie es gar ablegen, wird es bald reizbar oder erwacht schreiend. Es verlangt zwar dies oder jenes, wirft es jedoch nach kurzer Zeit wieder weg und schreit erneut. Hält dieser Zustand an, so sind viele Eltern versucht, es einfach schreien zu lassen. Oft zeigt sich in diesem Zustand eine einseitige Rötung der Wangen oder des Gesichts. Manchmal kommt es auch zu Durchfall, grünlich wie gehackter Spinat.

Allmählicher Beginn der Krankheit

Ferrum phosphoricum C12, 3 Globuli alle 1–2 Stunden

Der Fieberverlauf ist langsamer, der Auslöser liegt meist länger als einen Tag zurück, der Patient erscheint schnell erschöpft, mag sich aber nicht ausruhen und läuft dann z. B. im Kreis umher. Das Fieber tritt meist ohne Katarrh und ohne Frösteln auf.
Der Kreislauf ist labil: Die Gesichtsfarbe schwankt selbst im Liegen von rot nach blaß, der Puls ist schnell, klein, weich und leicht unterdrückbar. Oft kommt Nasenbluten dazu. Häufig folgt bei Kindern eine Mittelohrentzündung. Dann sind Ohrmuschel und Wange der erkrankten Seite stärker gerötet. Nach dem Schlafen wacht der Patient sehr erhitzt mit rotem Gesicht auf. Er schwitzt nicht und hat Durst auf kalte Getränke, auf kalte Luft reagiert er aber empfindlich. Typisch ist auch das Bedürfnis, wiederholt an einer Zitrone zu lecken. Falls Husten auftritt, ist dieser krampfartig mit einem starken Kitzelgefühl im Halsbereich und nur wenig Auswurf.

Auf das Fieber kommt es an

Diese Mittel werden Ihnen helfen.

- Mit trockener nächtlicher Hitze: Aconit, Belladonna, Bryonia, Pulsatilla, Rhus toxicodendron
- Mit dem Bedürfnis sich abzudecken: Aconit, Bryonia, Chamomilla, Pulsatilla, Rhus toxicodendron
- Mit dem Verlangen sich zuzudecken: Aconit, Belladonna, Gelsemium, Pulsatilla, Rhus toxicodendron
- Ohne Hitze: Rhus toxicodendron
- Mit intensiver Hitze und Delirium: Belladonna, Bryonia, Pulsatilla
- Mit Kälteschauern: Aconit, Belladonna, Bryonia, Chamomilla, Eupatorium perfoliatum, Gelsemium, Pulsatilla, Rhus toxicodendron
- Mit Frösteln: Aconit, Belladonna, Chamomilla, Pulsatilla
- Nach dem Schlaf: Belladonna, Ferrum phosphoricum, Pulsatilla
- Ohne Schweiß: Aconit, Belladonna, Bryonia, Chamomilla, Eupatorium perfoliatum, Gelsemium, Pulsatilla, Rhus toxicodendron
- Fiebrige Hitze nur tagsüber: Belladonna, Eupatorium perfoliatum
- Verschlimmerung durch warmes Zudecken: Aconit, Chamomilla, Pulsatilla, Rhus toxicodendron
- Verschlimmerung in warmen Räumen: Bryonia, Pulsatilla
- Im Sommer: Belladonna, Bryonia, Eupatorium perfoliatum, Gelsemium, Pulsatilla
- In der Sonnenhitze: Belladonna, Pulsatilla
- Im Herbst: Bryonia, Eupatorium perfoliatum, Pulsatilla, Rhus toxicodendron
- Im Winter: Pulsatilla, Rhus toxicodendron
- Während der Zahnung: Aconit, Belladonna, Chamomilla, Ferrum phosphoricum, Gelsemium
- Ausgelöst durch Wut: Aconit, Chamomilla

Echinacea angustifolia und purpurea spagyrische Urtinktur intensivieren unspezifisch die Körperabwehr: alle 1–3 Stunden 5–15 Tropfen.

Fieberhafter Infekt

Bryonia bei Verkühlung

Dosierung
3 Globuli Bryonia C 6 alle 2 Stunden

Der Infekt tritt meist bei milder Witterung im Frühjahr und Herbst oder im Sommer in zu kühl klimatisierten Räumen als Verkühlen, als Folge unterdrückter Schweißbildung oder als Folge von Ärger auf. Der Patient wacht dann morgens mit einem Steifheitsgefühl auf und fühlt sich allgemein unwohl. Am Tag fühlt er sich besser, niest gelegentlich und hat ein Bedürfnis nach Ruhe. Er würde sich am liebsten hinlegen, entgegen seiner sonstigen Einstellung hat er keine Lust zu arbeiten. Er zwingt sich aber zu seinem üblichen Arbeitspensum.
Es geht ihm von Tag zu Tag schlechter, ab dem zweiten Tag rebelliert der Körper zunehmend gegen jede körperliche oder geistige Anstrengung mit Glieder- und Kopfschmerzen. Die Kopfschmerzen nehmen bei der geringsten Bewegung, selbst bei Bewegung der Augen oder beim Reden zu. Der Appetit nimmt ab. Die Schleimhäute werden immer trockener, der Durst nimmt zu. Meist trinkt er ganze Gläser kalter Flüssigkeit. Nur wenn er friert, mag er etwas Warmes trinken.

Begleiterscheinungen

Es tritt Verstopfung ein, der Stuhl wird immer härter, eventuell sieht er aus wie verbrannt. Oft stellt sich noch ein trockener Husten mit stechenden Schmerzen in der Brust ein. Auch diese Schmerzen werden schlimmer bei Bewegung, durch tiefes Atmen und durch Sprechen. Die Beschwerden klingen ab bei regungslosem Liegen oder werden leichter durch festen Druck gegen die schmerzenden Körperzonen, z.B. beim Husten. Der Hustenreiz wird schlimmer beim Eintritt in warme Räume. Der Patient ist sehr gereizt und mag nicht reden. Kaltes Wasser oder Suppe tun ihm gut, Schwerverdauliches verschlimmert seinen Zustand, Bier ist für ihn pures Gift. Obwohl die Erkrankung durch Verkühlung hervorgerufen wurde, verträgt der Kranke weder warme Anwendungen noch heißes Wetter.

Echinacea angustifolia C3, 3 mal täglich 5 Globuli

Echinacea angustifolia bei Erschöpfung und Sodbrennen

Der Patient fühlt sich matt und erschöpft, als ob er schon lange krank sei. Deshalb fragt er bereits zu Beginn der Erkrankung, wann er denn endlich wieder gesund werde. Auch hat er überall Schmerzen. Der

Puls ist schnell und voll. Wenn er etwas ißt, gärt es im Magen, und der Bauch bläht sich auf. Er muß öfter aufstoßen – mit dem Geschmack des verzehrten Essens, beim Aufstoßen von Säure brennt es im Hals. Er hat Durst auf kaltes Wasser.

Eupatorium perfoliatum bei grippalem Infekt

Hier ist das Bild der klassischen Virusgrippe charakteristisch: Der ganze Körper tut weh, der Rücken schmerzt wie zerschlagen; Knochen und Gelenke wie verrenkt; die Kopfschmerzen klopfen, und der Kopf scheint zu bersten; der Husten ist so schmerzhaft, daß man die Brust festhalten muß.

Dosierung
Eupatorium perfoliatum C 6, 3 Globuli alle 2–3 Stunden

Der Fieberverlauf ist untypisch, er erreicht morgens zwischen sieben und neun Uhr seinen Höhepunkt, nachts und morgens tritt starker Frost auf; im Lauf des Tages ist der Patient heiß, mit wenig Schweiß. Vor dem Frost besteht großer Durst auf kaltes Wasser, nach dem Frost muß der Kranke oft erbrechen. Das Gesicht ist heiß und rot. Das Allgemeinbefinden bessert sich nach Schweißausbrüchen. Galleerbrechen und eine druckempfindliche Leber sind auch typisch.

Gelsemium für Fröstelnde

Für fieberhafte Infekte mit Frösteln, zittriger Schwäche und Benommenheit ist Gelsemium geeignet. Der Infekt entwickelt sich ein bis drei Tage nach der Erkältung oder Ansteckung mit zunehmenden Beschwerden: Es beginnt mit Kälteschauern, die den Rücken auf- und ablaufen, Zittern und Zähneklappern, das so stark sein kann, daß der Kranke festgehalten werden will; der Puls ist mäßig beschleunigt und weich; das Gesicht färbt sich dunkelrot und ist geschwollen; dann treten oft unangenehme Gliederschmerzen auf, vor allem entlang der Wirbelsäule, und Kopfschmerzen kommen dazu, die vom Nacken aus aufsteigen. Der Kranke mag sich zurückziehen und in Ruhe gelassen werden; meist besteht Durst.

3 Globuli Gelsemium C 6, alle 2–3 Stunden

Begleiterscheinungen

Häufig folgen entweder ein wäßriger, scharfer Fließschnupfen mit Reizung des Rachens und Schluckbeschwerden oder eine Bronchitis mit geringem Auswurf. Der Betroffene fühlt sich so elend, daß er nichts essen kann. Ihm wird fürchterlich übel, wenn er friert. Die

Übelkeit läßt beim Hinlegen nach. In der Fieberhitze färbt sich das Gesicht rot. Mit dem Fieber treten Frösteln oder Schüttelfrost im Rücken auf.
Er fühlt sich zunehmend dumpf und müde im Kopf, als sei der Kopf voll. Dabei ist er dennoch gereizt, besonders wenn man etwas gegen seinen Willen macht oder ihn korrigiert. Alle Ausscheidungen riechen unangenehm.

Pulsatilla bei Fieber nach Temperaturschwankungen

Dosierung
Pulsatilla C 6, alle 2–3 Stunden 3 Globuli

Die Fieberzustände treten bevorzugt im Herbst und Frühjahr auf, wenn es zu großen Temperaturschwankungen kommt, wenn die Tage im Verhältnis zu den Nächten recht warm sind.
Der Patient friert sehr, besonders im Kreuzbereich, lehnt aber warme, stickige Luft und warme Räume ab. Er möchte sich in einem kühlen, gut gelüfteten Raum, üppig zugedeckt, aufhalten.
Die Haut ist glühend heiß. Das Gesicht bleibt auch in der Fieberhitze häufig blaß, der Gesichtsausdruck ist sanft. Hohes Fieber und trockene Hitze erscheinen meist nachts. Das Allgemeinbefinden ist abends besonders schlecht.

Begleiterscheinungen

Der Kranke mag weder essen noch trinken. Wenn es ihm nach einigen Tagen noch immer heiß ist und er nicht friert, bekommt er Durst auf kleine Mengen sehr kalter Getränke.
Kinder und auch Frauen brechen schon bei Kleinigkeiten in Tränen aus. Die Kinder sind sehr anhänglich. Sie möchten am liebsten den ganzen Tag kuscheln, im Arm gehalten oder gestreichelt werden.

Rhus toxicodendron in der feuchten Jahreszeit

Alle 3 Stunden 3 Globuli Rhus toxicodendron C 6

Das Fieber tritt meist nach naßkalten Tagen, bei feuchtem Wetter, Naßwerden auf. Der Patient spürt eine zunehmende Mattigkeit, Steifigkeit und Schmerzen. Es geht ihm zwar besser, wenn er sich längere Zeit bewegt, aber bei diesem schlechten Wetter, das er überhaupt nicht mag, will er nicht hinaus.
So setzt oder legt er sich hin, aber es überkommt ihn eine große Unruhe. Er kann nicht lange in einer Position aushalten, weil er keine bequeme Stellung finden kann.

Die Muskeln werden immer steifer und schmerzen. Nur Wärme (heißes Bad oder Wärmflasche) oder längere Bewegung – z. B. krankengymnastische Übungen – bessern den Zustand.

Vincetoxicum zur Abwehrstärkung

Zur allgemeinen Abwehrsteigerung bei allen virusbedingten Erkrankungen wie Erkältung, Husten und Schnupfen, fieberhaftem Infekt oder Grippe können Sie neben der sonstigen Behandlung Vincetoxicum einsetzen.

Dosierung
3 mal täglich 5 Globuli Vincetoxicum C3

Informieren Sie sich

Die wichtigsten der hier im Behandlungsteil erwähnten und vorgeschlagenen Mittel sind im Kapitel »Ihre Medikamente für Ihre Beschwerden« (Seite 180ff.) ausführlich beschrieben. Bevor Sie sich für ein homöopathisches Mittel endgültig entscheiden, lesen Sie dort bitte nach, wann das Mittel am besten wirkt und für welchen Typ es am geeignetsten ist.

Frauenkrankheiten

So manche Frau leidet jeden Monat wieder aufs neue am Prämenstruellen Syndrom, z. B. mit Nervosität, depressiven Verstimmungen, Brustspannen, Migräne, Bauchschmerzen oder an Menstruationsbeschwerden mit heftigen Blutungen und starken Unterleibschmerzen. Schuld an diesen typisch weiblichen Beschwerden sind die weiblichen Hormone. Sie regeln und bestimmen den monatlichen Zyklus, die Pubertät, Schwangerschaften und die Wechseljahre.

Natürliche Arzneien sind gefragt

Gerade körperbewußte Frauen suchen heute vermehrt nach natürlichen Heilmitteln und probieren gern pflanzliche Produkte aus. Sie wollen damit möglichst alle Nebenwirkungen der chemischen Medikamente umgehen. Doch Vorsicht: Auch Arzneien aus der Natur dürfen nicht beliebig eingesetzt werden.

Verstopfung in der Schwangerschaft heilen Sie mit Alumina, Natrium sulfuricum, Nux vomica, Platinum, Plumbum, Sepia.

Frauenkrankheiten homöopathisch heilen

Beschwerden	Wichtigste homöopathische Mittel
Zu starke, zu lange, zu frühe Menstruation	Calcium carbonicum, Ferrum metallicum,Natrium muriaticum, Nux vomica, Pulsatilla, Tuberculinum bovinum
Allgemeine Menstruationsbeschwerden, Gebärmuttersenkung, Reizbarkeit	Belladonna, Lilium trigrinum, Lachesis,Natrium muriaticum, Sepia
Wechseljahrebeschwerden	Kalium carbonicum, Lachesis, Natrium muriaticum, Sepia, Sulfur

Klassische Frauenmittel

Es gibt sie: die homöopathischen Mittel, die Frauen bei den unterschiedlichen zyklischen Beschwerden Erleichterung verschaffen und die Sie im Alltag erfolgreich stärken können. Cimicifuga, Ignatia, Chamomilla, Kalium carbonicum, Platin, Pulsatilla und Sepia sind die Arzneien aus der Homöopathie, die als typische Frauenmittel bezeichnet werden. Doch setzen Sie sie nicht vorschnell ein, sondern lassen Sie sich beraten, welches Produkt Ihrem Konstitutionstyp und Ihren Beschwerden am nächsten kommt.

Besprechen Sie sich mit einem Homöopathen

Wenn Sie in Zukunft Zyklusbeschwerden mit den Mitteln der Homöopathie heilen wollen, dann sollten Sie sich zunächst über die dafür sinnvollen homöopathischen Arzneien informieren (siehe Seite 180 ff.) und von einem Homöopathen beraten lassen. Setzen Sie bei allen Frauenkrankheiten, Beschwerden in der Schwangerschaft und beim Stillen nicht selbständig homöopathische Mittel ein; die Wirkung kann individuell sehr unterschiedlich ausfallen. Außerdem können Sie keine Besserung erzielen, wenn Sie nicht die genaue Ursache für Ihre Beschwerden kennen – nur sie verweist Sie auf das geeignete Mittel. Und gerade die Ursache von hormonellen Störungen aufzudecken, ist außerordentlich schwierig. Hier hilft ein Fachmann.

Grippe, grippaler Infekt, Erkältung?

Husten, Schnupfen, Heiserkeit und Halsschmerzen kennt jeder. Besonders lästig sind diese Erkältungssymptome in der kalten Jahreszeit. Doch Vorsicht: Während Sie einfache Halsschmerzen, Schnupfen und Husten selbst homöopathisch behandeln können, müssen Sie bei einer tatsächlichen Grippe sofort in ärztliche Behandlung. Bleiben die Symptome längere Zeit bestehen, oder haben Sie keinen Erfolg mit Ihrer Behandlung, dann wenden Sie sich bitte an einen erfahrenen Homöopathen. Leichtes Fieber (Seite 57ff.), Halsschmerzen (Seite 69ff.), Husten (Seite 78ff.) und Schnupfen (Seite 118f.) kurieren Sie mit den hier im Buch empfohlenen Mitteln.

Lutschtabletten bei Halsschmerzen wirken mehr im Darm als im Hals. Leider ist aber eine geschwächte Darmflora Ausgangspunkt anderer Erkrankungen.

Halsschmerzen

Bei Halsschmerzen und Angina (siehe Seite 34ff.) setzt die allopathische Medizin nach desinfizierenden Maßnahmen wie Gurgeln schnell lokal wirkende Antibiotika in Form von Lutschtabletten ein. Diese entfalten ihre Wirkung vor allem im Verdauungstrakt.

Die akute Halsentzündung

Aconitum nach kaltem Wind

Die Halsschmerzen entwickeln sich schnell nach dem Aufenthalt in kaltem, trockenem Wind. Der Rachen ist sehr rot und trocken. Schlucken und Sprechen verursachen brennende, prickelnde und stechende Schmerzen. Hier hilft Aconitum.

Dosierung
Aconitum C6 stündlich 3 Globuli

Apis bei brennenden oder stechenden Schmerzen

Die Schleimhäute sind blaßrot mit teigigen Schwellungen an Zäpfchen, Gaumensegel und Rachenhinterwand.

Die Schmerzen sind stechend oder brennend und werden schlimmer durch Wärme, warme Getränke, warme Wickel oder Schals. Der Kranke lehnt auch kalte Wickel ab, weil der Hals stark berührungs-

Dosierung
3 Globuli Apis C 6 alle 2 Stunden

empfindlich ist und alles Beengende am Hals als unangenehm empfindet. Kalte Getränke bessern das Halsweh.
Hitze und Frostschauer wechseln sich ab; nur während der Frostschauer kann Durst auftreten. Zwischen 16 und 18 Uhr erreicht das Fieber seinen Höhepunkt. Der Kranke produziert wenig Urin.
Bei Apisbeschwerden muß auf die Nierenfunktion geachtet werden, d. h., Sie müssen unbedingt Urinkontrollen durchführen lassen.

Halswickel helfen immer

Falls Sie das geeignete homöopathische Mittel, das sogenannte Simile, für Ihre Halsschmerzen nicht finden, können Sie Halswickel einsetzen.
Sie nehmen ein Baumwolltuch und befeuchten es mit eiskaltem Wasser, wringen es gut aus und legen es um den Hals.
Sie können das Tuch auch mit kaltem oder lauwarmem Wasser anfeuchten, mit reichlich Kochsalz bestreuen und dann anlegen.
Darüber kommt ein trockenes Baumwoll- oder Leinentuch und als dritte Lage zuletzt ein Wollwickel (Schal).

Belladonna bei plötzlichen, heftigen Schmerzen

Belladonna C 6, stündlich 3 Globuli

Rachen und Mandeln sind hellrot und geschwollen. Die Trockenheit und das Brennen im Hals zwingen den Kranken zum Schlucken. Er verlangt kalte Getränke in kleinen Schlucken, obwohl dies noch mehr Schmerzen verursacht. Die Schmerzen setzen rasch, heftig und plötzlich ein. Sie verschlimmern sich durch kalte Halswickel, Schlucken und Sprechen. Oft entzündet sich erst die rechte, dann die linke Mandel.
Ein weiteres typisches Merkmal ist das leichte Verschlucken nach Nahrung in flüssiger oder fester Form. Wenn die Nahrung den Kehlkopf erreicht, kommt es zum Kehlkopfkrampf, und die Flüssigkeit spritzt aus Mund und Nase.
Kopf und Körper sind oft schwitzig und heiß, Hände und Füße sind dagegen kalt. Obwohl der Patient vor Hitze dampft, mag er zugedeckt bleiben.

Wird Belladonna nicht rechtzeitig gegeben, kommt es schnell zu vereiterten Mandeln.

Phytolacca bei Halsschmerzen mit Mundgeruch

Rachen und Mandeln leuchten dunkel- oder purpurrot. Stechende – seltener brennende – Schmerzen, die auf der rechten Seite oft stärker sind, strahlen zu den Ohren aus. Der Schmerz fühlt sich an, als ob ein Stückchen eines Apfelkerngehäuses im Hals festsitzt. Er wird durch warme Getränke stärker, kalte Getränke bessern den Schmerz.

Dosierung
Phytolacca C 6, alle 2 Stunden 3 Globuli

Bei weiterem Fortschreiten der Angina erscheinen weiße Eiterstippen auf den Mandeln, die zu Belägen zusammenfließen können. Es tritt ein übler Mundgeruch auf, die Zungenwurzel ist schmierig graugelb belegt.

Das Fieber bleibt ohne Schweiß, die Hitze konzentriert sich auf den Kopf, der gesamte Körper fühlt sich kalt an. Es besteht ein Gefühl der Zerschlagenheit mit großer Schwäche. Das Bedürfnis, sich zu bewegen, führt zu keiner Erleichterung.
Phytolacca ist oft auch das geeignete Mittel der Homöopathie bei der Seitenstrangangina.

Halsentzündung mit Eiterbildung

Barium carbonicum bei Beschwerden auf der rechten Seite

Halsschmerzen und die schnell darauf folgende Eiterung finden meist nur auf der rechten Seite statt. Die Lymphknoten an Hals, Unterkiefer und im Nacken sind dick geschwollen. Mitunter sind auf den Gaumenmandeln Krampfadern deutlich sichtbar.
Am schmerzhaftesten ist das Leerschlucken, aber auch das Essen ist sehr unangenehm. Die brennenden Schmerzen verschlimmern sich nachts.

Barium carbonicum C12 alle 2–3 Stunden 3 Globuli

Barium muriaticum bei Hunger auf Brot

Hier kommt zu den bei Barium carbonicum geschilderten Symptomen noch ein eigenartiges Symptom hinzu: Der Kranke verlangt trotz seiner Beschwerden nach trockenem Brot.

Barium muriaticum C 6, alle 2–3 Stunden 3 Globuli

Halsschmerzen mit Zahneindrücken am Zungenrand heilen Sie mit Arsenicum album, Ignatia, Mercurius solubilis.

Halsschmerzen individuell heilen

- Rote Mandeln: Aconit, Apis, Baptisia, Belladonna, Lachesis, Mercurius solubilis, Mercurius jodatus flus, Phytolacca
- Rotes Zäpfchen: Aconit, Apis, Arsenicum album, Baptisia, Barium muriaticum, Belladonna, Lachesis
- Dunkelrotes Zäpfchen: Baptisia, Lachesis
- Halsschmerzen auf der rechten Seite: Barium muriaticum, Lycopodium, Mercurius jodatus flavus, Phytolacca
- Halsschmerzen erst rechts, dann links: Lycopodium, Mercurius jodatus flavus
- Halsschmerzen auf der linken Seite: Lachesis, Mercurius jodatus ruber
- Halsschmerzen erst links, dann rechts: Lachesis, Mercurius jodatus ruber
- Halsschmerzen wechseln mehrfach die Seite: Lac caninum
- Halsschmerzen nachts: Mercurius solubilis, Phytolacca
- Halsschmerzen bei Berührung: Apis, Belladonna, Bryonia, Ignatia, Lac caninum, Lachesis, Phytolacca
- Schmerzen beim Drehen des Kopfes: Belladonna, Bryonia, Hepar sulfuris, Lachesis
- Halsschmerzen bei feuchtem Wetter: Hepar sulfuris
- Halsschmerzen beim Husten: Aconit, Hepar sulfuris, Lachesis, Lycopodium, Nux vomica, Silicea
- Halsschmerzen durch warme Getränke: Apis, Lachesis, Lycopodium, Mercurius jodatus flavus, Phytolacca
- Halsschmerzen in kalter Luft: Belladonna, Hepar sulfuris, Mercurius solubilis, Nux vomica
- Halsschmerzen beim Räuspern: Belladonna, Lachesis
- Halsschmerzen nach dem Schlaf: Lac caninum, Lachesis
- Halsschmerzen beim Schlucken von Flüssigkeiten: Belladonna, Ignatia, Lachesis, Lycopodium
- Halsschmerzen beim Schlucken von Speisen: Barium carbonicum, Bryonia, Hepar sulfuris, Lac caninum, Lachesis
- Halsschmerzen nach Unterkühlung: Arsenicum album, Hepar sulfuris, Lycopodium, Mercurius solubilis

Lac caninum beim Seitenwechsel der Halsschmerzen

Für die Lac-caninum-Halsschmerzen sind zwei Dinge charakteristisch, der mehrfache Seitenwechsel der Beschwerden sowie die Tatsache, daß kalte Getränke den Zustand verschlechtern, warme Getränke aber nicht zu einer Besserung führen.

Dosierung
Lac caninum C 6
alle 2 Stunden
3 Globuli

Die Schmerzen verschlimmern sich sowohl bei Berührung des Halses, beim Leerschlucken und dem Schlucken von Speisen als auch bei längerem Nichtschlucken.
Auch für einen begleitenden Schnupfen ist typisch, daß immer nur eine Nasenseite betroffen ist. Mehrmals täglich oder auch im täglichen Wechsel ist das linke oder das rechte Nasenloch verstopft.

Lycopodium nach Kälte

Auslöser ist meist eine Verkühlung. Die Halsschmerzen oder eine Entzündung bestehen entweder nur auf der rechten Seite, oder sie beginnen rechts und wechseln dann auf die linke Seite. Bald folgt die Vereiterung der Gaumenmandeln.

Lycopodium C 6
alle 2–3 Stunden
3 Globuli

Lycopodium ist das einzige Mittel, wenn warme wie auch kalte Getränke die Halsschmerzen bessern können. Typisch ist auch, daß der Appetit beim Essen immer mehr zunimmt. Kommt es infolgedessen zu Magen- oder Bauchbeschwerden, besteht ein Bedürfnis nach warmen Getränken, die den Zustand erleichtern. Bleibt der Magen unbeteiligt, bessern auch kalte Getränke den Krankheitszustand.

Mercurius corrosivus bei geschwollenem Hals und Zäpfchen

Die Entzündung und Schwellung von Hals und Zäpfchen sind sehr stark ausgeprägt. Am meisten schmerzt das Trockenschlucken und auch das Trinken, besonders kalter Flüssigkeiten. Die Zunge ist gelbweiß belegt, manchmal sieht sie auch schmutzig aus.

Mercurius corrosivus C 6,
alle 2 Stunden
3 Globuli

Wenn das Herunterdrücken der Zunge mit einem Spatel zur Betrachtung und Begutachtung des Rachenraums beinahe unerträgliche Schmerzen hervorruft, ist Mercurius corrosivus das geeignete Mittel. Bei Mercurius corrosivus sehen wir die heftigsten Schmerzen aller homöopathischen Quecksilberverbindungen.

Quecksilbersalze

Die niedrigen Potenzen bis D6 der bei Halsentzündung empfohlenen Quecksilbersalze sind bei häufigen Gaben noch leicht giftig. Sie bekämpfen daher Krankheitserreger wie ein allopathisches Arzneimittel (siehe Seite 13f.) durch direktes Abtöten und nicht durch eine spezifische Steigerung der Lebenskraft und des Immunsystems. Diese Mittel sollten daher erst in Potenzen ab C6 angewandt werden.

Ein frühzeitiger und falscher Einsatz der Merkursalze kann das Symptomenbild verschleiern, deshalb sollten Sie bitte so lange abwarten, bis sich das vollständige oder typische Bild des jeweiligen Mittels entwickelt hat.

Bei allen Mercuriusverbindungen dürfen Sie keine Halswickel verabreichen, denn der Druck verschlimmert die Beschwerden.

Mercurius jodatus flavus bei Beschwerden rechts

Dosierung
Mercurius jodatus flavus C12, alle 2–3 Stunden 3 Globuli

Der Rachen und die Gaumenmandeln sind rot. Zungenspitze und Ränder sind ebenfalls rot, die Zungenwurzel ist dick gelb belegt, die restliche Zunge schmutzig-gelb. Kalte Getränke bessern, warme verschlimmern den Krankheitszustand. Zahneindrücke sind am Zungenrand sichtbar.

Wie es für alle Mercurius-Salze typisch ist, verschlechtern sich die Halsschmerzen beim Leerschlucken, bei Mercurius jodatus flavus und ruber entstehen brennende Schmerzen. Die Schmerzen beginnen rechts und gehen dann auf die linke Seite über, oder die rechte Seite schmerzt deutlich stärker.

Mercurius jodatus ruber, Mercurius bijodatus bei Beschwerden links

Mercurius jodatus ruber oder Mercurius bijodatus C6, 3 Globuli alle 2 Stunden

Der Hals ist dunkelrot, die Zunge ist gelb belegt. Die Beschwerden sind wie bei Mercurius jodatus flavus weniger dramatisch als bei Mercurius solubilis und Mercurius corrosivus. Im Gegensatz zu Mercurius jodatus flavus ist bevorzugt die linke Seite befallen. Nach dem Schlaf sind die Schmerzen besonders unangenehm.

Mercurius solubilis bei Speichelfluß und Zahneindrücken

Die Gaumenmandeln sind geschwollen und dunkel- bis bläulich-rot. Auf ihrer Oberfläche sind Eiterstippchen oder geschwürartige Vertiefungen sichtbar.

Die Zunge ist besonders charakteristisch: blaß, feucht und aufgequollen mit deutlich sichtbaren Zahneindrücken am Zungenrand oder auch mit schmutzig-gelbem Belag. Es besteht ein unangenehm fauliger Mundgeruch, oft schon von weitem wahrnehmbar. Der Speichel fließt reichlich, dünnflüssig oder zäh, und muß ständig geschluckt werden. Ein süßer, metallischer Mundgeschmack ist ebenfalls typisch. Meist besteht großer Durst, obwohl der Mund feucht ist. Aber je mehr Eiter sich auf den Mandeln bildet, desto schmerzhafter wird das Trinken. Es brennt im Hals wie bei einer Verbrennung durch heiße Dämpfe. Die örtlichen Lymphknoten sind schmerzhaft verdickt. Wärme, besonders Bettwärme, oder lokal angewandte Wickel und Packungen verschlechtern das Befinden ebenso wie kalte Luft oder Kaltwerden. Deshalb muß sich der Patient ständig auf- und zudecken. Das starke Schwitzen, manchmal ist die Wäsche gelb verfärbt, führt zu keiner Erleichterung. Fieber, Schmerzen und Unruhe werden nachts schlimmer.

Dosierung
Mercurius solubilis C6, alle 2–3 Stunden 3 Globuli

Hämorrhoiden

Eine sitzende Tätigkeit, dazu Veranlagung oder Vererbung einer Bindegewebsschwäche sowie eine Stauung im Pfortader-Kreislauf sind die Auslöser vergrößerter Venen und Krampfadern in der Umgebung des Mastdarms: Hämorrhoiden sind die Folge.

Homöopathische Mittel gegen Hämorrhoiden: Aesculus C4, Acidum nitricum C6, Arnica C6, Collinsonia C4, Hamamelis C4, Nux vomica C6, Sulfur C6.

Hilfen bei Hämorrhoiden

Äußerlich helfen Sitzbäder mit Aesculus-, Eichenrinden- oder Hamamelisessenz, anschließend tragen Sie Aesculus- und/oder Hamamelissalbe auf (aus der Apotheke). Zur innerlichen Behandlung der Hämorrhoiden empfehlen wir abends zwei Tassen Leber-Galle-Tee.

Dosierung
Aesculus C 4, 3 mal täglich 5 Globuli

Aesculus – das Hämorrhoidenmittel

Dieses Mittel sollten Sie zuallererst ausprobieren. Bei einem brennenden Gefühl im Mastdarm, dumpfem Schmerz im unteren Teil des Rükkens hilft Aesculus. Bei starken, nach oben schießenden Schmerzen.

Acidum nitricum C 6, früh und abends je 5 Globuli

Acidum nitricum bei Stechen und Kratzen

Die Hämorrhoiden fühlen sich wie Nadeln oder Splitter an, als ob etwas zerrissen wäre. Auch nach dem Stuhl halten Stechen und Kratzen im After oft stundenlang an.

Collinsonia C 4, 3 mal täglich 5 Globuli

Collinsonia bei Verstopfung

Bei zusätzlicher Verstopfung, chronischen Hämorrhoiden und einem stechenden Gefühl, auch brennenden, juckenden und blutenden Hämorrhoiden, hilft Collinsonia.

Hamamelis C 4, 3 mal täglich 5 Globuli vor den Mahlzeiten im Mund zergehen lassen

Hamamelis bei starken Blutungen

Die Hämorrhoiden sind bläulich, sehr schmerzhaft und empfindlich gegen Berührungen. Sie bluten stark, das Blut ist dunkel, die Blutungen verursachen Schwäche.

Nux vomica C 6, 2 mal täglich 5 Globuli

Nux vomica bei erfolglosem Stuhldrang

Hämorrhoiden bei gleichzeitig erfolglosem Stuhldrang behandeln Sie mit Nux vomica. Die Hämorrhoiden treten nach Abführmitteln auf. Eine Verschlechterung erfolgt nach dem Biertrinken. Verstopfung mit häufigem, erfolglosen Stuhldrang ist typisch. Ein Gefühl, als ob ein Teil des Stuhls im Darm zurückbliebe, stellt sich ein. Der Wechsel von Durchfall und Verstopfung beginnt nach dem Abführmittelmißbrauch.

Sulfur C 6, 2 mal täglich 5 Globuli

Sulfur bei juckenden geröteten Stellen

Das Jucken und Brennen am After wird schlimmer durch das Baden, abends im Bett und durch das Biertrinken. Juckende, gerötete Stellen fallen im Analbereich auf.

Hautjucken, Hautrötungen

Urtica urens bei Nesselsucht

Bei juckenden, roten Flecken, Nesselsucht hilft Urtica urens. Das

Jucken ist brennend (Urtica urens = Brennessel!), mit Ameisenlaufen. Rheumatismus wechselt mit Hautausschlägen ab.
Die Beschwerden verschlimmern sich bei Berührung und feuchter, kalter Luft sowie im Wasser.

Dosierung
Viertelstündlich 3 Globuli Urtica urens D 3

Herz- und Kreislaufbeschwerden

Einmal schwindlig – einmal überdreht? Zu niedriger oder zu hoher Blutdruck kann Anzeichen einer ernstzunehmenden organischen Erkrankung sein. Und sie gehört unbedingt in sofortige ärztliche Behandlung. Erst wenn die Ursache der Herz- oder Kreislaufbeschwerden eindeutig feststeht, können Sie in Rücksprache mit Ihrem Arzt und Homöopathen entscheiden, ob in Ihrem Fall homöopathische Mittel helfen oder zusätzlich zur allopathischen Behandlung (Seite 13 f.) eingesetzt werden können.

Vorsicht bei der Selbstbehandlung

Bedenken Sie bei der Homöopathie stets: Die Information »Cimifuga hilft gegen nervöse Herzbeschwerden« reicht für den Einsatz nicht aus, auch wenn damit genau Ihre Beschwerden genannt sind. Ein homöopathisches Mittel muß dem Konstitutionstyp entsprechen, sonst wirkt es nicht. Und das muß ein Homöopath entscheiden. Experimentieren Sie daher nicht mit Gelbem Phosphor bei Kreislaufbeschwerden oder mit Tuberculinum bei einem Kreislaufkollaps, auch wenn Sie diese Informationen im Arzneimittelteil dieses Buches (Seite 180 ff.) erhalten. Wir wollen Sie über die Möglichkeiten der Homöopathie informieren, halten aber bei etlichen Erkrankungen eine homöopathische Selbstbehandlung für unseriös.

Hexenschuß

Wenn Sie sich verhoben haben oder im Rücken kalt geworden sind – feuchter Boden, Zugluft usw. – und die Schmerzen Pein verursachen, sind die Symptome mit Ischias vergleichbar. Behandeln Sie mit Arnica oder Bryonia (siehe Seite 91, 93)

Husten und Bronchitis

Husten tritt meist im Zusammenhang mit einer Erkältung auf. Es ist zweckmäßig, zuerst einmal den Körper durch Schonung, Wärme und eine geeignete Ernährung zu stärken; die Bronchien entlasten Sie durch Kräutertees oder Brustwickel. Läßt sich keine deutliche Besserung feststellen, oder ist der Husten von Beginn an sehr unangenehm, so probieren Sie bitte eines der hier empfohlenen homöopathischen Mittel.

Homöopathische Mittel bei Husten: Aconitum C6, Antimonium tartaricum C6, Arsenicum album C12, Belladonna C6, Bromum C6, Bryonia C6, Causticum Hahnemanni C6, Conium C6, Corallium rubrum C12, Drosera C6, Dulcamara C6, Hepar sulfuris C12 Hyoscyamus C6, Ipecacuanha C6, Nux vomica C6, Phosphor C6, Pulsatilla C6, Rumex C6, Spongia C6, Sticta C6, Sulfur C6.

Husten – wann, wie, wo?

Beantworten Sie sich vor der Behandlung des lästigen Hustens folgende Fragen, dann finden Sie leichter das für Sie geeignete homöopathische Hustenmittel.

- Seit wann besteht der Husten? Z.B. seit dem Wochenende, nach Besuch oder dem Wiedersehen mit der Schwiegermutter.
- Wie ist der Husten? Z.B. locker, trocken, stark verschleimt, mit oder ohne Auswurf, schmerzhaft.
- Wann und in welchen Situationen hustet der Betroffene? Z.B. zu einer bestimmten Tageszeit, beim Essen, beim Kaltwerden, während der Menstruation.
- Unter welchen Bedingungen tritt der Husten auf? Z.B. beim Einatmen, Wind, Sprechen, Weinen, Lachen.
- Was bessert oder verschlimmert den Husten? Z.B. kalte oder warme Getränke, Liegen, Bewegung, frische Luft.
- Welche Begleitsymptome sind damit verbunden? Z.B. Würgen, Erbrechen, Nasenbluten, unfreiwilliger Harnabgang.
- Bestehen weitere Beschwerden? Z.B. Fieber, Schnupfen, Kopf- oder Halsweh, Bauch- oder Brustschmerzen.
- Wie ist das Allgemeinbefinden? Z. B. unverändert, weinerlich, gereizt, manisch.
- Welche Eigentümlichkeiten fallen auf? Z.B. Durst, Eifersucht, Singen, Zähneknirschen.

Ernährungsempfehlung bei Husten

Folgende Nahrungsmittel sind während des Hustens ungeeignet und verzögern die Heilung: Milch und Sauermilchprodukte, Süßigkeiten, fette und stark gewürzte Speisen, oft auch Zitrusfrüchte. Dagegen sind Teigwaren, Gemüse in jeder Form, Salate und Obst zu empfehlen.

Akuter, trockener Husten

Aconitum bei schneller, heftiger Erkrankung

Der Husten, meist in Verbindung mit hohem Fieber, entwickelt sich mit großer Schnelligkeit, stürmisch. Aconitum erweist sich als das passende Arzneimittel durch eine sehr schnelle, manchmal auch stürmische Heilung.

Auslöser des Hustens sind rauhes, stürmisches Wetter, trockener kalter Wind, Wind bei Tauwetter und Durchnässung nach Erhitzung. Der Patient erwacht vor Mitternacht, meist zwischen 21 und 23 Uhr, an kurzen, trockenen Hustenstößen, manchmal mit hohem Fieber; trockene, heiße Haut und große Unruhe sind häufige Begleiterscheinungen. Pfeifende Geräusche entstehen beim Einatmen. Das Gesicht ist im Liegen rot, erblaßt aber beim Sitzen. Schlimmer wird der Husten kurz vor Mitternacht, durch Kälte. Auf die erste Aconitumgabe erfolgt meist ein Schweißausbruch, dann schläft der Betroffene recht ruhig ein. Nach dem Erwachen geben Sie dann das zweite Mal vier Globuli.

Dosierung
Aconitum C 6, anfangs stündlich, bei Besserung in immer größeren Abständen 4 Globuli

Belladonna gegen bellenden Husten

Bei trockenem, kaltem Wetter oder in Zeiten größerer Anspannung in der Familie (vor Urlaub oder Familienfesten, wenn Geschwister oder Eltern krank sind) kann Husten auftreten.

Plötzlich und heftig tritt der trockene, bellende, auf Belladonna verweisende Husten mit weiteren Symptomen auf. Der Kehlkopf ist sehr trocken, ein Kitzeln oder Kratzen ist die Folge und löst den Hustenreiz aus. Es besteht ein ausgeprägter Durst auf kalte Getränke: Wasser, Limonade. Die Erschütterungen durch die Hustenstöße werden im Kopf und im Bauchraum als unangenehm empfunden.

Die Haut ist rot, heiß und schwitzend, besonders im Kopfbereich. Die

Belladonna C 6, 2 mal 3 Globuli innerhalb einer Viertelstunde, dann alle paar Stunden in zunehmenden Abständen

Wenn Kinder husten, geben Sie die gleichen Mittel – nur verringern Sie die Menge der Globuli um ein Drittel.

Pupillen sind vergrößert, die Augen gerötet. Das Pulsieren der Halsschlagadern ist meist sichtbar. Obwohl der Kranke unter der Bettdecke glüht oder dampft, will er zugedeckt bleiben, denn er friert sofort beim Abdecken.

Das Fieber steigt nach dem Schlafen, oft ist dann auch das Allgemeinbefinden schlechter. Schlechter wird der Husten nachts, während des Schlafs, durch das Sprechen und bei Kälte.

Bryonia bei trockener Kälte

Bei Husten, Bronchitis, Lungen- oder Rippenfellentzündung mit der folgenden Symptomatik hilft Bryonia: Die Erkältung erfolgt meist bei trockener Kälte, bevorzugt im Herbst. Der anfänglich leichte Husten steigert sich langsam. Die stechenden Schmerzen in der Brust nehmen derart zu, daß der Kranke sie kaum aushält; nur das feste Halten der Brust oder des Brustbeins läßt das Stechen erträglicher werden.

Dosierung **Alle 2 Stunden 3 Globuli Bryonia C 6, bei Besserung in größeren Zeitabständen**

Tiefes Einatmen, auch kleinere Bewegungen und Mahlzeiten können längere, peinigende Hustensalven auslösen. Dadurch wird der Kranke immer unbeweglicher. Gesellen sich noch Kopfschmerzen hinzu, ist er völlig verzweifelt. Er brauchte vier Hände, um Kopf und Brust gleichzeitig festzuhalten.

Die Schleimhäute – auch außerhalb der Lungen und Bronchien – sind sehr trocken. Der charakteristische Durst ist selten, aber wenn, dann werden große Mengen kaltes Wasser getrunken. Hingegen lindern nur warme Getränke den Husten.

Schlimmer wird der Husten beim Eintreten in warme Räume, durch Bewegung, tiefe Atmung und durch das Sprechen. Eine Besserung tritt durch Ruhe, Festhalten des Brustkorbes beim Husten und warme Getränke ein.

Stündlich 3 Globuli Belladonna C 6, bei Anzeichen einer Besserung in größer werdenden Abständen

Trockener, krampfartiger, spastischer Husten

Belladonna bei spastischer Bronchitis

Bei einer Veranlagung zu spastischer Bronchitis mit den typischen Belladonnasymptomen (siehe Seite 79) hilft Belladonna.

Bryonia bei Hustenkrämpfen

Krampfartiger Husten mit stechenden Schmerzen und den typischen Bryonia-Merkmalen (siehe Seite 189) heilen Sie zuverlässig mit Bryonia.

Dosierung
Bryonia C6, alle 2 Stunden 3 Globuli bis Besserung eintritt, dann seltenere Gaben

Causticum gegen Husten und Heiserkeit

Für Causticum ist die Verbindung von Husten mit Heiserkeit typisch: An kalten, trockenen Herbsttagen fühlen sich die Bronchien trocken und rauh an. Bald kommt es zu einem harten Husten mit einem Gefühl von Wundheit in der Brust, etwas später zu Heiserkeit. Wenn der Betroffene dennoch viel redet, ist er am nächsten Morgen total heiser, oder die Stimme fehlt ganz, jedoch ohne Schmerzen.
Obwohl der Husten trocken ist, hat der Kranke das Gefühl, daß seine Bronchien voller Schleim sind. Trotz aller Bemühungen bekommt er den Schleim nicht hoch, er sitzt zu tief. Durch Trinken wird der Husten besser, je kälter die Getränke sind, desto schneller läßt der Hustenreiz nach. Beim Husten oder Niesen kann es zu unwillkürlichem Harnabgang kommen.
Eine Verschlechterung setzt abends ein, in der Bettwärme, durch kalte Luft oder beim Bücken. Besserung erzielen Sie durch Getränke.

5 Globuli Causticum C6 alle 2–3 Stunden, bei Besserung seltener

Corallium rubrum gegen Schnupfen und Husten

Die Erkrankung beginnt mit einem Schnupfen, in dessen Verlauf die Nase zunehmend verstopft ist. Das Sekret läuft nun den Rachen hinunter und löst dort den Hustenreiz aus. Das Besondere ist die extreme Empfindlichkeit des Rachens gegenüber kalter Luft. Auch das Einatmen der Zimmerluft verursacht ein Kältegefühl im Rachen und löst einen Dauerhusten aus mit Erstickungsgefühl. Der Kranke verkriecht sich deshalb unter der Bettdecke, atmet durch eine Decke oder hält sich einen Schal vor den Mund.
Schlimmer wird der Husten nachts und durch kalte Luft. Zur Besserung kommt es in warmen Räumen.

Alle 2–3 Stunden 3 Globuli Corallium rubrum C12, bis Besserung eintritt

Drosera bei Hustenanfällen

Der anfallsweise auftretende Husten ist gekennzeichnet durch heftige Hustenattacken in schneller Folge, die kaum Zeit zum Luftholen lassen. Dadurch tritt Atemnot mit Erstickungsgefühlen auf, das Gesicht wird rot. In schweren Fällen kommt es zu Erbrechen von Schleim oder Essen und zu Nasenbluten. Der Kranke preßt seine Hände gegen den Brustkorb gegen die stechenden Schmerzen. Kitzelhusten beginnt, sobald man sich hinlegt. Heiserkeit oder eine tiefe, heisere Stimme sind ebenfalls typisch. Schlimmer wird der Husten nachts, besonders nach Mitternacht, und durch das Sprechen.

Dosierung
Drosera C 6 alle 2 Stunden 3 Globuli

Hepar sulfuris bei schmerzendem Husten

3 Globuli Hepar sulfuris C12 alle 2–3 Stunden

Die Bronchialbeschwerden treten entweder nach unterdrückten Hautausschlägen oder nach mehreren Stunden Aufenthalt in trockener, kalter Luft auf. Nachts oder am nächsten Morgen erwacht der Betreffende dann mit einem trockenen oder krampfigen Husten und dem charakteristischen Gefühl, als ob ein Splitter zwischen Kehlkopf und Bronchien stecke. Husten und Schmerzen nehmen allmählich zu. Bei Kindern ist das Weinen vor oder während des nächtlichen Hustens besonders typisch.
Anfangs lösen nur kalte Luft oder kalte Getränke den Husten aus.

Wer seinen Husten mit Bryonia erfolgreich bekämpft, ist ein häuslicher Typ, liebt seine Ruhe und haßt Beunruhigung. Lassen Sie sich bei der Wahl des Mittels von solchen Merkmalen leiten.

Dann bewirken immer geringere Kälteeinflüsse einen Hustenanfall oder eine Verschlechterung des Zustands: Hände oder Arme werden kalt, auch der Brustbereich – z. B. beim Ankleiden oder Waschen oder durch Luftzug beim Türöffnen. Der Kranke deckt sich im Bett mit mehreren Decken so zu, daß nur noch das Gesicht herausschaut. Heiserkeit mit Stimmverlust kommt hinzu.

Schlimmer wird der Husten nachts; durch Kaltwerden, auch einzelner Körperteile; durch kalte Getränke; durch das Sprechen; im Liegen; morgens beim Erwachen. Besserung tritt bei feuchtem Klima, Regenwetter, durch Luftbefeuchtung, Dampfbäder und Inhalationen von heißem Wasserdampf ein.

Hyoscyamus bei spastischem Husten

Der spastische Husten weist dieselben typischen Begleiterscheinungen auf wie der Reizhusten (siehe Seite 88 f.).

Dosierung
Hyoscyamus C 6, 3 Globuli alle 2 Stunden

Ipecacuanha bei feucht-warmer Witterung

Besonders bei feucht-warmem Wetter und im Frühling hilft Ipecacuanha gegen Husten. Auch bei langem Aufenthalt in kalter Winterluft, wenn Sie ganz steifgefroren sind, können Sie dieses Mittel ausprobieren.

Ipecacuanha C 6, alle 1–2 Stunden 3 Globuli

Entweder entsteht ein trockener Husten mit Atemnot, bedingt durch ein Kitzelgefühl im Kehlkopf. Der wenige Auswurf kann derart ekelhaft schmecken, daß er Übelkeit und Erbrechen hervorruft. Oder es kommt zu einem lockeren Husten mit grobem Rasseln. Der Schleim ist so zäh, daß er kaum abgehustet werden kann. Dies ist sehr mühsam und mit Atemnot verbunden.
Das Gesicht läuft rot oder blau an. Erbrechen von Speisen, Galle oder Blut – dabei bleibt die Zunge typischerweise sauber – oder Nasenbluten kann auftreten. Nach dem Hustenanfall besteht auch eine Neigung zu Streckkrämpfen.
Der Kranke ist sehr erschöpft, sein Gesicht zeigt dunkle Augenringe. Beim Abklingen des Infekts ist er oft heiser bis zur Stimmlosigkeit. Schlimmer wird der Husten durch Gehen in kalter Luft, in warmen Räumen, bei Fieber. Eine Besserung ist durch kalte Getränke zu erreichen.

Nux vomica bei Winterwetter und Streß

Dosierung
Nux vomica C 6, alle 2–3 Stunden 5 Globuli, bei Besserung in immer größeren Abständen

Trocken-kaltes Winterwetter in Verbindung mit lange bestehender beruflicher oder privater Überforderung bewirken eine Erkältung mit trockenem Husten, der sich abends und nachts verschlechtert. Ständiges Kitzeln oder Kratzen im Hals ist typisch. Wenn der Schleim zäh ist, verursacht das Husten einen Wundschmerz, als ob beim Husten in den Bronchien etwas abgerissen würde. Tagsüber ist der Husten locker, der Schleim kann dann immer leichter abgehustet werden. Typisch sind auch berstende Kopfschmerzen beim Husten, der Kranke hält dann Kopf und Brust mit seinen Händen.
Warme Getränke verflüssigen den Schleim. Schlimmer wird der Husten durch kalte Luft, beim Kaltwerden, beim Betreten warmer Räume aus der Kälte. Besserung erzielen Sie durch warme Getränke.

Phosphorus nach verschleppten Erkältungen

Phosphorus C 6, alle 3 Stunden 5 Globuli

Dem Husten geht eine Erkältung des Nasen-Rachen-Raumes voraus, meist in Verbindung mit Heiserkeit. Daraus entwickelt sich ein harter, trockener Husten.
Phosphorus kommt auch dann in Frage, wenn ein Schnupfen oder Halsschmerzen durch homöopathische oder allopathische Medikamente nicht ausgeheilt werden und sich »auf die Bronchien schlägt«. Der Husten wird zunehmend schmerzhaft, vor allem morgens nach dem Aufstehen, die Heiserkeit kann sich zur Stimmlosigkeit steigern. Oft ist er auch abends und nachts trocken, morgens hingegen locker. Der Kranke kann nachts nur auf der rechten Seite liegen. Dreht er sich auf den Rücken oder gar auf die linke Seite, weckt ihn ein heftiger Hustenanfall. Er muß sich aufsetzen und sich stöhnend vor Schmerzen mit den Händen gegen den Brustkorb drücken. Ein solcher Anfall erschöpft. Wird der Husten lockerer, kann es zu schleimigem Auswurf kommen. Der Mund ist nach dem Husten voll Schleim. Charakteristisch ist auch, daß der Kranke zur Besserung seines Allgemeinbefindens und der Schwäche kalte oder eiskalte Getränke braucht, obwohl sich der Husten dadurch verschlechtert.
Schlimmer wird der Husten durch Einatmen kalter Luft, beim Kaltwerden, durch kalte Getränke, beim Übergang von der Wärme in die Kälte und umgekehrt, beim Sprechen, Lachen und Weinen. Besserung erreichen Sie durch Liegen auf der rechten Seite.

Rumex bei trockenem Kitzelhusten

Ein trockener Husten mit wenig Auswurf, der durch ein ständiges Kitzeln zwischen Halsgrube und Brustbeinmitte hervorgerufen wird, verweist auf Rumex.
Das zentrale Merkmal ist die Abhängigkeit des Hustenreizes von der Temperatur der eingeatmeten Luft. Je kälter die Luft, desto quälender der Hustenreiz. Wegen der stechenden Schmerzen versuchen die Kranken, den Husten zu unterdrücken. Unfreiwilliger Harnabgang beim Husten ist möglich. Stimmverlust kommt hinzu, wenn längere Zeit kalte Luft eingeatmet wurde. Auch bei chronischem Husten, der durch kalte Luft ausgelöst wird. Schlimmer wird der Husten nachts gegen 23 Uhr und zwischen zwei und fünf Uhr morgens, beim Berühren des Kehlkopfs. Besserung tritt durch warmes Einhüllen des Halses, bei geschlossenem Mund, in der Wärme ein.

Dosierung
Stündlich 3 Globuli Rumex C 6, bei Besserung seltener

Spongia bei anfänglicher Heiserkeit

Dem Husten geht oft Heiserkeit voraus mit rauher oder krächzender Stimme; meist ist der Kehlkopf sehr berührungsempfindlich. Die Atmung zwischen den Hustenattacken ist gekennzeichnet durch sägende Geräusche. Der Höhepunkt des Hustens ist häufig vor oder nach Mitternacht. Der Kranke ist hungrig und durstig.
Schlechter wird der Husten bei Aufregung, durch kalte Getränke, im Liegen. Besserung tritt durch das Hochhalten des Kopfs ein, charakteristisch ist auch die Besserung durch Essen oder Trinken, besonders durch warme Getränke oder Mahlzeiten.

3 Globuli Spongia C 6 alle 2 Stunden bis Besserung erkennbar ist

Tuberculinum bovinum gegen harten Husten

Der harte und trockene Husten beginnt meist nachts und hält mit Unterbrechungen die ganze Nacht an. Je stärker der Husten wird, desto länger dauert das Einschlafen. Doch schon bald wird der Kranke durch eine neue Attacke geweckt. Erst wenn der meist dicke, gelbe Auswurf in großen Mengen erscheint, werden die Hustenanfälle leichter. Lufthunger besteht, obwohl frische oder kalte Luft heftige Anfälle auslösen kann. Der Kranke bewegt sich an der frischen Luft und mag bevorzugt eiskalte Getränke, obwohl sie den Husten provozieren. Schlimmer wird es beim Kaltwerden, beim Reden, im warmen Raum.

Tuberculinum bovinum LM 6, 3 mal täglich 3 Globuli; bei Besserung 1 Woche 1 mal 5 Globuli in der Frühe

Husten ist nie gleich Husten! Beobachten Sie, wann er einsetzt, ob er von äußeren Temperaturen oder aktuellen Belastungen beeinflußt wird und was ihn bessert oder verschlimmert.

Husten individuell heilen

- Nur tagsüber: Bromum, Bryonia, Dulcamara, Hepar sulfuris, Phosphor, Rumex
- Morgens beim Erwachen: Causticum, Hepar sulfuris, Nux vomica, Phosphor, Rumex, Sulfur
- Nach Ärger: Aconit, Antimonium tartaricum, Arsenicum album, Bryonia, Nux vomica
- Beim Anfassen des Halses: Aconit, Antimonium tartaricum, Belladonna, Drosera, Hepar sulfuris
- Im Liegen, der Patient muß aufsitzen: Antimonium tartaricum, Arsenicum album, Bryonia, Causticum, Conium, Hepar sulfuris, Hyoscyamus, Phosphor, Pulsatilla
- Bellender Husten: Aconit, Antimonium tartaricum, Belladonna, Bromum, Corallium rubrum, Drosera, Dulcamara, Hepar sulfuris, Phosphor, Rumex, Spongia, Sticta, Sulfur
- Bei Erhitzung des Körpers: Aconit, Bromum, Bryonia, Causticum, Nux vomica, Pulsatilla
- Erschütternder Husten: Arsenicum album, Belladonna, Bromum, Bryonia, Causticum, Conium, Dulcamara, Hyoscyamus, Ipecacuanha, Nux vomica, Phosphor, Pulsatilla, Spongia, Sticta, Sulfur
- Verbesserung an der frischen Luft: Bromum, Bryonia, Drosera, Dulcamara, Nux vomica, Pulsatilla, Sulfur
- Der Patient muß mit beiden Händen die Brust beim Husten fassen: Bryonia, Drosera, Phosphor
- Der Patient muß mit beiden Händen den Kopf beim Husten halten: Bryonia, Nux vomica, Sulfur
- Husten durch kalte Getränke: Arsenicum album, Hepar sulfuris, Phosphor, Rumex, Spongia, Tuberculinum bovinum
- Besserung durch kalte Getränke: Bromum, Causticum, Ipecacuanha, Sulfur
- Husten beim Kaltwerden: Arsenicum album, Bryonia, Causticum, Conium, Dulcamara, Hepar sulfuris, Nux vomica, Phosphor, Rumex, Spongia, Sulfur, Tuberculinum bovinum

- Husten durch körperliche Anstrengung: Bromum, Bryonia, Dulcamara, Ipecacuanha, Nux vomica, Phosphor, Pulsatilla, Spongia, Sulfur
- Husten beim Lachen: Arsenicum album, Bryonia, Conium, Drosera, Dulcamara, Hyoscyamus, Phosphor, Spongia
- Besserung im Liegen: Aconit, Bryonia, Sulfur
- Husten im Moment des Hinlegens: Arsenicum album, Conium, Drosera, Hyoscyamus, Pulsatilla
- Nervöser Husten: Corallium rubrum, Drosera, Hepar sulfuris, Hyoscyamus, Nux vomica, Phosphor
- Husten endet mit Niesen: Belladonna, Bryonia, Hepar sulfuris, Sulfur
- Periodischer Husten: Arsenicum album, Nux vomica
- Husten, der zum Sprechen unfähig macht: Bromum, Rumex
- Husten, der den Schlaf verhindert: Causticum, Phosphor, Pulsatilla, Sticta, Sulfur
- Weinen verschlechtert den Husten: Antimonium tartaricum, Arsenicum album, Belladonna, Drosera, Hepar sulfuris, Phosphor, Sulfur
- Trinken verbessert den Husten: Bromum, Bryonia, Causticum, Spongia
- Husten, der nachts trocken, locker am Tag ist: Aconit, Arsenicum album, Bryonia, Causticum, Conium, Hepar, Hyoscyamus, Nux vomica, Phosphor, Pulsatilla, Sulfur
- Verbesserung durch warme Getränke: Arsenicum album, Bryonia, Nux vomica, Spongia
- Husten in warmen Räumen: Aconit, Arsenicum album, Bromum, Bryonia, Drosera, Dulcamara, Ipecacuanha, Phosphor, Pulsatilla, Spongia, Sulfur, Tuberculinum bovinum
- Husten beim Übergang von kalt nach warm: Aconit, Bromum, Bryonia, Conium, Nux vomica, Pulsatilla, Sulfur
- Husten während der Zahnung: Hyoscyamus, Ipecacuanha.
- Husten durch Zorn: Aconit, Antimonium tartaricum, Arsenicum album, Bryonia, Nux vomica

Für jeden Husten gibt es ein passendes Mittel: Heilen Sie Husten in der kalten Jahreszeit nie genauso wie den Husten nach Ärger oder Zorn.

Reizhusten

Bromum bei Husten und Asthma nach kühlen Abenden

Dosierung
3 mal täglich
3 Globuli
Bromum C 6

Husten, Asthma oder auch Durchfall nach warmen Tagen mit kühlen Abenden heilen Sie mit Bromum. Der Bromumpatient gerät bei Anstrengungen leicht ins Schwitzen und ist dann recht empfindlich bei Abkühlung oder bei Zugluft.
Äußerste Heiserkeit bis zum Stimmverlust sind typisch. Rasselnde Atemgeräusche und ein trockener, krampfhafter und pfeifender Husten entstehen. Die eingeatmete Luft wird als kalt empfunden.
Schlimmer wird der Husten durch das Einatmen kalter Luft und in warmen Räumen. Besserung durch kalte Getränke oder aber am Meer.

Conium bei trockenem Husten nachts

3 mal täglich
3 Globuli
Conium C 6

Anhaltenden, trockenen nächtlichen Husten, von einer trockenen Stelle im Kehlkopf verursacht, heilen Sie mit Conium. Der Husten tritt sofort nach dem Hinlegen auf. Der Kranke muß sich sogleich aufsetzen und solange husten, bis sich der Auswurf löst. Erst dann hat er Ruhe und kann schlafen.
Atemnot setzt bei der geringsten Anstrengung ein. Schlimmer wird der Husten beim Reden, Lachen, beim tiefen Einatmen, Kaltwerden von Armen oder Händen, Hereinkommen aus dem Freien in die Wärme. Besserung erzielen Sie durch Aufsitzen.

Hyoscyamus bei Hustenkrämpfen

3 Globuli
Hyoscyamus C 6
alle 2 Stunden

Hyoscyamus, das »homöopathische Kodein«, heilt einen trockenen, manchmal auch krampfhaften Husten, der nachts viel schlimmer ist und meist unmittelbar nach dem Hinlegen beginnt. Eine Empfindung ist charakteristisch, als ob das Zäpfchen zu lang wäre. Der Husten stellt sich bei sensiblen, nervösen Menschen ein, oft in Zeiten starker innerer Anspannung.
Schlimmer wird es nachts, durch Liegen, durch Essen und Trinken. Besserung beginnt tagsüber.

Sticta pulmonaria bei anfänglichem Schnupfen

Dem Husten geht ein Schnupfen voraus. Die Nasenschleimhäute sind trocken. Es besteht ein unangenehmes Gefühl der Verstopfung im

Bereich der Nasenwurzel und ein ständiges, vergebliches Bedürfnis, die Nase zu schneuzen. Für den trockenen, hackenden Husten ist charakteristisch, daß die Kranken nicht mehr zu husten aufhören können, wenn sie einmal angefangen haben. So hüsteln sie oder räuspern sich, um nicht husten zu müssen. Ein Gefühl der Zerschlagenheit stellt sich ein. Schlimmer wird der Husten abends, nachts, im Liegen und durch tiefes Einatmen.

Dosierung
3 Globuli Sticta pulmonaria C 6 jede 2. Stunde, bei Nachlassen in größeren Abständen

Lockerer Husten mit leicht abzuhustendem Schleim

Arsenicum album bei viel Schleim

Der Kranke hustet tagsüber locker und bringt oft Unmengen von Schleim heraus, abends und nachts wird der Husten dann trockener. Der Husten verschlimmert sich im Moment des Hinlegens. Auch Atemnot beim Husten ist typisch. Der Kranke verlangt nach warmem Tee in kleinen Schlucken, der ihm für sein Allgemeinbefinden und auch für den Husten guttut. Er ist unruhig und friert leicht.
Schlimmer wird der Husten morgens, abends, nachts; ebenso im Moment des Hinlegens, beim Liegen auf dem Rücken und auf der linken Seite; beim Kaltwerden, in kalter Luft und durch kalte Getränke. Besserung erreichen Sie durch warme Getränke.

Arsenium album C12, alle 3 Stunden 3 Globuli

Pulsatilla, wenn der Husten abends trocken und hart wird

Der Husten ist wie bei Arsenicum album und Sulfur am Tag locker, nimmt abends zu und wird dann trocken und härter. Für Pulsatilla ist typisch, daß der Husten bei mäßiger Bewegung in gut gelüfteten Räumen nur gelegentlich auftritt, beim Aufenthalt im Freien verschwindet er oft ganz. Nur bei starker körperlicher Anstrengung kommt es dann zu einem heftigen Hustenanfall.
Bei Kindern, die tagsüber im Freien gespielt haben, meint man, der Husten sei ausgeheilt, doch abends wird er wieder stärker, und nach dem Hinlegen kommt es bald zu heftigen, trockenen Hustenstößen, die würgen lassen. Bei starkem Hustenreiz werden auch Schleim oder zuletzt gegessene Speisen erbrochen. Durch Aufsetzen im Bett wird der Husten aber schnell besser. Nach mehreren solchen Attacken schläft der Patient ruhig. Es kann zu unfreiwilligem Harnabgang kommen. Obwohl die Betreffenden leicht frieren, vertragen

Pulsatilla C 6, 3 mal täglich 4 Globuli

sie keine Wärme. Zu Auswurf kommt es vor allem in der Früh: dickflüssig oder zäh, gelb oder grün. Der Geschmack ist wie »alter Schnupfen«.
Schlimmer wird der Husten abends und nachts; in warmen Räumen, durch warme Anwendungen, bei schwülwarmem Wetter; auch bei starker körperlicher Anstrengung. Besserung erzielen Sie durch frische Luft, im Freien sowie leichte Bewegung.

Sulfur bei Hustenanfällen im Schlaf

Dosierung
3 mal täglich 4 Globuli Sulfur C 6 vor den Mahlzeiten

Der Husten ist abends und nachts trocken und hackend, am Tag aber locker. Nach dem Erwachen, spätestens nach dem Aufstehen kann dicker, weißlicher Auswurf abgehustet werden. Die Besserung im Freien ist schwächer ausgeprägt als bei Pulsatilla.
Im Bett ist der Husten schlimmer, das Einschlafen wird eine Weile gestört. Der Husten nimmt nachts zu, der Kranke hustet erst im Schlaf, erwacht dann durch den Husten. Die Hustenstöße erschüttern oft den ganzen Körper, aber der Kranke kann liegenbleiben. Dabei empfindet er oft ein berstendes Gefühl im Kopf, als ob er in Stücke gerissen würde. Nach einem solchen Anfall erfolgt eine längere Ruhepause, bis ein erneuter Anfall den Schlaf stört. Schlimmer wird der Husten abends und nachts; durch das Liegen im Bett; in Seitenlage, besonders links; auch beim Kaltwerden, in kalter Luft und im Stehen. Besser wird er im Liegen, im Freien und durch kalte Getränke.

Lockerer Husten mit nur schwer abzuhustendem Schleim

Antimonium tartaricum bei feucht-kalter Witterung

Antimonium tartaricum C 6, 3 Globuli alle 2–3 Stunden

Oft hilft bei schwerer Bronchitis oder Lungenentzündung sowie bei beginnendem Lungenödem Antimonium tartaricum. Bevorzugt heilt es den Husten bei feuchter Kälte und im Winter.
Im Vordergrund steht die Schwäche des Patienten: Der reichliche, zähe Schleim kann nicht abgehustet werden. Kurzatmigkeit und erstickender Husten mit grobem Schleimrasseln sind typisch. Um zähen, weißlichen Schleim abhusten zu können, muß sich der Kranke im Bett aufsetzen. Dies bessert vorübergehend den Hustenreiz und das Allgemeinbefinden. Je weniger Schleim abgehustet werden kann, desto stärker wird die Atemnot beim Husten, die Nasenflügel

bewegen sich beim Atmen. Das Gesicht wird blasser und verfällt, Übelkeit kommt auf.
Schlimmer wird der Husten nachts um 23 Uhr und um vier Uhr morgens; im Liegen, im warmen Zimmer, in dämpfiger Luft; ebenso durch Essen und kalte Milch; nach Ärger oder beim Weinen. Besserung wird durch Aufsitzen erreicht.

Dulcamara nach Nässe

Für Dulcamara spricht, wenn Husten – oder auch andere Erkrankungen – nach Einwirkung von feucht-kaltem Wetter oder durch Naßwerden entstehen. Auch bei lange andauerndem Husten nach Masern hilft dies Mittel.
Der Husten klingt bellend oder locker. Dennoch dauert es lange, bis sich Schleim löst. Schlimmer wird er morgens, durch tiefes Einatmen und beim Kaltwerden; ebenso in warmen Räumen.

Dosierung
Dulcamara C 6, 3 mal täglich 5 Globuli

Ischias

Ischiasschmerzen können mörderisch sein. Wenn Sie diese Beschwerden homöopathisch lindern wollen, ist es besonders wichtig, die Modalitäten – z. B. »besser beim Gehen« oder »schlechter bei Berührung« – sowie die übrigen typischen Kennzeichen herauszufinden, die zu dem jeweiligen Mittel passen.

Arnica nach Unfällen und Verletzungen

Der Patient fühlt sich wie zerschlagen. Drückende, auch ziehende Schmerzen plagen. Alles fühlt sich an wie wund. Das Bett ist viel zu hart – auch wenn es in Wirklichkeit ganz weich ist. Arnica hilft gut bei vorangegangenen Verletzungen, auch im Fall von Ischiasschmerzen. Der Arnicapatient behauptet, ihm fehle nichts, er sei im Grunde völlig gesund. Er mag vom Behandler nichts wissen.

2 mal 5 Globuli Arnica C 6

Modalitäten

Intensives Reiben und Massieren der schmerzhaften Stellen kann bessern, obwohl man normalerweise bei Arnica keinerlei Berührung und keinerlei Druck vertragen kann.

Besserung durch Wickel und Kompressen im Liegen. Verschlechterung abends und nachts.

Causticum bei lähmender Schwäche

Dosierung
3 mal täglich
5 Globuli
Causticum C 6

Brennende, reißende Schmerzen sind kennzeichnend dafür, daß Causticum ausprobiert werden sollte. Lähmende Schwäche und das Gefühl in den Gliedern, als seien die Sehnen zu kurz, vervollständigen das Bild. Dabei hat man den Wunsch, dauernd zu gähnen, sich zu recken und sich zu bewegen. Ein Gefühl stellt sich ein, als wäre alles taub. Andauernder Bewegungsdrang kennzeichnet die Kranken. Druckschmerz im Kreuz plagt.

Modalitäten

Schlimmer werden die Ischiasbeschwerden nachts und morgens, durch Kälte und frische oder kalte Luft. Gliederschmerzen werden in der Ruhe stärker als bei Bewegung. Besserung tritt bei feuchtem Wetter, Regen, in der Wärme und im Bett auf.

Arsenicum album gegen brennende Schmerzen und Reißen

2 mal täglich
3 Globuli
Arsenicum album C12

Arsen steht für Angst, Unruhe, brennende Schmerzen. Es ist eines der heftigsten Mittel und sollte sehr vorsichtig dosiert werden.
Brennender Ischiasschmerz, Schießen, Reißen, dabei quälende Unruhe, die die Patienten von Ort zu Ort treibt, sind typisch. Todesangst kommt hinzu. Große Schwäche stellt sich ein.

Modalitäten

Besserung durch warme und heiße Anwendungen – außer bei Kopfschmerzen! –, durch heiße Getränke, frische Luft. Besser auch durch Beugen des Knies.
Schlechter bei der geringsten Anstrengung, nach Mitternacht, mittags zwischen 12 und 14 Uhr, durch kaltes Essen und kalte Getränke, den Kopf tief legen, schnelles Gehen, Milch.

Belladonna bei plötzlich schießenden Schmerzen

Belladonna C 6,
2 mal täglich
5 Globuli

Schießende Schmerzen die betroffenen Glieder entlang. Der Schmerz steigt oft vom Fußgelenk hoch. Ruhelos: Probleme, im Sitzen die Füße ruhig zu halten.

Modalitäten

Besser beim Stehen, Aufrechtsitzen und beim Gehen; ebenso im warmen Zimmer.
Schlechter bei Berührung, bei Erschütterungen und Geräuschen, bei Zugluft, ab 15 Uhr.

Bryonia gegen Schmerz bei Bewegung

Charakteristisch für den Einsatz von Bryonia: Die Schmerzen werden durch die geringste Bewegung unerträglich.

Dosierung
2 mal 5 Globuli Bryonia C 6

Modalitäten

Eine Erleichterung der Beschwerden tritt jedoch ein durch Liegen auf der schmerzenden Seite. Auch Ruhe, Druck und Sich-zusammen-Krümmen können den Zustand bessern.
Verschlechterung setzt bei Wetterwechsel von kalt zu warm und durch Wärmeanwendungen ein.

Chamomilla bei schmerzbedingter Reizbarkeit

Chamomilla-Patienten tragen alles mit ihrer unmittelbaren Umgebung aus, so auch ihre Reizbarkeit bei Ischiasschmerzen. Diese Schmerzen ziehen oft von oberhalb des Hüftgelenks zur Fußsohle. Liegt der Patient im Bett, wirft er sich schimpfend, oft auch fluchend, von einer Seite auf die andere.

Chamomilla C 6, 2 mal täglich 5 Globuli

Modalitäten

Die Schmerzen bessern sich bei feucht-warmem Wetter und durch warme Umschläge.
Verschlechterung erfolgt abends und vor Mitternacht, auch in kaltem Wind.

Colocynthis – das spezielle Ischiasmittel

Colocynthis ist ein spezielles Ischiasmittel. Es hilft hier und bei vielen anderen Schmerzen, die durch Zorn und Kränkung entstanden sind.

2 mal 5 Globuli Colocynthis C 6

Modalitäten

Charakteristisch für Colocynthis: Der Ischiasschmerz verstärkt sich durch Berührung, wird jedoch geringer bei massivem Druck. Besser

wird er, wenn Sie die Beine anziehen. Verbesserung erfolgt auch durch Wärme oder Liegen auf der schmerzhaften Seite.
Schlechter durch jede Gemütserregung, durch Kälte, kaltes Essen oder kalte Getränke und nachts.

Dosierung
Gnaphalium C4, 3 mal täglich 5 Globuli

Gnaphalium bei Taubheit

Ischiasbeschwerden, die die Seite wechseln, mit einem Taubheitsgefühl bis in den Fuß hinunter, behandeln Sie erfolgreich mit Gnaphalium.

Kalium bichromicum gegen momentane Schmerzen

Kalium bichromicum C6, 2 mal täglich 5 Globuli

Ein guter Hinweis auf Kalium bichromicum ist: Die Schmerzen treten urplötzlich auf, um ebenso urplötzlich wieder zu verschwinden. Sie sind oft punktförmig, mal hier, mal da.

Modalitäten

Kälte verschlechtert. Wärme und frische Luft bessern.

Lachesis bei Schmerzen links

2 mal täglich 5 Globuli Lachesis C6

Brennende Schmerzen, oft wechselnd, Schweißausbrüche und großer Kräfteverschleiß sind typische Kennzeichen für Lachesis.
Die geringste Berührung ist kaum auszuhalten. Lachesis ist ein ausgesprochenes »Linksmittel«, die Schmerzen beginnen links, um dann nach rechts überzugreifen.
Die Ischiasschmerzen können aber auch ausschließlich rechts auftreten.

Modalitäten

Besser durch ruhiges Liegen im Bett. Verschlechterung nach dem Schlaf, deshalb besteht Angst vor dem Erwachen. Schlechter auch durch Sitzen, speziell durch gerades Sitzen, oder durch Umhergehen.

Magnesium phosphoricum bei krampfartigem Schmerz

2 mal 3 Globuli Magnesium phosphoricum C12

Gut geeignet ist Magnesium phosphoricum bei sehr starken, einschießenden, krampfartigen Schmerzen.
Seltsamerweise quälen die Schmerzen meist nur nachts, am Tag sind sie verschwunden.

Modalitäten

Kälte, auch kaum spürbare, und Zugluft werden überhaupt nicht vertragen. Besserung durch Wärme und Druck.

Phytolacca bei schießendem Schmerz und Zerschlagenheit

Bei stechenden, reißenden, insbesondere schießenden Schmerzen hilft Phytolacca. Ein starkes Gefühl der Zerschlagenheit ist typisch. Der Schmerz wandert von der Hüfte aus über die Außenseite des Ober- und Unterschenkels.

Dosierung
Phytolacca C 6, 2 mal täglich 5 Globuli

Die Patienten sind unruhig, möchten sich ständig bewegen – in diesen Fällen hilft Phytolacca.

Modalitäten

Verschlimmerung bei feucht-kaltem Wetter oder durch Abkühlung, ebenso bei Bewegung.
Besserung durch Wärme, in der Ruhe, bei trockenem Wetter.

Rhus toxicodendron gegen Schmerz bei feucht-kaltem Wetter

Wenn die Schmerzen bei feucht-kaltem Wetter, durch Überdehnen oder eine falsche Bewegung entstanden sind, sollten Sie Rhus toxicodendron anwenden. Speziell bei linksseitigem Ischias nach einer falschen Bewegung ist dieses Mittel geeignet. Nach dem Waschen in kaltem Wasser kann es schlechter werden. Charakteristisch ist auch das Taubheitsgefühl und Ameisenlaufen entlang des Ischiasnervs.
Oft ist der Schmerz begleitet von dem Gefühl, als ob die Lendenwirbelsäule aus Glas wäre und bei Bewegung – z. B. Beugen – zerbrechen würde.

2 mal 5 Globuli Rhus toxicodendron C 6

Rhus toxicodendron kann bei Hunden im Fall einer Dackellähmung mit gutem Erfolg angewendet werden.

Modalitäten

Besser durch fortgesetzte Bewegung und eine Änderung der Lage; auch durch warmes Wetter und warme Anwendungen.
Verschlechterung durch Schlaf, nachts und Ruhe, bei Beginn einer Bewegung. Auch bei jeglicher Kälte und Nässe.

Kinderkrankheiten

Homöopathie heilt Kinder wie Erwachsene, Babys wie alte Menschen. Doch es kommt auf die Menge der Mittel an!

Die klassischen Kinderkrankheiten wie Masern, Mumps, Windpocken und Scharlach sind auch heute noch aus keinem Kinderzimmer wegzudenken.
Doch Vorsicht: Es sind ernstzunehmende Krankheiten, die in ärztliche Behandlung gehören! Heilpraktiker dürfen Kinderkrankheiten nicht behandeln! Wenden Sie sich daher an einen Kinderarzt.

Homöopathie bei Kinderkrankheiten

Beschwerden	Wichtigste homöopathische Mittel
Diphterie	Ailanthus, Kalium bichromicum, Mercurius cyanatus, Mercurius solubilis
Keuchhusten	Belladonna, Coccus cacti, Corallium rubrum, Cuprum ruetellicum, Drosera, Ipecacuanha
Masern	Belladonna,Bryonia, Ferrum phosphoricum, Lachesis, Pulsatilla, Sulfur
Mumps	Barium carbonicum, Mercurius solubilis, Pulsatilla
Röteln	Apis, Barium carbonicum, Belladonna
Scharlach	Ailanthus, Apis, Baptisia, Belladonna, Lachesis, Phytolacca, Sulfur
Windpocken	Rhus toxicodendron, Sulfur

Kinder sind empfindlich

Der kindliche Körper befindet sich noch im Aufbau und ist viel zu zart und anfällig, um bei solchen Belastungen, wie sie eine Erkrankung darstellt, ohne kinderärztliche Beratung behandelt zu werden. Schützen Sie Ihr Kind und seine Gesundheit, indem Sie

- den vertrauten Kinderarzt bei den ersten Anzeichen einer klassischen Kinderkrankheit anrufen.
- den Arzt nach einer möglichen homöopathischen Behandlung fragen.

Viele Kinder sind anfällig für Krankheiten, und die klassischen Kinderkrankheiten ziehen oft epidemieartig durch einen Kindergarten. Fragen Sie nach Homöopathie, sie hat keine Nebenwirkungen!

Kinderkrankheiten homöopathisch heilen

Es existieren gute und erprobte homöopathische Mittel gegen Masern, Mumps, Keuchhusten … Aber setzen Sie sie Ihrem Kind zuliebe nie ohne fachärztliche Beratung ein. Eine pauschale Behandlung ohne Berücksichtigung des individuellen Typs und der genauen Ursachen der Erkrankung kann nicht als seriös gelten!

Kopfschmerzen

Schmerzen können die Lebensqualität massiv beeinträchtigen – gleichgültg ob es sich um stechende, dumpfe oder einseitige Kopfschmerzen handelt. Migräne, Trigeminusneuralgien (Seite 124 f.) und Nervenschmerzen (Seite 103 f.) machen Tag wie Nacht zur Hölle.

Vorsicht vor dem Griff zur Pille

Greifen Sie bei Kopfschmerzen – wie bei allen übrigen Schmerzen – weder zu allgemeinen Schmerzmitteln noch zu homöopathischen Mitteln wie Acidum phosphoricum, Cimicifuga oder Magnesium phosphoricum. Sie können zwar auch bei Kopfschmerzen eingesetzt werden; doch ein Facharzt muß den organischen und/oder psychischen Grund für Ihre Schmerzen erst herausfinden, bevor eine sinnvolle Behandlung einsetzen kann.

Homöopathie bei Kopfschmerzen

In vielen Fällen helfen homöopathische Mittel gut gegen Schmerzen – wichtig ist aber, daß Sie sich Gewißheit darüber verschaffen, ob ein empfohlenes Mittel in Ihrem Fall auch wirklich hilft. Andernfalls verlieren Sie wertvolle Zeit und behandeln mit einem unpassenden, nicht helfenden Mittel. Scheuen Sie daher nicht den Weg in die Arztpraxis; er ist der erste Schritt zu einer seriösen homöopathischen Behandlung und dauerhaften Gesundheit.

Kopfschmerzen können nach Wetterwechsel, bei Erschöpfung, Nervosität oder als Begleiterscheinung mancher Krankheiten auftreten. Hier helfen homöopathische Mittel.

Kopfschmerzen homöopathisch heilen

Beschwerden	Wichtigste homöopathische Mittel
Kopfschmerzen, Schwindel, Erschöpfung	Calendula, Cantharis, Nux vomica, Silicea
Kopf scheint zu zerspringen	Cimifuga
Reißende Kopfschmerzen	Colocynthis
Wetterbedingte Kopfschmerzen	Arsenicum album, Bryonia, Calendula, Phosphorus, Phytolacca
Kopfschmerzen nach geistiger Anstrengung	Calcium phosphoricum, Lycopodium, Natrium muriaticum, Nux vomica, Phosphorus, Pulsatilla, Silicea
Kopfschmerzen durch Blutandrang, vom Nacken aufsteigend	Glonoinum
Kopfschmerzen mit Nervosität	Asa foetida, Kalium phosphoricum, Nux vomica, Zincum metallicum
Nächtliche Kopfschmerzen	Lycopodium, Mercurius solubilis, Thuja
Chronische Kopfschmerzen	Natrium carbonicum
Migräne	Coffea, Magnesium phosphoricum, Natrium muriaticum, Natrium sulfuricum, Sepia
Schulkopfschmerzen	Calcium phosphoricum, Pulsatilla, Tuberculinum

Krampfadern

Siehe »Krampfadern in der Schwangerschaft« (Seite 164 ff.).

Magenbeschwerden

Hastiges Essen, Fast food und Stehimbiß fordern immer mehr Opfer: Der Magen läßt sich nicht alles gefallen. Sechs Arzneien haben wir für Sie ausgesucht, um Erleichterung zu finden. Am besten ist allerdings, Sie gönnen sich beim Essen viel, viel Zeit.

Bryonia bei Magenschmerzen mit Kopfweh

Ein trockener Mund, trockener Rachen und heftige Kopfschmerzen deuten auf Bryonia als das geeignete Mittel. Ungewöhnlich starker Durst auf kaltes Wasser ist typisch.

Dosierung
2 mal täglich 5 Globuli Bryonia C 6

Pulsatilla nach fettem Essen

Magenschmerzen und Übelkeit nach zu reichlichem, schwerem Essen, nach Schweinefleisch und fetten Würsten heilen Sie mit Pulsatilla. Fett wird von den Betroffenen überhaupt nicht vertragen. Der Geschmack der Speisen bleibt lange erhalten. Kein Durst und großes Verlangen nach frischer Luft.
Pulsatilla, das Frauenmittel, hilft besonders bei sanftmütigen, leicht zu Tränen neigenden, empfindsamen, schüchternen Menschen.

Pulsatilla C 6, früh und abends je 5 Globuli 5 Minuten vor den Mahlzeiten

Carbo vegetabilis bei Gastritis

Bei Gastritis, Nahrungsmittelallergie, Durchfällen, wenn Sie verdorbene Speisen gegessen haben und Pulsatilla keinen Erfolg brachte, speziell nach verdorbenen Eiern, hilft Carbo vegetabilis. Auch bei starken Blähungen.
Bei überschüssiger Säure im Magen, mit Brennen, können Sie Carbo ebenfalls versuchen. Aufstoßen, Schwere- und Völlegefühl, Schläfrigkeit sind die klassischen Kennzeichen. Ein zusammenziehender Schmerz, zur Brust ausstrahlend, und eine Auftreibung des Bauchs kommen hinzu. Starke Abneigung besteht gegen fette Speisen, selbst ganz normales Essen macht Beschwerden.

Carbo vegetabilis C12, 2 mal täglich 3 Globuli

Ipecacuanha bei dauernder Übelkeit

Dosierung
Ipecacuanha C 6, 2 mal täglich 5 Globuli

Bei dauernder Übelkeit, Erbrechen von Nahrung, Galle, Blut oder Schleim hilft Ipecacuanha. Die Zunge ist sauber, nicht belegt. Viel Speichelfluß ist hier typisch. Ein Schlaffheitsgefühl im Magen ist bestimmend. Verschlechterung erfolgt bei feucht-warmem Wetter.

Chamomilla nach Ärger

Chamomilla C 6, 2 mal täglich 5 Globuli

Chamomilla wirkt hauptsächlich bei geistigen und emotionellen Symptomen: Bei Magenkrämpfen hilft es nach starkem Ärger und Zorn. Chamomilla-Typen sind hoch empfindlich und sehr reizbar. Sie verspüren meist großen Durst und fühlen sich heiß an. Chamomilla ist ein hervorragendes Mittel für weinende, quengelnde Kinder; bei Magenbeschwerden hilft es vor allem nach Ärger und Zorn.

Nux vomica für Karrieremenschen

2 mal täglich 5 Globuli Nux vomica C 6

Übelkeit und Sodbrennen nach zu reichlichem, zu hastig eingenommenem Essen lindern Sie mit Nux vomica. Übelkeit, auch morgens, und Magenschmerz sind so schnell vergessen. Um den Magen sind die Betroffenen sehr druckempfindlich.

Argentum nitricum, zu deutsch Höllenstein, heilt Magen- und Darmerkrankungen, wenn die Beschwerden bei äußerer Wärme und kaltem Essen schlechter werden.

Fett wird gern gegessen und gut vertragen. Nach durchzechten Nächten hilft das Mittel gut. Nux vomica ist eines der am häufigsten vorkommenden Konstitutionsmittel. Ein typisches Männer- und Managermittel: Viel Rauchen, viel Kaffee, viel Wein, hoher Verbrauch von Magentabletten. Die Patienten sind reizbar und ehrgeizig. Wenn Frauen zu Karrierefrauen werden, brauchen auch sie Nux vomica.

Meniskusverletzungen

Arnica bei Stürzen

Das vielgebrauchte Arnica hilft auch bei Meniskusschäden den Schock überwinden und die Verletzung schneller heilen. Charakteristische Zeichen für den Bergwohlverleih, wie die Arnica im Deutschen auch genannt wird, sind: Zerschlagenheitsgefühl, Angst, berührt zu werden. Die Betroffenen möchten in erster Linie ihre Ruhe haben.

Dosierung
Halbstündlich 5 Globuli Arnica C 6 oder 1–2 mal täglich 3 Globuli C 30

Modalitäten

Durch Bewegung verschlimmern sich die Beschwerden am Meniskus. Besser durch Wärme.

Bryonia bei stechenden Schmerzen

Die Schmerzen sind stechend oder reißend. Größte Ruhe ist für die Betroffenen erforderlich.
Typisch dafür, daß Bryonia Ihr geeignetes Mittel für die Meniskusverletzung ist, sind auch die trockenen Schleimhäute.

3 mal täglich 5 Globuli Bryonia C 6

Modalitäten

Durch Druck oder Liegen auf der schmerzenden Seite besser.
Schlechter durch Wärme; machen Sie also keine warmen Umschläge! Die geringste Bewegung verschlimmert die Beschwerden am Meniskus ebenfalls.

Rhus toxicodendron, wenn Bewegung hilft

Bester Hinweis auf Rhus toxicodendron ist, daß die Schmerzen bei der ersten Bewegung schlimmer, bei fortdauernder Bewegung aber besser werden. Auch Reiben, Wärme und Druck verbessern.

3 mal täglich 5 Globuli Rhus toxicodendron C 6

Modalitäten

Schlechter in der Ruhe und nachts; bei feucht-kaltem Wetter.

Muskelkater

Arnica bei Zerschlagenheit am ganzen Körper

Dosierung
1 mal 3 Globuli Arnica C 30, eventuell wiederholen Sie die Einnahme nach 2–3 Stunden

Typisch ist ein Wundgefühl am ganzen Körper, Sie können nicht gerade stehen. Eine Empfindung, als sei eine Dampfwalze über Sie hinweggerollt, macht sich breit. Das Zerschlagenheitsgefühl ist auch schon nach einem langen Einkaufsbummel möglich. Jetzt erscheint das Bett als zu hart.

Modalitäten

Schlimmer wird der Muskelkater durch Bewegung und Berührung.

Sauna und Franzbranntwein helfen

Neben den Segnungen der Homöopathie helfen heiße Bäder und Saunagänge gegen die Qualen des Muskelkaters. Auch Umschläge oder Einreibungen mit Franzbranntwein (aus der Apotheke) helfen, die Schmerzen zu lindern.

1 mal 3 Globuli Bellis perennis C 30, eventuell wiederholen Sie die Einnahme nach 2–3 Stunden

Bellis perennis

Tiefes Schmerz- und Wundgefühl entsteht. Steifheitsgefühle, auch nach Autofahren oder langem Reisen, sind charakteristisch.

Modalitäten

Besser durch lokale Kälteanwendung und fortgesetzte Bewegung. Schlimmer durch Berührung, Bettwärme oder ein heißes Bad.

1 mal 3 Globuli Bryonia C 30, eventuell wiederholen Sie die Einnahme nach 2–3 Stunden

Bryonia nach Kälte

Wenn der Muskelkater durch kaltes Duschen oder Abkühlung nach Belastung, z. B. Sport, auftritt, hilft Bryonia. Die betreffenden Partien sind steif mit stechenden Schmerzen bei kleinster Bewegung. Bücken oder tiefes Durchatmen ist unangenehm.

Modalitäten

Druck, Ruhe und Liegen auf den schmerzenden Stellen verbessern die Beschwerden.
Schlimmer wird es durch geringste Bewegung, Wärme, Berührung.

Rhus toxicodendron nach Nässe

Nach Überanstrengung und Nässe hilft Rhus toxicodendron. 1 mal 3 Globuli Rhus toxicodendron C30, eventuell wiederholen Sie die Einnahme nach 2–3 Stunden.

Modalitäten

Besser durch fortgesetzte Bewegung und Wärme sowie warme Anwendungen.

Nervenverletzungen der Wirbelsäule

Rhus toxicodendron bei Überdehnung

Rückenschmerzen nach einer falschen Bewegung mit Taubheits- und Lähmungsgefühl in den Beinen beseitigt Rhus toxicodendron. Das Liegen ist nur in Rückenlage auf einer harten Unterlage möglich.

Dosierung
2 mal täglich 5 Globuli Rhus toxicodendron C6

Modalitäten

Besser durch Reiben, Wärme, Ausstrecken der betroffenen Glieder. Auch bei fortdauernder Bewegung.
Schlechter in der Ruhe, nachts, bei Feuchtigkeit und bei naßkaltem Wetter.

Bellis perennis bei Rückenverletzungen

Bei Nervenverletzungen oder einer Steißbeinneuralgie nach einer Rückenverletzung hilft Bellis perennis. 2 mal 5 Globuli bellis perennis C6.

Einreibungen oder Massagen mit Johanniskrautöl unterstützen die homöopathische Behandlung.

Modalitäten

Besser durch kontinuierliche, gleichmäßige Bewegung.
Durch Berührung, Bettwärme, heiße Bäder schlechter. Auch kaltes Baden wird nicht vertragen.

Conium bei Wirbelsäulenverletzungen mit Schwindel

Dosierung
2 mal 5 Globuli
Conium C 6

Beschwerden nach Wirbelsäulenverletzungen heilt Conium. Starker Schwindel sowie Übelkeit, die nach Verletzungen der Halswirbelsäule zurückbleiben, sind typisch.

Wenn nach Verletzungen der Lendenwirbelsäule ein Lähmungs- und Taubheitsgefühl in der unteren Körperhälfte auftritt, ist immer an Conium zu denken. Suchen Sie aber unbedingt einen Arzt auf! Conium auch bei Steißbeinneuralgien, die sich beim Stehen verschlechtern.

Modalitäten

Besser durch Bewegung.
Schlechter durch Erschütterung.

Hypericum bei Kopfverletzung und Trigeminusneuralgie

2 mal täglich
5 Globuli
Hypericum C 6

Bei einer Kopfneuralgie nach Kopfverletzungen, Trigeminusneuralgien in Zusammenhang mit kranken Zähnen oder Zahnschmerzen, einem Taubheitsgefühl in den Beinen nach Bandscheibenvorfall, lästigem Kribbeln nach Rückenmarknarkose, einer Nervenentzündung nach Injektion hilft Hypericum.

Vorsicht bei Hypericum

- Nehmen Sie niemals Hypericum vor Operationen! Die Wirkung des Narkosemittels wird durch dieses homöopathische Mittel eingeschränkt!
- Bei der Einnahme von Hypericum in niederen Potenzen besteht erhöhte Gefahr eines Sonnenbrands. Meiden Sie also starke Sonneneinstrahlung!

Modalitäten

Besser durch Reiben und ruhiges Liegen.
Schlechter durch Kälte, Anstrengung und Erschütterung. Nachts und morgens beim Erwachen.

Ohrenschmerzen und Mittelohrentzündung

Ohrenschmerzen können die Plage vieler Kinder und damit deren Eltern sein; aber auch Erwachsene leiden mitunter darunter. Die Ohrenschmerzen treten bevorzugt nachts und mit großer Heftigkeit auf. Wegen der möglichen Gefahr einer Ausbreitung auf die Schädelknochen hinter den Ohren oder auf die Hirnhäute werden schnell Antibiotika verschrieben. Dies kann in den meisten Fällen vermieden werden.

Wenn Sie bei akuten Erkrankungen auch nach der dritten Arzneigabe keine Besserung wahrnehmen, dann geben Sie das nächstpassende Mittel.

Vorsicht bei Ohrenschmerzen

- Die Ohrenschmerzen können sich auf die Schädelknochen ausbreiten; bitte überprüfen Sie deshalb durch Druck auf den Warzenfortsatz, die knöcherne Vorwölbung hinter dem Ohr, ob die Schmerzen auch diesen Bereich betreffen. Ist das der Fall, müssen Sie einen Facharzt hinzuziehen.
- Lassen Sie den Kranken im Liegen den Kopf heben. Ist dies nicht oder nur unter Schmerzen möglich, besteht der Verdacht auf Meningitis: Dann müssen Sie unbedingt einen Arzt zu Rate ziehen!

Hilfe bei Ohrenschmerzen

Zwei allgemeine Maßnahmen zur Linderung der Schmerzen möchten wir Ihnen empfehlen:

- Das Zwiebelsäckchen: Sie zerkleinern eine mittelgroße Zwiebel fein, geben diese in ein dünnes Baumwolltuch und legen es aufs Ohr. Sie können das Säckchen mit einem Wollschal oder einer Mütze fixieren. Dies ist besonders dann geeignet, wenn nur kalte Anwendungen die Schmerzen bessern und damit nur Apis, Ferrum phosphoricum, Pulsatilla oder Mercurius solubilis als homöopathische Mittel in Frage kommen.
- In allen anderen Fällen ist das Zwiebelsäckchen noch wirksamer, wenn sie die Zwiebeln nach dem Zerkleinern in einer Pfanne ohne Fett erhitzen und/oder auf das Säckchen noch eine Wärmflasche legen.

Lassen Sie bei Ohrenschmerzen Kinder nicht allein, viel Nähe und Geborgenheit sind jetzt wichtig. Vermeiden Sie Auseinandersetzungen.

- Das Einträufeln einiger Tropfen lauwarmen Oliven- oder Sonnenblumenöls direkt ins Ohr.

Beide Maßnahmen lindern die Ohrenschmerzen, bis das passende homöopathische Mittel von innen heraus wirkt.

Akute Ohrenschmerzen mit hohem Fieber

Aconitum bei heftigen Schmerzen

Dosierung
Aconitum C6 halbstündlich 3 Globuli, bei Besserung in zunehmenden Zeitabständen

Heftige Ohrenschmerzen, meist linksseitig, die entweder kurzzeitig, nachdem die ungeschützten Ohren kaltem Wind ausgesetzt waren, oder kurz vor Mitternacht in Verbindung mit hohem Fieber auftreten. Zu Beginn des Fieberanstiegs besteht Frost, teilweise auch Schüttelfrost, später ist die Haut dann trocken und heiß.

Homöopathische Mittel und der Schlaf

- Die Dosierungshinweise »halbstündlich« oder »stündlich« sollen nur gelten, wenn der Patient wach ist. Falls er schläft, erfolgt die nächste Gabe erst nach dem Erwachen.
- Wenn der Kranke bald nach der Gabe eines Mittels in einen ruhigen Schlaf fällt, so kann dies als wichtiger Hinweis dafür gesehen werden, daß die passende homöopathische Arznei gegeben wurde.

Aconitum compositum Ohrentropfen

Gegebenenfalls zusätzlich zu Aconitum 3 mal täglich 3 Tropfen der angewärmten Tropfen

Das äußere Ohr ist oft rot und heiß. Es besteht eine Überempfindlichkeit gegenüber Geräuschen. Kinder brüllen vor Schmerzen, Erwachsene haben das Gefühl, vor Schmerzen verrückt zu werden. Schlimmer werden die Beschwerden nachts gegen 23 Uhr und in sehr warmen Räumen.

Apis bei stechenden, brennenden Schmerzen

3 Globuli Apis C6 halbstündlich

Stechende oder brennende Schmerzen, besonders beim Schlucken, oft in Verbindung mit Halsschmerzen, heilen Sie mit Apis. Eine ödematöse, rosa Schwellung des Trommelfells ist typisch, der Erguß im Mittelohr scheint durch. Eventuell besteht auch eine rosafarbene Schwellung des Rachens und Zäpfchens.

Die Patienten haben keinen Durst während des Fiebers. Urin wird nur wenig abgegeben; er ist stark gefärbt.

Falls neben den Ohrenschmerzen auch Schmerzen beim Wasserlassen auftreten, muß der Urin auf Krankheitserreger untersucht werden!

Modalitäten

Schlimmer durch Wärme, durch Berührung, beim Schlucken und Kauen.
Besserung bei Kälte, kalten Anwendungen am Ohr.

Belladonna bei klopfenden Schmerzen

Der Patient wacht bald nach dem Einschlafen mit Ohrenschmerzen – vorwiegend auf der rechten Seite – auf, hat ein rotes Ohr oder einen hochroten Kopf, die Pupillen sind erweitert. Ebenso typisch ist ein plötzliches Aufschreien bei Kindern während des Spielens am Nachmittag oder Abend. Nach einigen Minuten verschwinden die

Pulsatilla heilt einseitige Ohrenschmerzen, Ohrenbeschwerden beim Schneuzen und Schmerzen, die sich bei kalten Anwendungen bessern, in Bettwärme aber verschlechtern.

Dosierung
Belladonna C6
halbstündlich
3 Globuli

Ohrenschmerzen wieder ebenso plötzlich. Helles Licht, lautere Geräusche, Erschütterungen, das Berühren oder Untersuchen des Ohrs können einen Schmerzanfall auslösen. Der Schmerz wird als klopfend, hämmernd oder pulsierend beschrieben. Mit den Ohren kann auch das ganze Gesicht schmerzen. Das Trommelfell ist meist leuchtend rot.
Charakteristisch für das Fieber ist, daß die Röte des Kopfs auch nach dem Aufstehen anhält. Der Patient »dampft«, bleibt aber dennoch zugcdcckt liegen, denn abgedeckt friert er sofort. Hände und/oder Füße sind zwischendurch kalt; das Pulsieren der Halsschlagadern ist oft sichtbar.

Modalitäten

Schlimmer werden die Ohrenschmerzen durch Kälte, Licht, Erschütterung. Besserung durch Wärme.

Chamomilla für zahnende Kinder

Chamomilla C6,
3 Globuli halbstündlich

Die Ohrenschmerzen treten bei kleinen Kindern meist anfallweise in Verbindung mit dem Zahnen (neben starken Schmerzen im Kiefer und Durchfall) auf und fühlen sich an, als ob mit Messern ins Trommelfell gestochen würde.
Ohrenschmerzen in Verbindung mit Halsschmerzen deuten auch auf Chamomilla als das geeignete Mittel. Die betroffene Gesichtshälfte ist meist rot und heiß, die andere blaß. Das Ohr kann sich auch wie verstopft oder voll anfühlen, die Beschwerden können mit einem Klingelgeräusch verbunden sein.
Der Betreffende ist überempfindlich, vor allem gegenüber Geräuschen, und er ist reizbar, übelgelaunt und ruhelos. Kinder müssen ständig herumgetragen oder gestreichelt werden. Sie fordern energisch diverse Spielsachen, Speisen oder Getränke und weisen diese dann trotzig zurück, wenn sie sie erhalten.

Modalitäten

Schlimmer bis Mitternacht, durch Wärme, warme Getränke und beim Bücken.
Besser wird der Zustand, wenn Sie das Kind umhertragen, streicheln, durch Bewegung. Erleichterung setzt auch nach dem Schwitzen ein.

Ohrenschmerzen individuell heilen

- Ohrenschmerzen rechts: Belladonna, Gelsemium, Mercurius solubilis, Pulsatilla, Sepia
- Ohrenschmerzen links: Aconit, Dulcamara, Pulsatilla
- Schmerzen nachts: Dulcamara, Hepar sulfuris, Mercurius solubilis, Pulsatilla, Sepia
- Schmerzen anfallweise: Chamomilla, Ferrum phosphoricum
- Bettwärme verschlechtert: Apis, Mercurius solubilis, Pulsatilla
- Besserung warm eingewickelt im Bett: Chamomilla, Dulcamara, Hepar sulfuris, Magnesium phosphoricum
- Schmerzen beim Drehen des Kopfes: Magnesium phosphoricum
- Schmerzen bei feuchtem Wetter: Dulcamara
- Schmerzen während des Fieberfrosts: Aconit, Apis
- Schmerzen beim Gehen im Freien: Sepia
- Schmerzen durch Lärm: Belladonna
- Gesichtsschmerzen zusätzlich: Belladonna
- Halsschmerzen zusätzlich: Apis, Chamomilla
- Besserung durch kalte Anwendungen: Apis, Mercurius solubilis, Pulsatilla
- Schmerzen in kalter Luft: Dulcamara, Hepar sulfuris
- Schmerzen beim Kauen: Apis, Belladonna, Hepar sulfuris
- Schmerzen durch Zugluft: Dulcamara, Hepar sulfuris
- Periodische Schmerzen: Gelsemium
- Schmerzen beim Schlucken: Apis, Mercurius solubilis
- Schmerzen beim Schneuzen: Hepar sulfuris, Pulsatilla
- Übelkeit zusätzlich: Dulcamara
- Schmerzen lassen fast den Verstand verlieren: Mercurius solubilis, Pulsatilla
- Schmerzen im warmen Zimmer: Pulsatilla
- Besserung im warmen Zimmer: Sepia
- Schmerzen in kaltem Wind: Sepia
- Schmerzen erstrecken sich in den Nacken: Belladonna

Homöopathische Mittel bei Ohrenschmerzen: Aconitum C6, Apis C6, Belladonna C6, Chamomilla C6, Dulcamara C6, Ferrum phosphoricum C6, Gelsemium C6, Hepar sulfuris C12, Magnesium phosphoricum C12, Mercurius solubilis C12, Pulsatilla C6, Sepia C12.

Allmählich einsetzende Ohrenschmerzen mit mäßigem Fieber

Ferrum phosphoricum bei ziehenden Schmerzen

Dosierung
5 Globuli Ferrum phosphoricum C12 stündlich, bei Besserung seltener

Ziehende Ohrenschmerzen im ersten Entzündungsstadium, wenn das Mittelohr rot, heiß, geschwollen und schmerzhaft ist, oder einen Tubenkatarrh heilen Sie mit Ferrum phosphoricum. Anfallweise klopfende Schmerzen sind typisch, der Patient spürt den Pulsschlag im Ohr. Ohrgeräusche und eine Neigung zu Nasenbluten fallen auf. Das Fieber steigt langsam bis maximal 39 °C. Die Gesichtsfarbe wechselt häufig, mal sind die Betroffenen blaß – meist im Sitzen oder Stehen –, mal rot – im Liegen. Der Puls ist schwach, weich und rasch.

Modalitäten

Schlimmer werden die Beschwerden nachts, besonders zwischen vier und sechs Uhr morgens.
Besser durch kalte Anwendungen und langsames Umhergehen.

Ohrenschmerzen nach einer Erkältung

Belladonna bei Kopfgrippe

Belladonna C 6 halbstündlich 3 Globuli

Treten die Ohrenschmerzen im Zusammenhang mit einer Kopfgrippe auf, dann probieren Sie Belladonna.

Dulcamara bei zerrenden Ohrenschmerzen

5 Globuli Dulcamara C 6 alle 2 Stunden

Zerrende Ohrenschmerzen, meist linksseitig, bei feuchtem Wetter, nach feucht-kaltem Wind oder Nässe behandeln Sie mit Dulcamara. Oft sind die Ohrenschmerzen von Übelkeit begleitet.

Modalitäten

Schlimmer wird es nachts. Besserung tritt durch Wärme ein, in der Bettwärme mit eingehüllten Ohren fühlen sich die Patienten wohl.

Gelsemium bei bohrenden, stechenden Ohrenschmerzen

Gelsemium C 6, 5 Globuli alle 2 Stunden; bei Besserung seltener

Bohrende oder stechende Ohrenschmerzen, die eher rechtsseitig und periodisch auftreten, lindern Sie mit Gelsemium. Auch schießende Halsschmerzen, die beim Schlucken zum Ohr ziehen, deuten auf dies Mittel. Geschwollene Gaumenmandeln sind ein weiteres Zeichen. Schlimmer werden die Beschwerden im Sitzen.

Mercurius solubilis bei Ohren- und Halsschmerzen

Rechtsseitige Ohrenschmerzen oder erst links, dann rechts auftretende Schmerzen deuten auf Mercurius solubilis als das geeignete Mittel der Homöopathie. Oft kommen die Ohrenschmerzen in Verbindung mit Halsschmerzen. Die Schmerzen können derart stark werden, daß der Kranke ohnmächtig wird. Das Ohr eitert: gelbe oder grünliche Absonderung, blutig, übelriechend. Das Sekret ist derart scharf, daß es Gehörgang und Ohrmuschel anätzen kann – bis hin zu einer Ekzembildung. Obwohl der Kranke leicht friert, verträgt er die Bettwärme schlecht und schwitzt reichlich. Der Schweiß färbt die Kleidung und Bettwäsche gelb.

Dosierung
Mercurius solubilis C12, 3 Globuli alle 2–3 Stunden

Modalitäten

Schlimmer nachts, in der Bettwärme, beim Bücken und Schlucken.

Pulsatilla bei Ohrenschmerzen und Schnupfen

Die Ohrenschmerzen entstehen durch Kälte oder als Folge eines eitrigen Schnupfens und können rechts oder links auftreten. Bis sich das Trommelfell öffnet und der Eiter abfließt, kann der Schmerz derart gewaltig sein, daß die Kranken fast den Verstand zu verlieren scheinen. Die Absonderung kann dickflüssig, eitrig, blutig sein.
Die Kranken sind weinerlich, launisch, wechselhaft und sehr anlehnungsbedürftig. Sie besitzen ein großes Frischluftbedürfnis, müssen sich aber warm anziehen, weil sie sonst schnell frieren.

3 Globuli Pulsatilla C 6 alle 2 Stunden

Modalitäten

Schlimmer werden die Schmerzen in warmen Räumen.
Besserung im Freien, im Kühlen.

Sepia bei Ohrenschmerzen nach Wind/Luftzug

Reißende, stechende oder ziehende Schmerzen, häufiger auf dem linken als auf dem rechten Ohr, heilen Sie mit Sepia. Zahnschmerzen können hinzukommen. Die Beschwerden beginnen häufig gegen Ende eines Schnupfens oder nach dem Aufenthalt in kaltem Wind.

Sepia C12, 3 Globuli alle 2 Stunden

Modalitäten

Schlechter werden die Ohrenschmerzen morgens, abends und nachts, ebenso durch kalte Anwendungen, in (kaltem) Wind, im Freien; auch während des Stuhlgangs. Besserung tritt nach dem Schlaf ein, durch das Liegen im warmen Bett mit warm eingehüllten Ohren.

Ohrenschmerzen durch Kälte oder kaltes Wasser

Aconitum nach kaltem Wind

Dosierung
Aconitum C 6 halbstündlich 3 Globuli

Bei Ohrenschmerzen, die unmittelbar nach dem Aufenthalt in kaltem Wind aufkommen, nehmen Sie Aconitum; gegebenenfalls mit Aconitum compositum Ohrentropfen (siehe Seite 106) zusammen behandeln.

Hepar sulfuris bei schießenden Ohrenschmerzen

Hepar sulfuris C12 stündlich 3 Globuli

Stechende Schmerzen, die von einem Ohr zum anderen hindurchschießen als Folge trockener Kälte, trocken-kaltem Wind oder kalter Zugluft, heilen Sie erfolgreich mit Hepar sulfuris. Die Schmerzen können bis zur Ohnmacht führen. Der Eiter ist dick, gelb, blutig und übelriechend. Sehr reizbare, leicht frierende Menschen, die sich aufgrund ihrer großen Kälteempfindlichkeit an den zu wenig bekleideten Körperpartien sehr schnell erkälten, sind die typischen Hepar-sulfuris-Patienten.

Modalitäten

Schlimmer durch Kälte, kalte Luft, Zugluft, im Freien; im Winter; durch kalte Anwendungen; durch das Liegen auf dem schmerzenden Ohr und beim Kauen.
Besser durch Wärme, warmes Einhüllen des Kopfes, örtliche Wärme.

Magnesium phosphoricum bei neuralgischen Schmerzen

Magnesium phosphoricum C12, 3 Globuli stündlich, bis Besserung eintritt

Die heftigen krampfartigen oder neuralgischen Ohrenschmerzen sind meist auf der rechten Seite oder hinter dem rechten Ohr; sie beginnen nach dem Gehen in kaltem Wind oder nach dem Schwimmen, Tauchen in kaltem Wasser, auch im Hochsommer sind sie möglich.

Modalitäten

Schlimmer durch Kälte, kaltes Wasser, Waschen des Gesichtes mit kaltem Wasser; beim Drehen des Kopfes. Besserung durch Wärme.

Prellungen, Zerrungen, Muskel- und Nervenschmerzen

Arnica bei Unfall und Überlastung

Arnica ist das Trauma- und Überlastungsmittel. Es gehört in jede Hausapotheke, in jeden Rucksack für Bergsteiger, in jedes Notfalltäschchen für Radfahrer. Bei allen Stürzen in Haus und Garten, beim Sport und unterwegs sollten Sie zuerst an Arnica denken. Sehr wirksam ist es gegen Schock.

Heiße Wickel oder Kompressen schaffen neben der homöopathischen Behandlung Linderung.

Arnica wird verwendet bei Überempfindlichkeit des ganzen Körpers, bei Muskelkater, Zerschlagenheit, Überanstrengung; vor und nach Operationen, vor dem Zahnarztbesuch, vor der Geburt.

Kennzeichen für Arnica

Große Müdigkeit, der Patient fühlt sich »wie zerschlagen«. Er hat Angst vor Berührung und verhält sich abweisend. Das Bett erscheint ihm knochenhart. Der Kopf ist heiß, der Körper kalt.

Dosierung

- Arnica C6 oder C12 halbstündlich 3 Globuli oder Tropfen oder 1 Tablette, bis Besserung eintritt.
- Kinder bekommen 2 Globuli oder 1/2 Tablette.
- Sofort nach einem Unfall (Quetschung, Sturz, Hundebiß usw.) 10 Tabletten Arnica C4, dann alle 2 Stunden 3 Tabletten.
- Auch die Einnahme von 3 mal C30 oder C200 Globuli ist möglich, aber nur in größeren Abständen: 1–2 mal pro Tag.
- Bei Operationen: Unmittelbar vorher 3 Globuli Arnica C30.
- Vor und nach schwierigen Zahnbehandlungen: 3 Globuli C30, wenn nötig, nach der Bohrung wiederholen Sie die Einnahme 3 mal – abends, am Morgen und am nächsten Abend.

Modalitäten

Liegen, den Kopf tieflagern und Ruhe verbessern.
Berührung, geringster Druck, Bewegung und Erschütterung verschlechtern – besonders abends und nachts. Auch nach dem Schlaf.

Unterstützung der Behandlung

Zur Unterstützung der Behandlung mit Arnica bei Quetschungen, Zerrungen eignen sich Kompressen mit Arnika-Urtinktur auf der betroffenen Stelle.

Bei Prellung und Verstauchung baden Sie das betroffene Gelenk 1–2 mal täglich in einer warmen Lösung aus 1 Eßlöffel essigsaurer Tonerde auf 1 Tasse Wasser oder 1 Teelöffel Arnica-Urtinktur auf 1 Liter Wasser.

Ruta graveolens bei Knochenhautverletzungen

Dosierung
Ruta graveolens C4 oder C6, halbstündlich 5 Globuli oder 1 Tablette. Bei Besserung in größeren Abständen

Ruta lindert Schmerzen, Verletzungen der Knochenhaut, speziell bei Schienbeinverletzungen. Aber auch sonst ist es wirksam bei Folgen von Stößen oder Schlägen, bei Quetschungen, Überanstrengung der Bänder und Sehnen. Ruta ist ein bewährtes Fußballermittel. Sie können es auch einsetzen bei Handgelenkschmerzen, die bei Bewegung besser werden.

Achtung: Ruta graveolens dürfen Sie nicht bei Schwangerschaft nehmen! Ruta gilt in der Volksmedizin als Abtreibungsmittel.

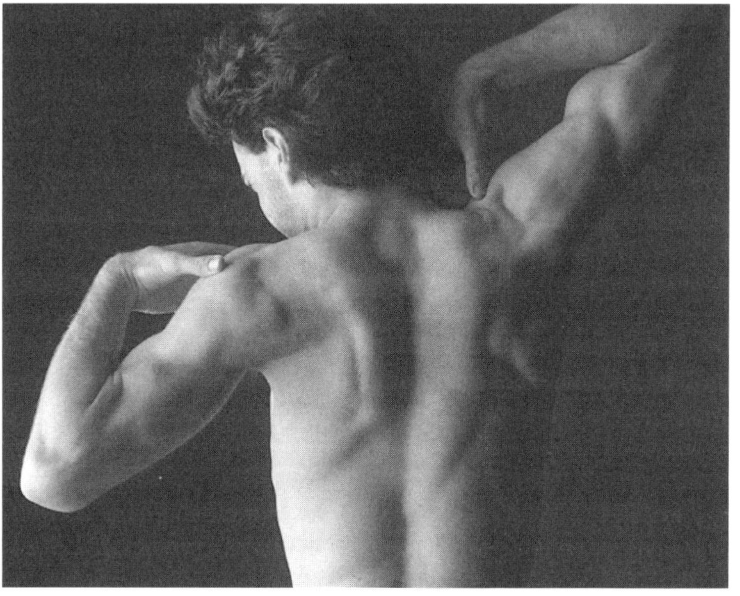

Sport ist eine beliebte Freizeitbeschäftigung mit dem angenehmen Ruf, gesund zu sein. Doch gerade die Ungeübten erleben häufig üble Überraschungen: Prellungen, Zerrungen, Muskelkater.

Bryonia bei stechenden Schmerzen

Nach Arnica ist Bryonia bei Zerrungen, Muskel- und Nervenschmerzen das geeignete Mittel, wenn stechende Schmerzen bestehen bleiben. Es hilft gut bei Muskel- und Rückenschmerzen nach Überanstrengung oder falscher Bewegung. Wenn die betroffene Muskulatur steif ist und stechend bei der geringsten Bewegung schmerzt, ist Bryonia Ihr Mittel. Auch nach kaltem Duschen bei erhitztem Körper hat sich Bryonia bewährt.

Dosierung
3 mal täglich
5 Globuli
Bryonia C 6

Modalitäten

Besser durch Ruhe, Kühle, Liegen auf dem schmerzhaften Bereich und festem Druck auf die schmerzhafte Stelle.
Schlechter bei geringster Bewegung, Wärme und Berührung.

Hypericum perforatum gegen Nervenschmerzen

Hypericum trägt den Beinamen »Arnica der Nerven«, weil es bei allen Verletzungen verwendet wird, bei denen Nerven in Mitleidenschaft gezogen wurden: bei Rissen, Durchtrennungen von Nerven, zerfleischten und zerfetzten Gliedern. Besonders wirksam ist es in der Nähe der Tastsinne, also an Fingern, Handflächen, Fußsohlen, Nägeln.

Außerdem hilft es bei Kribbeln in Händen und Füßen, bei Stumpfneuralgien und Phantomschmerz.
Wenn beim Zahnarzt die Gefahr droht, daß der Nerv getroffen wird, ist Hypericum als Vorsorge nützlich.

Hypericum nach Arnica

Hypericum ist bei Nervenschmerzen oft das Folgemittel von Arnica, wenn Arnica nicht die erwünschte Heilung bringt oder wenn die Schmerzen nicht nachlassen.

3 mal täglich
5 Globuli
Hypericum perforatum C 6

Bei eingequetschten Fingern und Zehen, nach einem schmerzhaften Sturz auf das Steißbein gibt man zuerst Arnica. Wenn nach abgeklungener Schwellung Nervenschmerzen oder Taubheitsgefühle (Ameisenlaufen) zurückbleiben, wird Hypericum eingesetzt. Hypericum hilft auch noch nach Jahren.

Modalitäten

Besser durch Kopf nach hinten beugen.
Bei Kälte, Feuchtigkeit, Nebel, Luftzug und bei Berührung schlechter.

Rhus toxicodendron als »Möbelpackermittel«

Dosierung
5 Rhus toxicodendron C 6 Globuli, in den ersten Tagen 2–3 mal täglich, dann 1 mal täglich 5

Rhus toxicodendron wirkt gut bei allen Folgen von Zerrungen, Verrenkungen, Verheben und Überanstrengung.
Das Mittel gilt als »Möbelpackerhelfer« und ideales Umzugmittel. Es ist hilfreich, wenn die Beschwerden bei fortgesetzter Bewegung oder bei längerem Laufen besser werden.
Auch im Wechsel mit Arnica können Sie Rhus toxicodendron einsetzen: Beide Mittel nehmen Sie dann in der Potenz C6 stündlich jeweils 1 mal im Wechsel.

Modalitäten

Rhus toxicodendron ist angezeigt, wenn die Beschwerden bei fortgesetzter Bewegung besser werden, auch bei längerem Laufen. Besser auch bei Wärme (Wärmflasche, heiße Bäder sind also sehr hilfreich). Schlechter nachts, bei Ruhe, zu Beginn der Bewegung (sehr kennzeichnend!), bei Nässe und Kälte.

Dosierung bei Prüfungsangst und Lampenfieber

Die homöopathischen Mittel gegen nervöse Reaktionen in kritischen Momenten können Sie folgendermaßen dosieren: Bereits 2 Tage vor der Prüfung und am Prüfungstag selbst nehmen Sie je 5 Globuli oder Tropfen des empfohlenen Mittels 10 Minuten vor dem Frühstück.

Prüfungsangst und Lampenfieber

Herzklopfen vor Prüfungen, unerträgliche Angst zu versagen: Nur wenige sind dagegen gefeit. Neben den Rescue-Tropfen von Dr. Bach (siehe Seite 274) gibt es folgende homöopathische Möglichkeiten, dem schrecklichen Lampenfieber Einhalt zu gebieten: Argentum nitricum LM6, Gelsemium LM6, Lycopodium LM6, Phosphor LM6, Silicea LM6, Strophantus LM6.

Argentum nitricum bei ängstlicher Unruhe

Argentum nitricum ist ein sehr wichtiges, tiefgreifendes Mittel. Ohne den Rat eines erfahrenen Therapeuten müssen Sie damit sehr vorsichtig sein; Sie dürfen es nicht in hohen Potenzen verwenden!

Stehen Sie vor einer Prüfung, einem Vorstellungsgespräch, einer entscheidenden Verhandlung? Oder aber sind Sie schüchtern vor dem Date mit der neuen Liebe – Homöopathie hilft!

Es hilft bei Prüfungsangst und allen anderen aufregenden Ereignissen, wenn man z.B. ganz plötzlich auf die Toilette muß, weil man Durchfall bekommt. Typisch ist folgende Situation: Im Examen weiß der Prüfling viel, hat aber plötzlich ein Blackout, das ihn völlig aus der Fassung bringt. Hier hilft Argentum nitricum.

Gelsemium bei nervöser Unruhe

Wie mit Argentum nitricum heilen Sie auch mit Gelsemium alle nervösen Beschwerden, wenn Sie z.B. Durchfall bekommen vor einer Prüfung oder nach schlechten Nachrichten. Auch Krämpfe und Kopfschmerzen können Sie damit heilen. Dosierung siehe Seite 116.

Lycopodium vor neuen Situationen

War der Anfang der Prüfung gut, ist der Erfolg sicher. Trotzdem hat man vor der nächsten Stunde der Bewährung immer wieder die gleiche unerklärliche Angst. Mündliche Prüfungen gelingen meist besser als die schriftlichen, obwohl mehr Angst davor besteht.

Phosphor hilft bei Versagensängsten

Wer Phosphor braucht, hatte nie ernsthafte Probleme mit Prüfungen. Geht es aber nur ein einziges Mal schief, scheint man rettungslos verloren und ist total verunsichert.

Silicea gegen Angst und Schüchternheit

»Schriftlich 1, mündlich 6«. Silicea-Menschen sind schüchtern und zurückhaltend, haben Angst vor wichtigen Entscheidungen. Deshalb können sie in einer mündlichen Prüfung nur sehr schwer zeigen, was wirklich in ihnen steckt. Zur Dosierung siehe Seite 116.

Strophantus bei aufgeregtem Herzklopfen

Man bekommt Herzklopfen, wenn man an das bevorstehende Ereignis nur denkt. Das Herz schlägt diesen Menschen »bis zum Hals«. Hier hilft Strophantus. Dosierung siehe Seite 116.

Schnupfen

Homöopathische Mittel bei Schnupfen: Cepa C6, Euphrasia C6, Luffa C6, Sambucus C3.

Schnupfen ist für die Homöopathie keine eigentliche Krankheit, sondern meist eine Reinigungsreaktion des Körpers über die Schleimhäute. Bei chronischem Schnupfen sollte jedoch eine Stuhluntersuchung auf Darmparasiten erfolgen, vielleicht sogar ein Allergietest. Zur allgemeinen Abwehrsteigerung empfehlen wir bei Schnupfen die spagyrische Urtinktur von Echinacea angustifolia, 3 mal täglich 15 Tropfen. Oder Echinacea D3, 3 mal täglich 5 Globuli.

Cepa gegen Fließschnupfen

Dosierung
Alle 2 Stunden 3 Globuli Cepa C6

Wer Zwiebeln schneidet, muß weinen. Ähnlich äußert sich der Schnupfen, der Allium cepa verlangt: Meist ist die Folge von feuchtkaltem Wetter oder nassen Füßen ein scharfer, wäßriger Fließschnupfen. Häufiges Niesen gehört dazu, die Nasenlöcher und Oberlippe sind wund, die Nase läuft und läuft und läuft.
Oft kommt ein Druckgefühl in den Stirnhöhlen dazu. Die Augen sind gerötet und tränen häufig, die Tränenflüssigkeit selbst ist aber mild. Dehnt sich der Katarrh auf die Bronchien aus, verspürt man einen wunden Rachen, Heiserkeit und einen krampfhaften Husten.

Modalitäten

Schlimmer im warmen Raum, in feucht-warmer Luft.
Besser im Freien.

Euphrasia bei Schnupfen mit Tränenfluß

Alle 2 Stunden 3 Globuli Euphrasia C6

Nach Kälte oder kaltem Wind kommt es zu einer Erkältung der Schleimhäute im Kopfbereich. Im Gegensatz zu Cepa ist hier die Nasenabsonderung mild, die Tränen sind scharf und machen wund. Häufiges Niesen ist typisch. Später wird das Augensekret schleimig und dick, die Lider sind verklebt. Starke Lichtempfindlichkeit stellt sich ein. Dehnt sich der Katarrh auf den Rachen aus, entsteht meist ein quälender Hustenreiz, oft mit reichlich schleimigem Auswurf.

Modalitäten
Der Schnupfen ist schlimmer im warmen Raum und am Tag, der Tränenfluß verschlimmert sich in der Kälte oder bei Wind, der Husten quält meist nur am Tag und im Stehen. Der Schnupfen bessert sich im Liegen.

Luffa bei Kopfschmerzen und Schnupfen

Bei Fließ- und Stockschnupfen mit starkem Müdigkeitsgefühl und dumpfen Kopfschmerzen von der Stirn zum Nacken hilft Luffa.

Dosierung
Luffa C3, 3 mal täglich 5 Globuli

Sambucus bei verstopfter Nase

Die Nase ist verstopft, es kommt zu keiner Absonderung, dennoch schnieft der Kranke ständig. Nachts kommt es durch eine sich ausbreitende Entzündung auf den Rachen zu Erstickungsanfällen mit Pfeifen beim Einatmen, die sich durch warme Halswickel bessern.
Bei Säuglingen, die wegen ihrer verstopften Nase nicht mehr trinken wollen, hilft Sambucus ebenfalls. Tritt Fieber auf, bleibt die Haut während des Schlafs heiß und trocken. Beim Erwachen kommt es dann zu einem Schweißausbruch.

Sambucus C3, alle 2–3 Stunden 5 Globuli

Modalitäten
Schlimmer nachts, gegen Mitternacht, in trockener, kalter Luft.

Sehnenscheidenentzündung

Arnica bei verletzungsbedingten Entzündungen

Das homöopathische Allheilmittel Arnica können Sie gut bei einer Sehnenscheidenentzündung einsetzen.

2 mal täglich 5 Globuli Arnica C6

Modalitäten
Besser in Ruhe und durch Wärme.
Schlechter bei Berührung, Bewegung, Erschütterung und feuchter Kälte.

Belladonna bei Überreizung

Dosierung
2 mal täglich 5 Globuli Belladonna C 6

Sehr typisch für Belladonna: Die Symptome erscheinen urplötzlich und verschwinden ebenso schnell wieder. Unwillig und wütend erträgt der Belladonna-Typ seine Schmerzen, die sich in der Schwellung durch Rötung und Hitze zeigen.

Bryonia bei Überforderung

2 mal täglich 3 Globuli Bryonia C 6 oder C12

Das entzündete Gelenk ist bei dieser Variante der Sehnenscheidenentzündung geschwollen und heiß.

Modalitäten

Besser durch gezielten Druck auf die schmerzende Stelle und bei völliger Ruhigstellung.
Schlechter durch die geringste Bewegung. Die Patienten sind reizbar und schlecht gelaunt.

Symphytum hilft heilen

2 mal täglich 5 Globuli Symphytum C 6

Symphytum fördert den Heilungsprozeß. Der deutsche Name »Beinwell« macht die Wirkung deutlich. Prickelnd-stechende Schmerzen, die sich bei Wärme bessern und durch Bewegung, Berührung und Druck schlechter werden, sind charakteristisch, wenn Symphytum das Mittel der Wahl ist.

Rhus toxicodendron nach Überanstrengung

2 mal täglich 5 Globuli Rhus toxicodendron C 6

Reißende Schmerzen als Folge von Überdehnung oder Überanstrengung heilen Sie mit Rhus toxicodendron.

Modalitäten

Besser durch kontinuierliche Bewegung, Reiben des betroffenen Bereichs und warme Anwendungen.
Schlechter in der Ruhe, nachts, bei Bettwärme, aber auch bei Nässe und zu Beginn der Bewegung.

Nux vomica nach Kälte und Streß

2 mal täglich 5 Globuli Nux vomica C 6

Typisch für Nux vomica: Die Entzündung tritt meist am linken Arm auf, als Folge von Verkühlung oder Zugluft. Besonders häufig ist sie in Streßphasen.

Modalitäten

Besser durch Zudecken, Wärme, Ruhe, Schlaf.
Bei Kälte, Zugluft, nervlicher Anspannung verschlimmert sich die Entzündung.

Ruta graveolens nach starker Überlastung

Eine Entzündung nach Überlastung durch schweres Tragen oder Überanstrengung beim Sport heilen Sie mit Ruta graveolens. Wundgefühl, Unruhe und ständige Bewegung, obwohl die Schmerzen schlimmer werden, sind typisch. Bei Anstrengung vergrößern sich die Schmerzen noch.

Dosierung
2 mal täglich 5 Globuli Ruta graveolens C 6

Sonnenbrand

Im Zeitalter von Ozonloch und Hautkrebs ist es absolut notwendig, mit den Sonnenstrahlen vorsichtig umzugehen. Stundenlanges Braten in der Sonne ist sträflich leichtsinnig. Gewöhnen Sie sich langsam an die Sonne! Verwenden Sie Cremes mit angemessenem Lichtschutzfaktor – aber keine von der vergangenen Saison! Wenn Sie trotz aller Vorsicht aussehen wie ein Krebs: Calendula Creme, Combudoron Gel oder flüssig und Rescue Creme bringen Linderung und heilen. Nicht vergessen: Knackig braune Haut sieht zwar gut aus, altert aber auch besonders schnell. Zur Behandlung sehen Sie sich bitte auch den Abschnitt »Verbrennungen« (Seite 268 ff.) an.

Ferrum phosphoricum bei schwachem Sonnenbrand

Die Sonnenbrandsymptome sind nur schwach. Kalte Kompressen auf dem Kopf verbessern den Zustand. Zur Ergänzung können Sie auch Ferrum phosphoricum Salbe auftragen.

Alle 2 Stunden 3 Globuli Ferrum phosphoricum D12

Belladonna bei knallroter Haut

Homöopathisch empfehlenswert ist bei Sonnenbrand Belladonna. Der oder die Ärmste hat eine brennende, gerötete, trockene Haut, dazu erweiterte Pupillen, einen geröteten Hals; das alles sind Merkmale, die der Gesunde bei der Einnahme von Belladonna (= Tollkirsche) erleidet.

Alle 2 Stunden 5 Globuli Belladonna C 6

Glonoinum bei Sonnenbrand mit Kopfschmerz

Dosierung
Alle 2 Stunden
3 Globuli
Glonoinum C6

Zu den Symptomen von Belladonna kommen noch unerträgliche, pulsierende Kopfschmerzen. Jeder Herzschlag wird im Kopf oder in den Ohren wahrgenommen. Der Kopf fühlt sich wie vergrößert an. Der Betroffene verträgt weder Hitze am Kopf noch enganliegende Kleider.

Modalitäten

Schlechter in der Sonne, beim Bücken oder sich Hinlegen.
Besser im Schatten und durch kalte Umschläge.

Cantharis gegen Blasen

Alle 2 Stunden
5 Globuli
Cantharis C6

Cantharis ist das Mittel bei Verbrennungen, und Sonnenbrand ist eine Verbrennung. Wenn sich Blasen bilden, dann sind Sie mit diesem Mittel richtig beraten.

Wenn das sommerliche Bad in der Sonne mit roter Haut und Blasen endet, dann haben Sie sich nicht erholt, sondern verbrannt! Jetzt hilft Ihnen Cantharis, die Spanische Fliege.

Tennisarm

Wer gern besonders viele Bälle über das Netz schlägt, bekommt zuweilen Probleme mit den Armen. Aber nicht nur die Tennisspieler trifft es: Langläufer bleiben ebenfalls nicht verschont. Und Teppichklopfen und Staubsaugen erweisen sich oft genauso als Grund für einen schmerzhaften »Tennisarm«.

Bryonia gegen lähmende Schmerzen

Lähmende Schmerzen kennzeichnen den Tennisarm. Der Auslöser ist Kälte. Die Schmerzen vergehen in Ruhe.

Dosierung
2 mal täglich
5 Globuli
Bryonia C6

Modalitäten

Besser durch Druck auf den Hauptschmerzpunkt.
Schlechter, je mehr der Arm bewegt wird, durch Wärme.

Weiterbehandlung bei Besserung

Spüren Sie bei Besserung aller Beschwerden einen Stillstand, wenn Sie vorher Bryonia C6 genommen haben, dann besorgen Sie sich dasselbe Mittel in der Potenz C12, und nehmen Sie davon 1–2 mal täglich 5 Globuli ein. Bei schweren oder langwierigen Erkrankungen empfiehlt sich abschließend 1 mal 3 Globuli Bryonia C30.

Pulsatilla gegen wandernden Schmerz

Die Schmerzen werden stärker beim Beugen und Strecken des Arms. Der Schmerz wandert, beispielsweise in Finger und Schulter.

2 mal 5 Globuli
Pulsatilla C6

Wer Pulsatilla als Heilmittel braucht, hat seinen Tennisarm meist nicht vom Tennisspielen, sondern vom Stricken, Brotschneiden, Teppichklopfen.

Modalitäten

Besserung durch frische Luft und Kühlung.
Ruhigstellen und Wärme verschlechtern.

Rhus toxicodendron nach Überanstrengung

Dosierung
2 mal täglich 5 Globuli Rhus toxicodendron C 6

Bei Überforderung durch große Belastung hilft Rhus toxicodendron. Weitere Auslöser, die auf dieses Mittel deuten: Kälte und Durchnässung.

Modalitäten

Die Schmerzen werden bei fortdauernder Bewegung besser, auch durch Wärme.

Nux vomica nach Überforderung durch Ehrgeiz

2 mal täglich 5 Globuli Nux vomica C 6

Bei Überforderung des Arms, meist auf der linken Seite, Abkühlung des Arms nach Sport oder kalter Zugluft, verbunden mit Streß, hilft Nux vomica. Der Nux-vomica-Mensch kann oft nicht zwischen Sport und Spiel unterscheiden, er verausgabt sich über die Maßen. Er regt sich über jeden schlechten Schlag auf.

Modalitäten

Besser durch warme Anwendungen.
Schlechter, wenn Sie auf dem gesunden Arm liegen.

Trigeminusneuralgien

Trigeminusschmerzen können teuflisch sein. Allopathische Arzneimittel (siehe Seite 13f.) versagen gerade auf diesem Gebiet allzu häufig. Geben Sie deshalb hier der Homöopathie eine Chance!

Aconit nach Kälte

Aconit C 6, stündlich 3 Globuli

Höllische Pein nach Kälteeinwirkung wie Sturm oder Wind mit Ameisenlaufen und einem Taubheitsgefühl im Gesicht heilen Sie mit Aconit. Die schießenden Schmerzen bis zum Ohr und weiter treten ganz plötzlich auf. Geräusche sind jetzt unerträglich. Todesangst kommt auf.

Belladonna bei rotem Gesicht

3 Globuli Belladonna C 6 stündlich

Auch hier tritt der Schmerz ganz plötzlich auf, aber er bildet ein ständiges Auf und Ab. Typisch ist das (hoch)rote Gesicht.

Causticum bei Lähmung

Causticum gilt auch als Mittel gegen Lähmungen. Es wirkt also gegen Trigeminusleiden, bei denen die schmerzhafte Gesichtshälfte gelähmt ist oder sich zumindest anfühlt wie gelähmt. Entstanden ist der oft zerrende, ziehende Schmerz durch trockene Kälte.

Dosierung
Causticum C 6, 2 mal täglich 5 Globuli

Cedron bei periodischen Schmerzen

Deutliches Kennzeichen für Cedron ist das periodische Auftreten der Beschwerden zur gleichen Stunde.
Ein Gefühl, als ob sich die in Mitleidenschaft gezogenen Gesichtspartien vergrößern würden, stellt sich ein.

5 Tropfen oder Globuli C 4 halbstündlich, bis Besserung eintritt

Modalitäten

Schlechter nachts, nach dem Schlafen, im Liegen.
Besserung beim Aufsein.

Colocynthis bei plötzlichen Schmerzen

Als klassisches Ischiasmittel kann Colocynthis beim Trigeminus eingesetzt werden, wenn die Schmerzen charakteristisch einschießen, und zwar meist blitzschnell.

Colocynthis C 6, alle 2–3 Stunden 3 Globuli

Modalitäten

Besser durch Wärme und festen Druck (Wärmflasche). Auch durch das Liegen auf der betroffenen Seite.

Magnesium phosphoricum gegen die schießenden Schmerzen

Die Schmerzen treten blitzartig auf und schießen den Nerv entlang. Magnesium phosphoricum wirkt am besten als »Heiße 7« (siehe Seite 279).

10 Tabletten Magnesium phosphoricum D 6 in 1 Glas heißen Wasser auflösen, schluckweise trinken, oder C 12, alle 2–3 Stunden 3 Globuli.

Modalitäten

Schlechter durch geringste Kälte, kaltes Waschen oder kalte Bäder.

Übelkeit und Erbrechen

Sehr viele homöopathische Mittel sind bei Magenbeschwerden,

Übelkeit und Erbrechen auszuprobieren, informieren Sie sich im Kapitel »Ihre Medikamente für Ihre Beschwerden« (Seite 180ff.); hier sind nur die fünf wichtigsten aufgeführt.

Ipecacuanha gegen dauernde Übelkeit

Dosierung
Ipecacuanha C6, stündlich 3 Globuli, bis Besserung eintritt

Besonderes Kennzeichen für dieses Mittel: Dauernde Übelkeit. Ipecacuanha ist das Hauptmittel bei Übelkeit und Erbrechen, Brechdurchfall, auch bei zusätzlichen Beschwerden wie Kopfschmerzen, Nasenbluten. Die Zunge bleibt rein, ohne Belag.
Die Übelkeit ist oft verbunden mit rasselndem Atem, heftigem Husten. Wenn es zum Erbrechen kommt (Speise oder Schleim), erleichtert dies nicht. Das Erbrechen erfolgt häufig nach dem Genuß von schweren Mahlzeiten, Speiseeis und nach dem Bücken.

Modalitäten

Besser in der frischen Luft.
Schlechter bei der geringsten Bewegung.

Veratrum album bei Übelkeit, Erbrechen, Durchfall

Halbstündlich 3 Globuli Veratrum album C6

Bei Übelkeit in Verbindung mit Erbrechen und Durchfall. Kalter Schweiß steht besonders auf der Stirn.
Veratrum album ist das Mittel der Wahl bei plötzlich auftretendem Kreislaufkollaps, zusammen mit kaltem Stirnschweiß. Auch bei Sommerdurchfällen ist es angebracht.

Modalitäten

Besser durch Druck auf den Scheitel.
Schlechter bei geringster Bewegung und nach dem Trinken.

Arsenicum album nach verdorbenen Lebensmitteln

Setzen Sie Arsenicum album nicht sofort ein, erst sollten Sie Veratrum ausprobieren!

Übelkeit mit Angst, absolute Schwäche und Frieren deuten auf Arsenicum album. Das Erbrechen erfolgt direkt oder wenige Minuten nach dem Trinken oder der Nahrungsaufnahme. Es ist oft schmerzhaft, weil man sich nur sehr ungern erbricht. Großer Durst herrscht, aber nur nach kleinen Mengen von Flüssigkeit. Oft ist Arsenicum album bestens geeignet nach Fleisch- und Wurstvergiftungen oder nach dem Verzehr von Speiseeis.

Sie sollten dies Mittel sehr vorsichtig dosieren, die heilende Wirkung tritt bei richtiger Wahl sehr schnell ein.

Dosierung
Arsenicum album C 6 oder C12, stündlich 3 Globuli; auch höhere Potenzen wie C 30 sind möglich: 3 Globuli alle 1 bis 3 Stunden.

Modalitäten

Besser nach warmen und heißen Anwendungen, außer bei zusätzlichen Kopfschmerzen, in der frischen Luft, nach heißen Getränken.

Schlechter bei geringsten Bewegungen, nach Mitternacht, zwischen 12 und 14 Uhr, durch kaltes Essen und Trinken, Kopftieflage, schnelles Gehen, Milch.

Pulsatilla nach fettem Essen

Setzen Übelkeit und Erbrechen nach fettem Essen, schweren Mahlzeiten, Schweinefleisch oder Speiseeis ein, dann nehmen Sie Pulsatilla.

Stündlich 3 Globuli Pulsatilla C 6

Auch nach schwerem Essen mit kalten Getränken hilft dieses homöopathische Mittel. Oft kommt es zu Übelkeit, und die Betroffenen erbrechen Galle.

Modalitäten

Besser durch frische Luft und Bewegung.
Schlechter in geschlossenen Räumen.

Nux vomica nach zu viel Alkohol

Das große Katermittel heißt in der Homöopathie Nux vomica. Es ist das Alka-Seltzer der Homöopathie. Bei Übelkeit, Sodbrennen nach zu reichlichem Essen hilft es sicher.

Halbstündlich 3 Globuli Nux vomica C 6. Bei glykolhaltigem »Kopfschmerzwein« empfiehlt sich die gleichzeitige Einnahme von 3–5 Globuli pro Glas.

Wenn die Beschwerden etwa zwei Stunden nach den Mahlzeiten auftreten, dann ist dieses Mittel das richtige.
Auch nach zuviel Kaffee, Tabak, Alkohol hilft es. Das Erbrechen kann auch nach Zorn und Ärger erfolgen.

Modalitäten

Besser abends und in der Ruhe.
Schlechter morgens und nach dem Essen.

Nicht selten sind Übelkeit und Erbrechen hausgemacht: Zu viele Mahlzeiten, zu fette Speisen, reichlicher Alkoholgenuß, Arzneimittel überfordern den Magen und den Verdauungstrakt.

Übelkeit und Erbrechen?

Beschwerden	Wichtigste homöopathische Mittel
Übelkeit nach fetten Speisen und kalten Getränken, nach schweren Mahlzeiten, Speiseeis	Pulsatilla
Dauernde Übelkeit, Brechdurchfall, nach schweren Speisen, Speiseeis	Ipecacuanha
Übelkeit nach Süßigkeiten	Sulfur
Fleisch-, Wurstvergiftung, Übelkeit nach Speiseeis	Arsenicum album
Übelkeit nach Alkohol, Tabak oder Kaffee, Sodbrennen, reichlichen Mahlzeiten, Zorn und Ärger	Nux vomica
Erbrechen mit Würgen und spastischem Husten	Kalium carbonicum
Übelkeit, Erbrechen, Durchfall, Sommerdurchfall, plötzlicher Kreislaufkollaps	Veratrum album
Übelkeit in der Schwangerschaft	Cocculus, Sepia
Übelkeit im Auto, Flugzeug, auf dem Schiff	Cocculus, Petroleum, Tabacum

Überforderung und Streß

- Plötzlicher Magendruck, unerklärlicher Durchfall, allgemein angeschlagen und permanent müde trotz ausreichenden Schlafs?
- Oder leiden Sie immer öfter an unerträglichen Spannungskopfschmerzen?
- Fühlen Sie sich generell überfordert?

Hilfen bei streßbedingten Krankheiten

Streß, Überforderung und Hektik lassen so manche Erkrankung entstehen. Ruhe, Erholung und Entspannung helfen am ehesten und natürlichsten. Wer befürchtet, daß seine Beschwerden keine organische Ursache haben, sollte über sein Leben nachdenken und versuchen, es zu ändern. Das mag schwierig sein, ist aber immer möglich.

Ob Ihnen homöopathische Mittel helfen können, liegt allein an der Art Ihrer individuellen Beschwerden und ihrer Ursache. Fragen Sie deshalb einen Homöopathen um Rat; allgemeine Ratschläge wären hier unseriös. Behandeln Sie sich keinesfalls allein, auch wenn Sie hier im Buch sicher etliche Mittelempfehlungen für Ihre Symptome finden.
Außerdem sollten Sie unbedingt von einem erfahrenen Facharzt abklären lassen, daß keine organischen Erkrankungen vorliegen.

Homöopathie behandelt den ganzen Menschen

Niemals wird eine Erkrankung aus homöopathischer Sicht isoliert betrachtet und behandelt. Immer berücksichtigt die Behandlung den ganzen Menschen mit all seinen gegenwärtigen körperlichen, geistigen und psychischen Problemen und Beschwerden. Deshalb bietet gerade die Homöopathie eine gute Chance, Erkrankungen bei Überforderung und Streß dauerhaft zu heilen.

Arbeit ohne Pausen, permanente Überstunden, ein überquellender Terminkalender und noch ein volles Freizeitprogramm bringen Sie schnell an die eigenen Grenzen. Gönnen Sie sich Ruhe!

Verrenkungen und Verstauchungen

Dosierung

3 mal täglich 5 Globuli Arnica C 6

Arnica

Zum homöopathischen Allheilmittel Arnica siehe »Bänderrisse und -zerrungen«, Seite 249, »Rißwunden«, Seite 261.

3 mal täglich 5 Globuli Symphytum C 6

Symphytum

Bei Verstauchungen ist dieses Mittel geeignet (siehe »Sehnenscheidenentzündung«, Seite 119 f.).

3 mal täglich 5 Globuli Ledum C 6

Ledum

Bei Verrenkungen hilft Ledum. Obwohl die verletzte Stelle eiskalt wird, verspürt der Betroffene ein heißes oder brennendes Gefühl.

Modalitäten

Besser durch Kälte, kalte Anwendungen, kalte Luft.
Schlimmer durch Zudecken oder alkoholische Getränke.

3 mal täglich 5 Globuli Bryonia C 6

Bryonia

Speziell bei Verstauchungen hilft Bryonia. Die Schmerzen sind stechend, reißend.
Sonstige Kennzeichen: Der Betroffene verlangt nach völliger Ruhe. Alle Schleimhäute sind trocken.

Modalitäten

Besser in der Ruhe oder durch Druck auf die betroffene Stelle.
Schlechter durch die geringste Bewegung, durch Wärme und Berührung.

3 mal täglich 5 Globuli Rhus toxicodendron C 6

Rhus toxicodendron

Bei Verstauchung ist Rhus toxicodendron das geeignete Mittel gegen die Schmerzen (siehe »Sehnenscheidenentzündung«,Seite 119 f.).

3 mal täglich 5 Globuli Bovista C 6

Bovista

Hier haben Sie eine gute Arznei gegen Verstauchungen, bei denen die Schwellung noch nach längerer Zeit nicht zurückgegangen ist.

Modalitäten

Schlechter bei einer langanhaltenden Verstauchung besonders leicht durch Hitze, nachts und morgens.

Bellis perennis

Das Gänseblümchen – wie Bellis perennis auf deutsch genannt wird –, die kleinere Verwandte der Arnica, ist gut geeignet bei Schwellungen und Verletzungen tieferer Gewebe.

Dosierung
3 mal täglich 5 Globuli Bellis perennis C 6

Hilft gegen Verrenkungen, Muskelschmerzen und Muskelkater.

Modalitäten

Besser durch kalte Umschläge und fortdauernde Bewegung – ähnlich wie bei Rhus toxicodendron.
Schlimmer durch Berührung, Bettwärme und heiße Bäder.

Ruta

Wenn die Verrenkung oder Verstauchung sehr lange schmerzt oder ein Gefühl von Zerschlagenheit an der verletzten Stelle auftritt, hilft Ruta.

Halbstündlich 5 Globuli Ruta C4 oder C6, bis Besserung eintritt

Vorsicht:
Ruta nicht bei Schwangerschaft anwenden, es gilt als Abtreibungsmittel!

Modalitäten

Besser bei Bewegung oder Liegen auf dem Rücken.
Schlechter beim Treppenhinuntersteigen.

Verstopfung

Bryonia bei trockenem Stuhl

Bryonia steht für Trockenheit der Schleimhäute. Mund, Rachen, Speiseröhre, Darm: Alles ist trocken. Der Stuhl ist hart, groß, höchstens alle paar Tage ist der Stuhlgang möglich. Durst auf große Mengen kalten Wassers stellt sich ein.

2 mal täglich 5 Globuli Bryonia C 6

Magnesium chloratum bei hartem, bröckeligen Stuhl

Dosierung
Magnesium chloratum C 6, früh und abends je 5 Globuli 5 Minuten vor dem Essen

Der Stuhl ist hart, bröckelig (Schafskot). Grau, wie verbrannt, sieht er aus, und er ist mit Schleim überzogen.

Die Betroffenen haben ein Gefühl, als gleite der Stuhl wieder zurück. Brennen und Schneiden im After sind weitere Merkmale.

Alumen bei hartem, großkalibrigem Stuhl

Verstopfung durch Trockenheit des Mastdarms heilen Sie mit Alumen.
Auch wenn der Stuhl hart und groß ist, wenn Sie glauben, der Darmausgang würde sich zusammenschnüren, können Sie Alumen wählen.

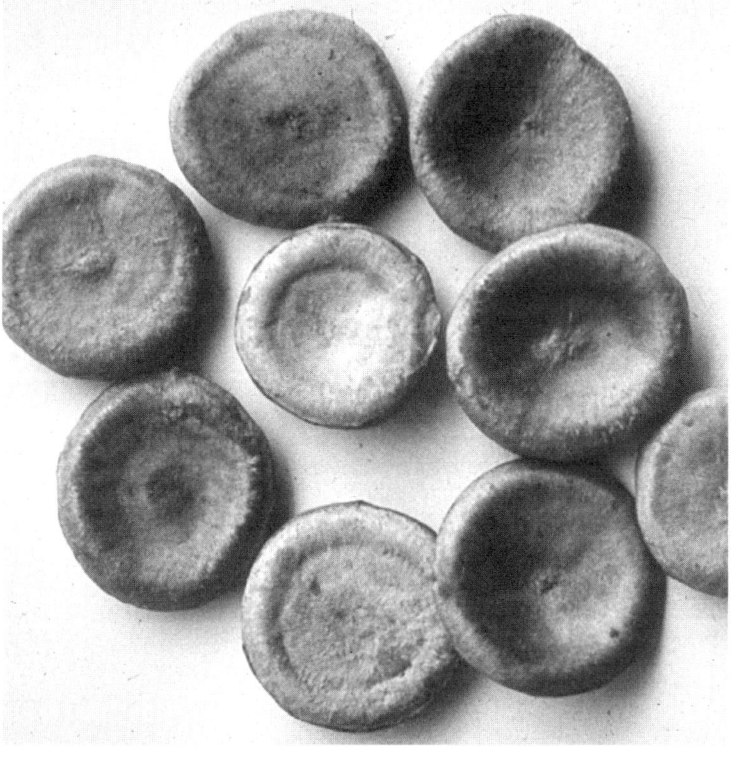

Nux vomica, die Brechnuß, ist das krampflösende Mittel für sogenannte Managerkrankheiten, die heute Männer wie Frauen treffen: Migräne, Magengeschwüre, Verstopfung.

Alumen hilft oft

Ebenso hilft Alumen bei Durchfall mit schleimigem Stuhl und Krämpfen, die mit Schwächeanfällen verbunden sind. Wenn Ihnen richtig schlecht geworden ist, der Mund trocken ist, die Zunge sich ganz trocken anfühlt, obwohl Speichel vorhanden ist.

Dosierung
Alumen C6, 3 mal täglich 3 Globuli

Plumbum metallicum bei schmerzhafter Verstopfung

Der Schließmuskel ist verkrampft, die Entleerung ist schmerzhaft, sie gelingt nur unter schwerem Pressen. Der Stuhl kann klein sein, hart und kugelig. Die Entleerung ist oft nur unter kaltem Schweiß möglich.

Plumbum metallicum C12, 2 mal täglich 3 Globuli

Verstopfung auf Reisen

Manche Reisenden haben Schwierigkeiten, mit den durch Flug, Zeitumstellung und in ungewohnter Umgebung hervorgerufenen Problemen fertigzuwerden: Ihr Darm reagiert mit Trägheit und Verstopfung.

- Essen Sie möglichst viel Joghurt, angereichert mit Leinsamenschrot.
- Auch Dörrpflaumen haben sich bewährt.
- Bevorzugen Sie ballaststoffreiche Kost.
- Sorgen Sie für regelmäßige Bewegung.

Lycopodium bei Blähungen

Typisch für Lycopodium ist das Gefühl, als bliebe viel zurück. Krämpfe, die den Stuhl verhindern, und oft vergeblicher Stuhldrang sind charakteristisch. Lycopodium ist angezeigt bei einer Neigung zu Blähungen im Unterbauch. Man kann nicht auf fremde Toiletten gehen – nur was den Stuhlgang betrifft.

3 mal täglich 3 Globuli Lycopodium C6

Modalitäten

Eine charakteristische Verschlimmerung setzt in der Zeit von 16 bis 20 Uhr ein. Schlimmer werden die Beschwerden auch durch das Essen und mangelnde Bewegung. Völlegefühl schon nach dem ersten Bissen.

Nux vomica bei nervöser Verstopfung

Dosierung
3 mal täglich
3 Globuli
Nux vomica C 6

Das homöopathische Mittel der Wahl ist oft Nux vomica, ein Allroundmedikament. Die Verstopfung ist äußerst hartnäckig, obwohl scheinbar ganz normaler Stuhldrang vorhanden ist. Sie verursacht Schmerzen, man produziert nur allerkleinste Mengen, wenn überhaupt. Danach fühlt man sich großartig, allerdings nur kurz. Und alles fängt wieder von vorn an.
Die Patienten sind verärgert, regen sich über alles auf. Der Ärger verstärkt noch die Verstopfung. Ist das Übel behoben, folgt häufig Durchfall.

Modalitäten

Morgens und bei Berührung des Unterleibs wird die Verstopfung schlechter.

Opium bei langandauernder Verstopfung

3 mal 3 Globuli
Opium C 6

Wenn die Verstopfung lang andauert, kein Stuhldrang besteht, wenn der Stuhl klein und hart ist, hilft Opium in homöopathischer Potenzierung. Wenn es zur Entleerung kommt, ist sie nur teilweise. Eine gewisse Menge schlüpft immer wieder zurück. Nach der Verstopfung folgt meist Durchfall.
Achtung: Opium gilt als Betäubungsmittel bis einschließlich D 5 und C 2 und ist rezeptpflichtig.

China nach Flüssigkeitsverlust

2 mal täglich
5 Globuli
China C 6

Bei großer Schwäche und Schläfrigkeit nach Flüssigkeitsverlust – z. B. Blut, Schweiß im Klimakterium – hilft China.
Bei Verstopfung, die durch Blutverlust – z. B. nach Schwangerschaft und Geburt – ausgelöst wurde, ist China ebenfalls das geeignete homöopathische Mittel.

Warzen

Ganz gleichgültig, wo sie auftreten: Warzen sind lästig und sehen unästhetisch aus. Wer unter kleineren oder größeren Warzen leidet, sollte sie homöopathisch behandeln.

Da Warzen im Anfangsstadium leichter und schneller zu behandeln sind, sollten Sie gerade Füße und Hände immer wieder einmal auf Warzen hin betrachten. Geben Sie die angegebenen Mengen jeweils täglich eine Woche lang.

Causticum gegen harte, gezackte Warzen

Ist die Warze hart und sieht gezackt aus, hilft Causticum; auch dann, wenn Sie schon länger unter der Warze leiden.

Dosierung
Causticum D12, 2 mal 5 Globuli

Antimonium crudum gegen harte, hornige Warzen

Dieses Mittel hilft bei allen harten, hornigen Warzen, die kaum höher sind als die Hautoberfläche.

Antimonium crudum D12, 2 mal 5 Globuli

Dulcamara bei großen Warzen

Gerade große Warzen sind oft lästig; am Fuß können sie das Gehen beeinträchtigen, der Schuh drückt, Schmerzen plagen. An den Händen sehen große Warzen besonders häßlich aus.

Dulcamara D6, 2 mal 5 Globuli

Ferrum picrinicum für durchsichtige Warzen

Nicht alle Warzen sehen hornig aus und haben die charakteristischen schwarzen Punkte auf ihrer Oberfläche. Einige sehen durchsichtig aus.

Ferrum picrinicum D12, 2 mal 5 Tabletten

Thuja bei weichen Warzen

Einige Warzen sind an ihrer Oberfläche weich; sie sind deshalb empfindlich bei Berührung und verursachen einen stechenden Schmerz.

Thuja D12, 2 mal 5 Globuli

Beschwerden bei Wetterumschwung, Hitze, Schwüle

Nicht immer ist bei langandauernder Hitzewelle ein rettender Biergarten oder ein schattiges Plätzchen in der Nähe, versuchen Sie also, mit Samuel Hahnemann die Hitze und die belastenden Wetterumschwünge ein wenig besser zu ertragen. Wetterbeschwerden sind übrigens nicht nur bei älteren Menschen häufig; schon Schulkinder leiden darunter und haben dann Schwierigkeiten, sich zu konzentrieren.

Dosierung
3 Tropfen Natrium muriaticum in der Potenz LM 6 in 1 Schluck Wasser oder 3 Globuli alle 2 Stunden bis Besserung eintritt

3 Tropfen Natrium sulfuricum LM 6 in 1 Schluck Wasser oder 3 Globuli alle 2 Stunden

3 Tropfen Natrium carbonicum LM 6 in 1 Schluck Wasser oder 3 Globuli alle 2 Stunden

Natrium muriaticum bei Wetterumschwung

Die Umstellung auf heißes Wetter im Frühjahr oder auf Reisen macht große Probleme, schon kleine Anstrengungen lassen schnell erschöpfen.

Natrium sulfuricum bei Schwüle

Tritt eine schnelle Erschöpfung bei Hitze mit hoher Luftfeuchtigkeit ein, dann kann Ihnen Natrium sulfuricum helfen.

Natrium carbonicum nach Anstrengung in Hitze

Nach größeren Anstrengungen in der Mittagshitze, wie Sport oder Wanderungen, regeneriert sich der Körper nur sehr schleppend. Jetzt hilft Natrium carbonicum.

Modalitäten

Unter Modalitäten versteht man in der Homöopathie, welche äußeren Einflüsse oder Maßnahmen die Beschwerden bessern oder verschlechtern, z.B. Lage- oder Temperaturveränderungen, Tageszeiten, Gemütsverfassungen, Nahrungsmittel, etc.

Um eine möglichst hohe Trefferquote bei der Mittelwahl zu erzielen, müssen nicht nur die Symptome, sondern auch die Modalitäten von Mittel und Krankheitsbild weitestgehend übereinstimmen.

Zähne und Zahnschmerzen

Diese Arzneien können die Sitzung beim Zahnarzt erleichtern oder im Anschluß an die Zahnbehandlung auftretende Beschwerden ausheilen:

Arnica C 30, Calcium carbonicum C 30, China C 6, Coccus cacti C 30, Hypericum C 6, Ipecacuanha C 30, Veratrum album C 6 und Calendula-Essenz sowie Dr. Bachs Notfalltropfen.

Vor dem Zahnarztbesuch

Notfalltropfen bei Angst

Dosierung

Dr. Bachs Rescue Remedy- oder Notfalltropfen helfen bei unklaren Angst- und Kreislaufsymptomen; Sie können sie deshalb gut vor dem Arztbesuch nehmen.

Viertel- bis halbstündlich 4 Tropfen

Arnica vor einer Zahnoperation

Wenn ein größerer operativer Eingriff im Mundraum bevorsteht, nehmen Sie zur Vorbeugung des Wundschocks und der Schmerzen danach Arnica.

1 mal 3 Globuli Arnica C30 vor und nach der Behandlung

Beim Zahnarzt

Die homöopathische Mundspülung mit Calendula-Tinktur

Als Mundspülung zur besseren Wundheilung nach Zahnextraktionen oder als antibakterielles Mittel bei Zahnfleischentzündungen hilft Calendula-Tinktur.

30 Tropfen Calendula-Tinktur auf 1/2 Glas lauwarmes Wasser

Coccus cacti gegen den Würgereiz

Infolge eines störenden Würgereizes kommt es immer wieder zu schlechten Abdrücken und verwackelten Röntgenaufnahmen; das verhindert Coccus cacti C30.

1 mal 3 Globuli Coccus cacti C30, 10 Minuten vor der Behandlung

Ipecacuanha bei empfindlichem Gaumen

Wenn bereits die Berührung des Gaumens zu stärkstem Würgereiz führt, nehmen Sie Ipecacuanha C30. 10 Minuten vor Behandlungsbeginn

1 mal 3 Globuli Ipecacuanha C30,

Hypericum bei Nervenverletzung

Wenn es durch die schmerzstillende Spritze zu einer Nervenverletzung kommt, hilft Ihnen Hypericum.
Die Verletzung zeigt sich in einem Pelzigwerden mit eventueller Lähmung einer Zungenhälfte.
Nach dem Beschleifen der Zähne treten die Schmerzen nicht an dem betreffenden Zahn auf, sondern entweder schmerzt die gesamte Mundhöhle, oder sie strahlen dem Nerv entlang ins Gesicht aus.

Stündlich 3 Globuli Hypericum C6

Dosierung
1 mal 3 Globuli Calcium carbonicum C 30 vor Behandlungsbeginn oder beim Auftreten der Beschwerden

Calcium carbonicum bei Zittern, Schwäche, Schwitzen

Wenn der Patient durch die Anspannung hyperventiliert, d. h., wenn er mehr ein- als ausatmet und sich dadurch Zittern, Schwäche und Hitzewallungen einstellen, ist Calcium carbonicum das geeignete Mittel. Bei Herzbeklemmungen, die auftreten, wenn das warme Material die Zähne berührt, bei Unverträglichkeiten (Allergien, Juckreiz) gegenüber bestimmten Abdruckmaterialien hilft es.

Halbstündlich 3 Globuli Veratrum album C 6, bis Besserung einsetzt

Veratrum album bei Kreislaufschwäche

Als Kreislaufmittel, wenn der Patient kreidebleich wird und der kalte Schweiß auf der Stirn steht, ist Veratrum album das richtige Mittel. Obwohl er friert, verlangt er nach frischer Luft.

Nach dem Zahnarztbesuch

China C 6, stündlich 3 Globuli bis Besserung eintritt

China bei Schwäche durch Blutverlust

Wenn durch den Blutverlust beim Zähneziehen Schwächegefühle auftreten, hilft China.

Staphisagria C 6, alle 2 Stunden 3 Globuli

Staphisagria bei anhaltendem Wundschmerz

Bei starken Wundschmerzen nach Zahnextraktion – trotz Arnica-Einnahme – hilft Ihnen Staphisagria.

Furcht vor der Zahnbehandlung

Vielen Menschen wird schon beim Gedanken an den Zahnarzt oder an das Bohren ganz mulmig. Das führt dazu, daß notwendige Behandlungen meist zu lange hinausgeschoben werden, bis die Beschwerden nicht mehr auszuhalten sind. Bei anderen wird die Behandlung selbst zu einem nervenaufreibenden Geduldsspiel für Zahnarzt und Patient. Bei Kindern führt diese Angst oft zu schlaflosen Nächten, die Eltern reagieren in ihrer Hilflosigkeit überreizt und allzu heftig, der nächste Alptraum ist vorprogrammiert.

Unterdrücken Sie die Angst?

Aconitum napellus

Der Patient wirkt mutig und selbstsicher, er überspielt seine Angst durch Forschheit. Bei den ersten Schmerzen, bei Unsicherheiten des Zahnarzts, beim Anblick von Blut, eines gefährlich erscheinenden

Strahlende Zähne sind ein Indiz für Gesundheit; sie erhöhen das Selbstbewußtsein und verleihen ein attraktives Äußeres. Scheuen Sie daher nicht den Gang zum Zahnarzt.

Instruments oder wenn die Behandlung gefährlich erscheint, wird er totenbleich, bekommt einen Kreislaufkollaps und ist nicht mehr in der Lage, weiterbehandelt zu werden. In solchen Situationen muß der Patient geschützt werden, indem der Arzt ihn auffordert, nicht hin- oder zuzusehen. Hier hilft Aconitum napellus.

Ist es zu solchen Angst- und Panikreaktionen gekommen, ist es bei der folgenden Behandlung wichtig, auf eine Weise vorzugehen, die dem Patienten weniger gefährlich erscheint.

Dosierung

3 Tage vor dem Zahnarzttermin 4 mal täglich 4 Tropfen, am Tag der Behandlung bis zu halbstündlich 4 Tropfen

Notfalltropfen gegen die Angst

Falls keine der hier beschriebenen Situationen für Sie genau zutrifft oder das angegebene Mittel sich nicht als passend erweist, können Sie auf die Bachschen Notfalltropfen Rescue Remedy (Seite 274) zurückgreifen.

Dosierung bei Furcht vor der Zahnbehandlung

Wir empfehlen folgende Dosierung: Je 5 Globuli auf der Zunge oder je 5 Tropfen des empfohlenen Mittels in der Potenz LM6 in einem Schluck Wasser aufgelöst im Mund zergehen lassen. Nehmen Sie die Globuli oder Tropfen jeweils am Abend und am Morgen vor der Behandlung sowie gegebenenfalls noch ein drittes Mal während der Behandlung.

Wenn die Angst Magen und Darm trifft

Argentum nitricum

Bei manchen schlägt jede Angst auf Magen oder Darm. Schon eine Weile vor dem Zahnarzttermin empfinden sie ein flaues Gefühl im Magen. Je nach Intensität bekommen sie Durchfall oder drehen vor der Praxistür um oder zwingen den Zahnarzt, während der Behandlung mit den unsinnigsten Argumenten abzubrechen. Sie sind sehr eigensinnig. Verabredungen oder die Tatsache, daß ein genauer Termin festgesetzt wird, lösen oft schon Ängste aus. Jetzt hilft Argentum nitricum. Zur Dosierung siehe oben.

Sind Sie ängstlich?

Calcium carbonicum

Ein ängstlicher, gutmütiger Typ wird am schnellsten mit Calcium carbonicum geheilt. Man kann mit ihm über seine Angst vor dem Zahnarzt sprechen, worauf sie stark nachläßt. Er muß wissen, daß er sich in guten, vertrauensvollen Händen befindet und läßt sich dann gut behandeln, solange sein Vertrauen nicht gebrochen wird. Er besitzt übrigens auch ein starkes Bedürfnis, massiert oder gestreichelt zu werden.

Brauchen Sie Vertrauen?

Calcium phosphoricum

Auch dieser Patient läßt sich erst behandeln, wenn der Zahnarzt sein Vertrauen errungen hat. Der Vertrauensgewinn muß jedoch bei jeder Behandlung von neuem erfolgen.

Der phosphorische Anteil dieser Menschen benötigt die ständige Bestätigung, daß der Behandler für ihn da ist. Typisch ist auch, daß diese Patienten oft intensiv seufzen. Da hilft am ehesten Calcium phosphoricum.

Sind Sie mißtrauisch?

Der Patient verhält sich vorsichtig und mißtrauisch. Er läßt sich vor Behandlungsbeginn genau informieren, welche Risiken die Behandlung mit sich bringt, ob und welche Kosten entstehen werden.

Arsenicum album

Er hätte am liebsten einen Spiegel, um jeden Handgriff verfolgen zu können. Er muß in den Ablauf einbezogen werden, und er benötigt während der ganzen Behandlung immer wieder die Versicherung des Zahnarzts, daß alles gutgeht.
Übt der Behandler Druck auf ihn aus, reagiert er häufig mit Angstsymptomen wie Zittern und kaltem Schweiß, einem Druckgefühl auf der Brust, starkem Herzklopfen oder Atemnot. Auch ein Ohnmachtsanfall ist möglich. Um das zu vermeiden, sollten diese Menschen Arsenicum album nehmen.

Sind Sie gereizt?

Launische, gereizte und behandlungsunwillige Patienten, die auch sehr beleidigend sein können, helfen sich und dem Arzt am besten, indem sie Chamomilla nehmen.

Chamomilla

Sie fordern die verschiedensten Dinge, man kann ihnen nichts recht machen und verspürt oft den Wunsch in sich aufsteigen, ihnen den Hals herumdrehen zu wollen. Bei Wut reagieren sie oft mit einem Fieberschub, bei Zorn und Angst wird häufig eine Wange rot und warm, die andere kalt und blaß. Zur Dosierung siehe Seite 140.

Wollen Sie alles bestimmen?

Moschus

Der Patient will die Behandlung bestimmen und sagt dem Behandler, was er zu tun habe. Er leidet unter der Überzeugung, daß bei ihm etwas falsch gemacht wird. Wenn der Behandler nicht auf ihn eingeht, reagiert er hysterisch.

Als äußeres Merkmal fällt auf, daß die eine Wange rot und kalt, die andere blaß und warm ist. Er kann auch in Ohnmacht fallen oder verspürt plötzlich ein Zusammenschnüren von Kehle und Luftröhre mit Atemnot, wenn er davon überzeugt ist, daß dem Behandler ein Fehler unterlaufen ist. Diesem Patienten kann mit Moschus geholfen werden.

Zittern Sie vor der Behandlung?

Das »Zittermittel« heißt in der Homöopathie Gelsemium. Große Nervosität mit Zittern ist typisch; dies reicht von einem Gefühl des inneren Vibrierens über das Zähneklappern bis hin zum sichtbaren Zittern verschiedener Körperteile.

Gelsemium Der gute Wille ist zwar da, aber die Angst setzt sich dann doch durch. Anfangs ist der Patient euphorisch. Je näher der Zeitpunkt des Zahnarztbesuchs jedoch kommt, desto mehr verläßt ihn der Mut, schließlich sitzt er ganz entkräftet und zitternd da. Er bekommt Durchfall vor Angst; danach empfindet er ein Gefühl der Lähmung.

Sind Sie schreckhaft?

Stramonium Der »Schreckhafte« wird mit Stramonium geheilt. Der Patient hat Angst vor jeder plötzlichen Bewegung, plötzlichen Geräuschen und vor allem vor plötzlich auf ihn gerichtetes Licht. Das grelle Licht der Behandlungslampe erschrickt ihn ebenso wie das Geräusch der Wasserspülung. Er reagiert auch ängstlich, wenn sich ihm fremde Personen nähern, oder wenn er vorübergehend allein im Behandlungszimmer zurückgelassen wird.

Machen Ihnen Geräusche angst?

Borax Hier steht die Angst vor plötzlichen Geräuschen im Vordergrund. Obwohl der Patient weiß, daß der Bohrer gleich surrt, springt er vor Schreck hoch. Er läßt sich erst weiterbehandeln, wenn er sich an das Geräusch gewöhnt hat. Dagegen hilft Borax. Zur Dosierung siehe Seite 140.

Auch die Auf- und vor allem Abwärtsbewegungen in den modernen Zahnarztsesseln können starke Angstreaktionen hervorrufen: Ein Kind beginnt z.B. vor Furcht und Schrecken laut zu schreien und klammert sich an einem Nahestehenden fest, als wolle es diese entsetzliche Bewegung aufhalten.

Angst vor Spritze und Bohrer?

Silicea Der Patient hat Angst vor dem Geräusch des Bohrers und besonders vor Spritzen, ohne zuvor schlechte Erfahrungen mit ihnen gemacht zu haben. Daher läßt er sich meist ohne Anästhesie behandeln. Hat er sich einmal für die Anwendung von Spritzen entschieden, dann läßt er die Injektionen zu. Ihm hilft Silicea. Obwohl auch er befürchtet, daß bei der Behandlung etwas schlecht verläuft, macht er dem Zahnarzt keine Vorwürfe, weil er sich am Geschehen mitverantwortlich fühlt. Beschwichtigende Erläuterungen empfindet er als aufdringlich. Er kann dann richtig unfreundlich werden, wenn der Behandler weiterredet.

Große Angst vor der Spritze?

Massive aktive Angst vor der Injektion kennzeichnet all jene, denen Spigelia hilft. Der Patient sieht die Spritze, schreit, tobt und ist nicht mehr zu behandeln. **Spigelia**

Typisch sind auch sehr schmerzhafte Trigeminusneuralgien, meist linksseitig, die zu Auge, Wange, Zähnen und Schläfe ausstrahlen und von Sonnenaufgang bis Sonnenuntergang anhalten.

Sind Ihre Reaktionen übertrieben?

Das »Hysteriemittel« heißt Ignatia. Die Einbildungskraft ist sehr groß: Selbst beim Bohren in einem toten Zahn schreit der Patient vor Schmerz. Er ist davon überzeugt, daß etwas schiefgehen muß, und läßt sich davon durch nichts ablenken. **Ignatia**

Der Patient ist launenhaft, bei ihm wechseln Erregungs- und Erschöpfungszustände sehr rasch. In unangenehmen oder stressigen Situationen verspürt er oft ein Enge- oder Kloßgefühl im Hals, in Streßzeiten beißt er sich wiederholt beim Kauen auf die Zunge oder in die Wange. Die Behandlung in der Zahnarztpraxis hält er nie für gut genug.

Leiden Sie schon im voraus?

Der Patient leidet unter einer starken Einbildungskraft. Er spürt schon die Schmerzen, wenn er nur an den Bohrer denkt; auch wenn er vorher solch ein Instrument noch nie gesehen hat, ist er sicher, unendliche Qualen leiden zu müssen. Der Patient riecht sauer und ist empfindlich gegen die leichteste Unruhe, Geräusche, Berührung. Das läßt sich mit Magnesium carbonicum abstellen. **Magnesium carbonicum**

Kinder verstecken sich sofort schreiend hinter den Eltern, sobald sie den Zahnarzt sehen. Je näher er kommt, desto heftiger schreien sie; sie beruhigen sich aber unmittelbar, wenn er den Raum wieder verläßt.

Karies ist heute eine der häufigsten Zahnerkrankungen und tritt in ganz unterschiedlichen Ausmaßen auf. Entsprechend zahlreich sind die Mittel dagegen.

Karies – wann, wo, wie?

- Karies sofort nach dem Zahndurchbruch: Kreosotum, Staphisagria, Syphillinum
- Schnell fortschreitende Karies: Acidum fluoricum, Calcium carbonicum, Calcium phosphoricum, Medorrhinum, Mezereum, Sepia
- Karies an den Seiten der Zähne: Mezereum, Staphisagria, Thuja
- Karies an den Wurzeln: Mezereum, Thuja
- Karies am Zahnfleischrand: Calcium carbonicum, Syphillinum, Thuja
- Abbröckeln der Zähne: Acidum fluoricum, Calcium carbonicum, Calcium fluoratum, Calcium phosphoricum, Medorrhinum, Staphisagria, Thuja
- Dunkle Zahnfarbe: Acidum fluoricum
- Dunkle Flecke auf den Zähnen: Kreosotum
- Gelbe Zahnfarbe: Medorrhinum, Mercurius solubilis, Silicea, Thuja
- Graue Zahnfarbe: Mercurius solubilis
- Schwarze Zahnfarbe: Kreosotum, Mercurius solubilis, Sepia, Staphisagria, Syphillinum, Thuja
- Schwarze Streifen auf den Zähnen: Staphisagria
- Schwarze Zahnkrone: Mercurius solubilis, Staphisagria
- Weiße Flecke auf den Zähnen: Calcium fluoratum, Silicea
- Gezähnelte Schneiden: Medorrhinum, Syphillinum
- Keilförmige Zähne: Kreosotum
- Verkümmerte, kleine Zähne: Syphillinum
- Mangelhafter Zahnschmelz: Calcium fluoratum, Silicea

Homöopathische Kariesprophylaxe

Karies entsteht, wenn zucker- oder stärkehaltige Nahrungsbestandteile längere Zeit zwischen den Zähnen lagern oder sie wie eine Art Film überziehen. Die Bakterien der Mundflora verarbeiten nach dem Essen die Kohlenhydrate teilweise. Dabei entstehen Säuren, die in der Lage sind, den Zahnschmelz anzugreifen, sie fressen Löcher hinein.

Neben dem Maßhalten bei Süßigkeiten kommt hier der Zahnpflege besondere Bedeutung zu. Deshalb ist es wichtig, nach jeder Mahlzeit und auch nach Süßigkeiten die Zähne zu putzen. Die Anfälligkeit für Karies ist in manchen Familien erhöht.

Die Ausbreitung der Karies wird seit dem 17. Jahrhundert beobachtet und fällt zeitlich mit dem Import größerer Zuckermengen zusammen.

Vorbeugen in der Schwangerschaft

Eine homöopathische Konstitutionsbehandlung am besten vor, während oder nach der Schwangerschaft kann diese familiäre Belastung abschwächen oder heilen. Sie sollte auf Weisung eines Homöopathen erfolgen.
Die Zähne werden zwischen der 6. und 12. Schwangerschaftswoche angelegt und im 5. Monat mineralisiert, d. h., dann kommt es zur Einlagerung verschiedener Mineralien wie Kalziumfluorid und Kalziumphosphat.

Auffällig ist, daß die Ernährung der Mutter während der Schwangerschaft eine gewisse Bedeutung auf die Substanz der Zähne ihres Kindes hat. Hatte sich die Mutter vollwertig ernährt und auf Süßigkeiten verzichtet, tritt bei den Kindern seltener und später Karies auf, trotz des Verzehrs von Süßigkeiten.

Allgemeine Kariesprophylaxe

Kalzium gegen Karies

Als allgemeine Prophylaxe wie auch zur Unterstützung einer Konstitutionstherapie können die karieshemmenden Mineralien Kalziumkarbonat und Kalziumfluorid in niedrigen Potenzen eingesetzt werden.

Dosierung
2–3 mal täglich 1 Tablette Calcium carbonicum D3 und Calcium fluoratum D3 im täglichen Wechsel 4 Wochen lang

Aufbaukalk 1 und 2 für Schwangere und Kleinkinder

Für Schwangere wie auch Säuglinge und Kleinkinder ist als Kariesprophylaxe morgens eine Messerspitze Aufbaukalk 1 und abends eine Messerspitze Aufbaukalk 2 sinnvoll.
Der Aufbaukalk 1 enthält Kalziumfluorphosphat in der Potenz D5 und Kürbisblüten in D2.
Aufbaukalk 2 enthält Muschelschalenpulver, also Kalziumkarbonat, und Eichenrinde in der Potenz D3.

Nach der vierwöchigen Kariesprophylaxe mit Kalzium pausieren Sie vier Wochen; danach können Sie mit dem Mittel fortfahren.

Dosierung bei der Kariesprophylaxe

Die Dosierung bei der Kariesprophylaxe von Säuglingen, Kindern und Erwachsenen ist für alle Mittel gleich: 4 Wochen lang 1 mal 3 Globuli LM 30 pro Woche. Stellt sich keine Besserung ein, können Sie ein weiteres Mittel auswählen oder sich an einen Homöopathen wenden.

Karies bei Säuglingen

Für die folgenden Arzneien ist typisch, daß die Karies meist unmittelbar beim Erscheinen der Zähne beginnt. Zahnärzte machen die Flaschennahrung und gesüßte Tees dafür verantwortlich.

Karies am Zahnfleischrand

Syphillinum

Die Karies beginnt am Zahnfleischrand und geht bis zur Wurzel. Größere und kleinere Stücke brechen vom kariösen Zahn ab. Gezähnelte Schneiden, tonnenförmige oder kleine verkümmerte Zähne – wie Mäusezähne – sind auch typisch. Der Kiefer ist oft auch für die kleinen Zähne zu eng.

Karies beginnt außen an den Zähnen; erst sind weiße, dann dunkle Flecken sichtbar. Und schließlich haben Sie Löcher in den Zähnen.

Die Zunge zeigt tiefe Längsrisse und rund um ihren Rand die Eindrücke der Zähne. Es besteht reichlicher Speichelfluß, beim Schlafen läuft der Speichel aus dem Mund.

Das Kind ist mürrisch und launisch. Es schreit heftig und schlägt mit den Fäusten um sich, wenn es gereizt ist. Geben Sie ihm Syphillinum.

Karies am Zahnschmelz

Die Karies greift zuerst den Zahnschmelz an, erst nach Monaten oder Jahren geht sie langsam auf das Dentin, das Zahnbein, über. Die Karies beginnt gern an den Seiten der Zähne, die Zähne werden meist an der Zahnkrone schwarz und zerfallen.

Staphisagria

Das Kind ist reizbar, wenn es nicht genügend Zuwendung erfährt, und es mag getragen werden. Geben Sie ihm Staphisagria. Zur Dosierung siehe Seite 140.

Löcher bilden sich

Kreosotum

Es bilden sich riesige Löcher: Das Dentin ist primär angegriffen, der Zahnschmelz bleibt an manchen Stellen noch vorhanden, d.h., die Löcher entstehen von innen heraus. Die betroffenen Zähne verbreiten einen üblen Geruch, sie werden schwarz oder bekommen dunkle Flecke und zerkrümeln.

Die ganzheitliche Betrachtungsweise in der Homöopathie zeigt, daß Gelüste und Abneigungen beim Essen und Trinken keine Zufallserscheinungen darstellen. Sie sind Ausdruck der Persönlichkeit und der Verdauungskapazität.

Die Zahnung ist sehr schmerzhaft, das Kind kann nicht schlafen. Die Schmerzen werden nur durch Herumtragen und zärtliches Streicheln erträglicher. Das Saugen an der Brust ist dem Säugling durch die Schmerzen unmöglich. Die stark geschwollene Zahnleiste verfärbt sich blau, das Zahnfleisch ist schwammig und blutet. Die auffällig dicken Zähne stehen keilförmig zueinander. Das Kind ist sehr launisch und reizbar. Es verlangt die verschiedensten Dinge, wirft sie aber dann bald wieder weg. Hier hilft Kreosotum.

Karies bei Kindern

Bei den folgenden Arzneien ist es charakteristisch, daß sich die Karies erst im Kleinkinder- oder Kinderalter zeigt. Neben diesen Mitteln kommen auch die Arzneien für Säuglinge in Frage. Zur Dosierung siehe Seite 140.

Karies am Zahnfleischrand

Calcium carbonicum

Die Karies tritt meist am Zahnfleischrand auf. Die Zähne brechen erst spät, langsam und mühsam durch. Das Kleinkind, das sonst eher gutmütig und behäbig ist, zeigt sich jetzt unzufrieden und gereizt. Es schläft schlecht und hat nun Durchfall, während es sonst verstopft ist. Es hat nicht nur laufend die Finger im Mund, sondern schiebt auch sonst alles in den Mund.

Es hat Schwierigkeiten, Kalk im Körper einzulagern und daher verlangt es nach allem, was Kalk enthält: Kreide, Wandkalk, Blumentopferde und viel Milch. Häufig kann es das Kalzium aus der Kuhmilch oder Kuhmilch überhaupt schlecht verwerten. Dies kann sich dann als Milchschorf oder als allergische Reaktionen an Haut (rauhe, schuppige Haut; Ekzeme) und Schleimhäuten (häufiger Schnupfen, sauer riechende Durchfälle, Bauchschmerzen) bemerkbar machen. Ihnen hilft Calcium carbonicum.

Wenn Kinder keine Kuhmilch vertragen

- Manche Kinder können Ziegen- oder Schafsmilch besser vertragen, was sich dann z. B. in einem Abklingen des Hautausschlags oder einem Nachlassen der Bauchschmerzen zeigt.
- Wiederholt gute Erfahrungen wurden mit einer Mischung von Kuh- und Ziegenmilch zu gleichen Teilen gemacht.
- Bei Kuhmilch haben wir folgendes beobachtet: Am besten wird Frischmilch vom Biobauern vertragen, dann Flaschenmilch aus biologischer Tierhaltung (pasteurisiert), schließlich konventionell produzierte Frischmilch und am wenigsten konventionelle Flaschen- oder Tütenmilch (pasteurisiert und homogenisiert).

Karies an den Zahnkronen

Calcium fluoratum

Die Karies beginnt meist an den Kronen. Die Zähne brechen ab, auch ohne Karies. Sie können kreideweich und fächerförmig nach außen gebogen sein. Auf den Zähnen werden oft weiße Flecken sichtbar, der Zahnschmelz fehlt stellenweise. Hier hilft Calcium fluoratum.

Calcium-fluoratum-Kinder fallen aufgrund ihrer Bänderschwäche durch ihre Gelenkigkeit auf. Sie ist oft derart ausgeprägt, daß ihre Bewegungen unbeholfen oder ungeschickt erscheinen. Sie haben auch häufig schiefe Nasen.

Karies am Zahnschmelz

Mercurius solubilis

Die Karies befällt den Zahnschmelz der Zahnkrone, die sich dann meist schwarz verfärbt. Die Zähne sind weich und wackeln leicht. Das Kind riecht übel aus dem Mund. Das Zahnfleisch ist geschwollen, schwammig und blutet leicht, z. B beim Zähneputzen. Die Zunge zeigt an ihrem Rand Zahneindrücke. Die Speicheldrüsen produzieren zu viel, und vor allem nachts läuft der Speichel unwillkürlich ab. Diesen Kindern helfen Sie mit Mercurius solubilis.

Karies an den Zahnhälsen

Die Zahnung ist häufig verspätet und erschwert. Die Karies tritt bevorzugt an den Zahnhälsen auf. Die Zähne stehen fächerförmig. Der

Zahnschmelz ist oft rauh mit einem halbmondförmigen, weißen Fleck. Zahnfisteln und Abszesse der Zahnwurzeln sind ebenfalls typisch. Die Betroffenen haben gelegentlich das Gefühl eines Haares auf der Zunge. Ihnen kann mit Silicea geholfen werden. Zur Dosierung siehe Seite 140.

Silicea

Die Karies verbreitet sich

Die Karies kann frühzeitig auftreten und schnell voranschreiten. Die Zähne können aber auch kreideweich sein und ohne Kariesbefall wegkrümeln. Es können auch überzählige Zähne vorkommen. Dem beugen Sie mit Medorrhinum vor.

Medorrhinum

Kennzeichen für Medorrhinum

Bei Säuglingen und Kleinkindern gibt es noch zwei typische Merkmale: Das Kind schläft meist auf dem Bauch und zwar in der Knie-Ellbogen-Lage, d.h., Arme und Beine sind angewinkelt, teilweise ragt der Po in die Höhe; eine hartnäckige Windeldermatitis, die wie Eiterpickel bevorzugt entlang der Schamlippen oder um das Glied herum auftritt und sich bei der Zahnung oder auch nach Impfungen verschärft, kommt dazu.

Calcium phosphoricum

Schnelle große Löcher

Die Zähne entwickeln sich langsam. Tritt Karies auf, vergrößern sich die Löcher sehr schnell. Der Kiefer ist zu eng, die Zähne stehen schief und übereinander. Die oberen Eckzähne wollen häufig nicht durchbrechen. Jetzt hilft Calcium phosphoricum.

Das Kind besitzt einen schwach entwickelten Brustkorb und hervorstehende Schulterblätter. Es hat einen langgestreckten Körperwuchs und leidet wegen seiner Verwertungsstörung an Kalziumphosphat unter Wachstumsschmerzen, besonders in den langen Röhrenknochen.

Schnelle Zahnzerstörung

Wenn die Karies auftritt, kommt es zu einer schnellen Zahnzerstörung, oft in Zusammenhang mit Anämie (Blutarmut). Auch bei Erwachsenen ist das möglich, wenn der Zahnzerfall plötzlich einsetzt, z.B. bei Frauen in der Schwangerschaft oder während der Stillzeit. Die kariösen Zähne schmerzen besonders nach dem Verzehr von Süßigkeiten. Dagegen beugen Sie mit Sepia vor.

Angeborene Zahnschmelzmängel

Fluoricum acidum Ähnlich wie bei Calcium fluoratum weist der Zahnschmelz angeborene Mängel auf, die Zähne stehen oft fächerförmig und bröckeln ab. Die Kinder sind ständig in Bewegung. Sie fallen in einen Erschöpfungszustand, wenn sie nicht hin und wieder Ruhepausen einlegen und ausreichend essen. Geben Sie ihnen Fluoricum acidum.

Karies bei Erwachsenen

Bei den folgenden Krankheitsbildern ist es typisch, daß die Karies meist erst im Erwachsenenalter auftritt. Zusätzlich kommen die bei Kindern angeführten Arzneimittel in Frage. Zur Dosierung siehe Seite 140.

Karies an den Zahnseiten und -wurzeln

Mezereum Die Karies tritt bevorzugt an den Seiten der Zähne oder an den Wurzeln auf.

Die heftigen Zahnschmerzen erstrecken sich zum Ohr, zur Schläfe oder zu den Wangenknochen der jeweiligen Gesichtshälfte und verschlechtern sich nachts. Dagegen gehen Sie mit Mezereum an.

Wenn die Zähne bröckeln

Thuja Die Karies beginnt typischerweise an den Wurzeln, aber auch am Zahnfleischrand oder an den Seiten, der Zahn zerbröckelt schließlich. Der Zahnfleischrand ist sehr schmerzempfindlich.

Am Zungenrand treten weiße Blasen auf, die brennend schmerzen. An der Zunge sind oft Krampfadern sichtbar. Diese Symptome lassen sich mit Thuja beheben.

Karies und Zahnschmerzen

Hekla Lava Bei langwierigen Gesichtsneuralgien durch kariöse Zähne und auch nach dem Zähneziehen hilft Hekla Lava. Bei den Zahnschmerzen ist der Kiefer geschwollen.

Zahnschmerzen

Zahnschmerzen treten häufig nachts oder dann auf, wenn der Zahnarzt gerade nicht erreichbar oder in Urlaub ist. Manchmal muß man auch bis zu dem nächsten Behandlungstermin Stunden oder Tage überbrücken.

Zahnschmerzen werden durch Karies, Zahnzerstörung, heiße oder kalte Speisen und Getränke, aber auch durch Ärger, Angst und Erkältungen ausgelöst.

Homöopathische Mittel können Ihnen behilflich sein, in einigen Fällen den Schmerz zu heilen. In jedem Fall sollten Sie Ihren Zahnarzt sobald wie möglich aufsuchen, um die Beschwerden abklären zu lassen.

Der Schmerz weist auf die Ursache

Meist treten die heftigen Schmerzen bei Zahnkaries durch freiliegendes Zahnbein (Dentin) auf oder durch Entzündungen des Zahnmarks (Pulpa), der Wurzelhaut oder des Kieferknochens.

Wenn die Schmerzen auf Kälte oder Süßigkeiten zunehmen, handelt es sich oft um kleinere Löcher, bei tieferen Löchern verschlechtern oft Wärme, warme Speisen und Getränke den Zustand. Dumpfe Schmerzen beim Kauen weisen oft auf Eiterungen an den Zahnwurzeln hin.

Aconitum

Treten die Zahnschmerzen nach Ärger auf, so heilen Sie sie erfolgreich mit diesem Mittel.

Dosierung
Aconitum LM6, 3 Globuli alle 2 Stunden bis Besserung spürbar, dann in größeren Abständen

Ammonium carbonicum

Das Kauen oder Zusammenpressen der Zähne verursacht Schläge durch Kopf, Ohren, Augen oder Nase. Die Zahnschmerzen erscheinen häufig abends im Bett. Starke Trockenheit in Mund und Rachen kommen dazu.

Antimonium crudum

Zahnschmerzen in faulenden oder hohlen Zähnen, besonders vor der Menstruation und abends im Bett, heilt Antimonium. Die Mundwinkel sind rissig. Die Zunge ist oft dick weiß belegt, wie gekalkt. Das Zahnfleisch weicht von den Zähnen zurück und blutet leicht.

Die Liste der homöopathischen Mittel gegen Zahnschmerzen ist lang. Entscheidend bei der Auswahl sind immer die Begleitumstände.

Allgemeine Dosierung bei Zahnschmerzen: 4 Tage lang 2 mal täglich 5 Globuli oder Tropfen des empfohlenen Mittels.

Argentum nitricum

Schmerzen in gesund erscheinenden Zähnen und ein Geschmack nach Kupfer oder Tinte sind damit zu beheben.

Barium carbonicum

Zahnschmerzen vor oder während der Menstruation, ein anhaltender, brennender Schmerz in der Zungenspitze verweisen auf Barium carbonicum.

Bismutum subnitricum

Schmerzen, die sich durch Mundspülungen mit kaltem Wasser oder durch kalte Getränke bessern, sich aber durch Essen verschlechtern, behebt Bismutum.
Das Zahnfleisch ist dabei geschwollen. Ein Verlangen nach kalten Getränken besteht.

Calcium carbonicum

Zahnschmerzen, ausgelöst durch Zugluft, Lufteinziehen oder durch heiße oder kalte Speisen und Getränke heilt Kalzium.
Manchmal treten die Zahnschmerzen nur beim Kauen auf; auch Zahnschmerzen mit Schwindel und kalten Füßen vor der Periode heilen Sie mit diesem Mittel. Ein anhaltend saurer Geschmack im Mund ist häufig.

Chamomilla

Schmerzen, die sich durch warme Getränke verschlimmern, speziell durch Kaffee, heilt Chamomilla; auch Zahnschmerzen während der Schwangerschaft und nach Ärger.

China

Zahnschmerzen, die sich durch festes Zusammenbeißen der Zähne und durch Wärme von außen bessern, deuten auf China. Die Speisen schmecken dann salzig.

Coffea

Schmerz durch äußere Wärme oder Wärmeanwendung, der besser wird durch Eiswasser im Mund, behebt Coffea.

Colchicum

Ein trockener Mund mit Zungenbrennen deutet auf Colchicum als das geeignete Mittel; Zahnfleisch und Zähne schmerzen. Der Geruch von Nahrungsmitteln erregt Übelkeit bis zur Ohnmacht.

Colocynthis

Zahnschmerzen, die zusammen mit Bauchschmerzen auftreten, heilt Colocynthis.

Dulcamara

Einseitige Zahnschmerzen, die von Seite zu Seite wechseln, behandeln Sie mit Dulcamara.

Nehmen Sie bei Zahnschmerzen nicht unbedingt das Mittel, das schon beim letzten Mal so gut geholfen hat. Die Ursachen und Modalitäten können jetzt ganz andere sein!

Ferrum metallicum

Wenn die Schmerzen besser werden durch eiskaltes Wasser im Mund, dann hilft Ferrum metallicum.

Glonoinum

Pulsierender Zahnschmerz ist mit Glonoinum zu behandeln.

Hekla Lava

Zahnschmerzen mit Schwellungen an den Kiefern heilen Sie am besten mit Hekla Lava.

Auch eine Gesichtsneuralgie durch kariöse Zähne und nach Zahnextraktionen behebt dieses Mittel. Eine Vergrößerung der Kieferknochen ist möglich.

Hypericum

Ziehende oder zerrende Zahnschmerzen, die zu Gesichtsneuralgien mit Depressionen führen, können Sie mit Hypericum heilen.

Ignatia

Zahnschmerzen, die sich nach Kaffeegenuß und Rauchen verschlechtern, heilt Ignatia. Saurer Mundgeschmack ist typisch für dies Mittel.

Der Betroffene beißt sich beim Kauen leicht in Wangeninnenseite oder Zunge.

Kalium phosphoricum

Zahnschmerzen bei leicht blutendem Zahnfleisch mit hellrotem Saum, das schwammig ist und zurückweicht, behebt Kalium. Morgens ist der Mund trocken. Der Atem ist übelriechend bis stinkend.

Lachesis

Schmerz, der zu den Ohren ausstrahlt, besonders linksseitig, behebt Lachesis. Die Zähne sind außerordentlich berührungsempfindlich und sehr empfindlich gegenüber kaltem Wasser sowie gegen Wärme.

Lycopodium

Zahnschmerzen mit Schwellung der Wangen, die durch äußerliche Wärmeanwendungen oder durch Bettwärme gebessert werden, heilt homöopathisch Lycopodium. Zähne sind berührungsempfindlich.

Lycopus

Zahnschmerzen in den unteren Backenzähnen behandeln Sie wirksam mit Lycopus.

Magnesium carbonicum

Zahnschmerzen in der Schwangerschaft sind ein Kapitel für sich. Lesen Sie deshalb auch die Informationen auf Seite 179.

Zahnschmerzen, besonders während der Schwangerschaft, abends im Bett, nachts, in der Kälte und in der Ruhe, heilt Magnesium carbonicum. Schmerzen in den Kieferknochen nachts und in der Ruhe sind damit auch gut zu behandeln. Auch Beschwerden beim Durchbruch der Weißheitszähne sind damit zu beheben. Eine Empfindung, als ob die Zähne zu lang sind, ist ein weiteres Kennzeichen.

Magnesium phosphoricum

Zahnschmerzen durch Hitze und heiße Getränke können Sie mit Magnesium phosphoricum behandeln. Eine Schwellung der Zunge kann hinzukommen. Beschwerden zahnender Kinder heilt dieses Mittel ebenso.

Nux moschata

Zahnschmerzen während der Schwangerschaft behandeln Sie mit Nux moschata. Eine Trockenheit des Mundes und des Halses fällt auf, die Zunge haftet am Gaumen, es besteht kein Durstgefühl.

Plantago

Sehr berührungsempfindliche Zähne und Zahnschmerzen, die sich durch Kälte und Berührung verschlimmern und beim Essen bessern, heilen Sie mit Plantago. Eventuell sind die Zahnschmerzen begleitet von neuralgischen Schmerzen der Augenlider. Ein Gefühl, als seien die Zähne zu lang.

Pulsatilla

Zahnschmerz, der sich durch kaltes Wasser im Mund bessert, behebt Pulsatilla. Ein trockener Mund, kein Durst und das Bedürfnis, den Mund häufig auszuspülen, sind typisch. Häufiger Wechsel des Geschmacks im Mund fällt auf, mal bitter, gallig, fettig, salzig oder faulig. Mundgeruch in der Frühe.

Die Zähne können berührungsempfindlich sein, negativ auf Kälte reagieren, die Schmerzen können beim Essen stärker werden. Achten Sie auf solche Veränderungen.

Rhododendron

Zahnschmerzen bei feuchtem Wetter und vor Sturm heilt Rhododendron. Auch bei einer Trigeminusneuralgie mit heftigen, zuckenden Schmerzen, die von der Schläfe zu den Zähnen des Unterkiefers oder dem Kinn ziehen und sich durch Wärme und Essen bessern, hilft das Mittel.

Spigelia

Reißenden Zahnschmerz, der sich bei den Mahlzeiten und durch Kälte verschlechtert, heilen Sie mit Spigelia.
Auch eine Trigeminusneuralgie, die Augen, Jochbögen, Wangen, Zähne und Schläfen mitbetrifft und sich beim Bücken, bei Berührung sowie von morgens bis Sonnenuntergang verschlechtert, heilen Sie so.

Staphisagria

Zahnschmerzen während der Periode, nach dem Zähneziehen und nach Ärger heilt Staphisagria zuverlässig. Sind die Milchzähne, vor allem im Oberkiefer, schwarz und zerkrümeln, dann hilft es auch.

Sulfur

Zahnschmerzen, die bevorzugt abends im Bett oder nachts auftreten, behandeln Sie mit Sulfur.

Thuja

Zahnschmerzen beim Naseschneuzen, die sich beim Niesen verschlechtern, auch weiße, schmerzhafte Blasen am Zahnfleisch, nahe der Wurzel, heilt Thuja.

Zahnschmerzen nach dem Bohren

Zahnbohrer sind den meisten seit der Kindheit verhaßt. Treten nach dem Bohren noch Zahnschmerzen auf, wird der nächste Zahnarzttermin zur Belastung.

Wer hat auch dies nicht schon einmal erlebt? Endlich ist man zum Zahnarzt gegangen, er ist fündig geworden und hat nach gründlichem Bohren eine neue Füllung gelegt. Doch jetzt erst beginnt das eigentliche Leiden. Der meist ziehende Schmerz nimmt in den folgenden Tagen weiter zu. Der Zahnarzt ist ratlos, und falls die Schmerzen nicht von selbst abklingen, muß er unter Umständen sogar eine Wurzelbehandlung durchführen, den Nerv abtöten.
Hinzu kommt, daß sich solche »toten Zähne« oft problematisch erweisen. Sie können den Energiefluß im Körper stark beeinträchtigen und vielfältige Beschwerdebilder an Organen und Gelenken hervorrufen oder verstärken. Hier helfen homöopathische Arzneien.

Einnahmeempfehlung bei Zahnschmerzen

- 4 Tage lang 2 mal täglich 5 Globuli oder Tropfen des empfohlenen Mittels.
- Bei Zahnschmerzen, die sich erst nach dem Besuch beim Zahnarzt und dem Bohren einstellen, helfen vor allem: Arnica LM6, Nux vomica LM6, Mercurius jodatus flavus LM6, Mercurius solubilis LM6, Sepia LM6.

Bei Zahnfleischverletzung Arnica

Nach Verletzungen des Zahnfleischs beim Zähneziehen hilft Arnica. Die Mundschleimhaut ist trocken, der Patient durstig. Der Atem ist übelriechend, stinkend, und der Geschmack ist wie von faulen Eiern. Der Kopf ist heiß bei kaltem Körper, und der Patient empfindet Körper und Glieder abgeschlagen, als ob ihn eine Dampfwalze überrollt hätte. Er ist schlaflos und unruhig trotz Übermüdung und findet keine bequeme Schlafposition. Er empfindet eine starke Abneigung, den Arzt wieder aufzusuchen und verhält sich entsprechend abweisend.

Bei Kälteempfindlichkeit Nux vomica

Das Zahnfleisch ist weißlich geschwollen und blutet. Die Zähne schmerzen bei kalten Speisen und Getränken, beim Kauen, in kalter Luft oder auch wenn die Luft beim Atmen durch die Zähne streicht. Das Gehen in der frischen Luft bessert häufig die Schmerzen. Auch Aphthen mit blutigem Speichel können auftreten.
Der Patient ist angespannt, beruflich und/oder privat. Er zeigt sich reizbar, ist sehr empfindlich gegenüber Geräuschen, Gerüchen, Licht usw. und fährt bei Lärm oder Zugluft leicht aus der Haut.

Wenn das morgendliche und abendliche Zähneputzen stets zu leichten Blutungen führt, alles Kalte am Zahnfleisch schmerzt und das Kauen unangenehm ist, hilft Nux vomica.

Bei belegter Zunge Mercurius jodatus flavus

Die Zunge ist dick belegt mit gelber Zungenbasis. Der Patient neigt zu starken Anginen, meist ist die rechte Mandel geschwollen und entzündet. Es besteht das dauernde Bedürfnis zu schlucken.

Bei dicker Wange Mercurius solubilis

Die Zahnschmerzen führen häufig zu einer geschwollenen Wange und verschlimmern sich durch kalte Luft, kalte wie warme Getränke, während und nach dem Essen, durch das Kauen, bei feuchtem Wetter, nach dem Waschen – besonders mit kaltem Wasser –, wenn die Luft durch die Zähne gleitet, in der Bettwärme, beim Einschlafen, nachts, durch Erkältungen, Zigarrettenrauch und in der Schwangerschaft. Eine Linderung kann durch Wärme erfolgen.
Der Speichel ist stark vermehrt, trotz des feuchten Munds besteht starker Durst. Das Zahnfleisch ist schwammig, leicht blutend, und ein stinkender Mundgeruch fällt auf. Die Zunge ist oft gelblich belegt und zeigt an ihrem Rand die Eindrücke der Zähne.

Sepia gegen Schmerz bei Süßigkeiten

Die Zahnschmerzen werden durch kalte Luft, in Kälte, bei Berührung und beim Zusammenbeißen der Zähne schlechter, bevorzugt treten diese Art Zahnschmerzen in der Schwangerschaft oder während der Periode auf.
Warme Getränke, heiße Speisen und besonders Süßigkeiten verschlechtern, kalte Getränke lindern oft die Beschwerden.
Die Zunge ist öfter belegt, der Belag verschwindet während der Menstruation.

Entgiftung nach Amalgamentfernung

Die Entfernung von silberamalgamhaltigen Zahnfüllungen ist empfehlenswert.

Die Entfernung von silberamalgamhaltigen Zahnfüllungen ist aus naturheilkundlicher Sicht empfehlenswert. Dies gilt besonders dann, wenn der Patient auch Kronen oder Brücken mit Edelmetallegierungen besitzt, weil aufgrund der elektrochemischen Spannungsreihe dann verstärkt hochgiftiges Quecksilber aus den Füllungen freigesetzt wird und in den Körper gelangt. Ferner fließt zwischen den unterschiedlichen Metallen im Mund Strom, der verschiedenste Beschwerdebilder und Erkrankungen – z. B. Verspannungen im Schulter-Nacken-Bereich, Schilddrüsenfehlfunktionen, Veränderungen des Herzschlagrhythmus, Allergien und Hautausschläge, Hormonstörungen – auslösen kann.

Maßnahmen zur Entgiftung

Während bzw. nach der Entfernung der schwarzgrauen Füllungen werden verschiedene Entgiftungsmaßnahmen empfohlen:

- Die chemische Substanz DMSO, die Quecksilber und andere Schwermetalle aus den Körpergeweben herauszieht und über die Nieren ausscheidet.
- Die naturheilkundliche Entgiftung: ca. 1 Stunde vor dem Zahnarzttermin und möglichst bald nach der Behandlung trinken Sie je 1/4 Liter Vollmilch; die Milch nimmt den trotz des Absaugens in den Magen gelangten Silberamalgamstaub auf.
- Berberis D3, 20 Milliliter: 3 mal 10 Tropfen, beginnen Sie die Entgiftung am Tag vor dem Zahnarzttermin, und nehmen Sie das Mittel so lange, bis das Fläschchen aufgebraucht ist. Die Flüssigkeit behalten Sie 1 Minute im Mund, dann schlucken Sie sie herunter.
- Zinktabletten: 1 mal 1 Tablette 14 Tage lang einnehmen.
- Selenhaltige Arzneimittel: z. B. Cefaseltropfen, 3 mal täglich 15 Tropfen vor den Mahlzeiten 14 Tage lang einnehmen.
- Vitamin C (= Ascorbinsäure): 2 mal täglich 1 Gramm; unbedingt zeitversetzt, also mindestens eine Stunde nach dem Selenpräparat, weil sonst dessen Aufnahme gestört wird.
- Reichlich Flüssigkeit: 1,5–2 Liter Mineralwasser oder Kräutertees sollten Sie während der Ausleitungskur täglich trinken.
- Die homöopathische Entgiftung mit der Nosode Silberamalgam als KUF-Reihe oder mit Mercurius solubilis.

Vorsicht bei der homöopathischen Entgiftung

Von der pauschalen, homöopathischen Anwendung von Silberamalgam oder Mercurius solubilis ist unbedingt abzuraten.

Denn für die Beschwerden des Patienten können neben Quecksilber (Mercurius) genauso alle anderen Metalle wie Kupfer (Cuprum), Zink (Zincum), Zinn (Stannum) und Silber (Argentum) in Frage kommen, die in den handelsüblichen Silberamalgamlegierungen enthalten sind.

Gold und Platin

Bei vorhandenen Goldkronen oder -brücken und silberamalgamhaltigen Füllungen müssen auch noch die Edelmetalle Gold (Aurum) und Platin (Platinum) berücksichtigt werden.

Der Einsatz des jeweiligen Metalls in homöopathischer Zubereitung erfolgt nach den Regeln der klassischen Homöopathie nur dann, wenn die Beschwerden des Patienten dem Arzneimittelbild dieses Metalls ähnlich sind.

Gehen Sie zum Homöopathen

Die Mittel sollten aufgrund ihrer tiefgreifenden Wirkung nur auf Verordnung eines klassischen Homöopathen angewandt werden.

Wollen Sie sich amalgamhaltige Zahnblomben entfernen lassen, um eine Schwermetallvergiftung Ihres Körpers auszuschließen, muß anschließend eine Gewebeentgiftung erfolgen.

Mercurius solubilis

Ein übelriechender Mundgeruch, metallischer, saurer Geschmack im Mund, schwammiges, geschwollenes, leicht blutendes Zahnfleisch und eine geschwollene Zunge mit Zahneindrücken verweisen auf Mercurius solubilis als geeignetes Mittel. Reichlicher Speichelfluß, zeitweise auch blutig, vor allem nachts, ist typisch. Die gesunden Zähne werden locker. Starker Durst besteht bei feuchtem Mund.

Weitere Merkmale: Schwellung und eitrige Entzündung der Mandeln, reichliche Schweißausbrüche, die keine Erleichterung be-

Führen Sie eine Metallentgiftung niemals allein durch! Besprechen Sie sich mit einem erfahrenen Homöopathen.

wirken, übelriechender Körpergeruch, Hautjucken, schmerzhafter Harn- und Stuhldrang, Zittern, besonders der Hände, Gedächtnisschwäche und mangelnde Willenskraft, Angstzustände, Furcht, den Verstand zu verlieren, Depressionen, Selbstmordgedanken.

Argentum metallicum

Große Schwäche der Brust, besonders linksseitig, eine heisere und leise Stimme und Husten beim Lachen deuten auf Argentum metallicum.

Weitere Merkmale für dieses Mittel: Schwindel, Zittern, Ohrensausen, anfallartige Neuralgie der linken Kopfseite, die schleichend beginnt und plötzlich endet, Herzklopfen durch plötzliche körperliche Anstrengung, beim Liegen auf dem Rücken, während der Periode, während der Schwangerschaft, lästiges Herzklopfen oder Arrhythmien, die durch Seufzen gebessert werden, große Vergeßlichkeit, Angstträume, Verlust des seelischen Gleichgewichts.

Aurum metallicum

Fauliger oder käsiger Mundgeruch, ein bitterer, fader oder fauliger Geschmack im Mund, ein Geschmack wie Milch oder wie verdorbenes Wild verweist Sie auf Aurum metallicum als gutes Mittel zur Entgiftung.

Weitere Merkmale: Geschmacksverlust, Zahnfleischfisteln, Lockerung der Zähne, ein Gefühl, als ob das Herz zwei oder drei Sekunden aufhöre zu schlagen, extreme Lichtempfindlichkeit, Halbsichtigkeit, die obere Hälfte von Gegenständen wird nicht gesehen oder erscheint verdunkelt; drückender, ringförmiger Kopfschmerz wie von einer Krone; Überempfindlichkeit gegenüber Geräuschen, tiefe Niedergeschlagenheit mit erhöhtem Blutdruck, Lebensüberdruß. Der Betroffene spricht von Selbstmord.

Cuprum metallicum

Speichelfluß mit stark metallischem, schleimigem Geschmack, eine Zungenlähmung und Verkrampfung der Kiefer mit blauen Lippen und Schaum vor dem Mund deuten auf Cuprum metallicum.

Weitere Merkmale: Spastische Bronchitis, ein Gefühl des Zusammengeschnürtseins in der Brust, Erstickungsanfälle, die sich durch kalte Getränke bessern; Magenschmerzen mit Krämpfen, Koliken und Erbrechen, das sich durch Trinken von kaltem Wasser bessert; Krämpfe in Waden und Fußsohlen; Zuckungen der Finger und Zehen bis zu Krämpfen; körperliche und geistige Erschöpfung. Der Patient gebraucht Wörter, die er gar nicht so meint.

Immer mehr Menschen klagen über chronische Erkrankungen und allergische Reaktionen, die von Schwermetallen im Körper verursacht sein können.

Zincum metallicum

Lockere Zähne, Zahnfleischbluten und Zähneknirschen sind Symptome, die an Zincum metallicum denken lassen.
Weitere Merkmale: Eierstockschmerzen und Menstruationsbeschwerden mit Ruhelosigkeit, Depressionen, Kältegefühl, Schmerzhaftigkeit der Wirbelsäule und ruhelosen Füßen; sehr große Erschöpfung, dennoch ein unaufhörliches, heftiges Unruhegefühl in den Füßen und Beinen; der Patient muß sie dauernd bewegen; allgemeines Zittern oder Zucken verschiedener Muskeln, lautes Schreien nachts im Schlaf, ohne es zu wissen.

Platinum metallicum

Trigeminusneuralgie, Kälte, ein Krabbelgefühl und Taubheit in der gesamten rechten Gesichtshälfte verweisen auf Platinum zur Entgiftung.
Heißhungeranfälle, veränderte Wahrnehmung, d.h., Gegenstände erscheinen kleiner, sind weitere Merkmale.

Stannum metallicum

Neuralgische Kopfschmerzen, die bis zu einer bestimmten Intensität langsam zunehmen und dann allmählich wieder abnehmen, sind Symptome, die auf Stannum deuten.

Weitere Merkmale für Stannum metallicum als geeignetes Mittel: Magen-, Nabel- und Unterleibskoliken, die durch starken Druck erleichtert werden; Erbrechen durch Küchengeruch; Husten mit Wundheits- und Schwächegefühl in der Brust, so daß der Patient vor Schwäche kaum sprechen kann; große Niedergeschlagenheit, der Betroffene ist entmutig.

SCHWANGERSCHAFT UND WOCHENBETT

Trotz allen Fortschritts in der Medizin und trotz aller medizinischer Forschung müssen noch immer Frauen die Kinder gebären. Und das ist nicht selten mit zahlreichen Belastungen, körperlichen wie psychischen Umstellungen und leider auch mit Schmerzen verbunden. Samuel Hahnemann stellt eine ganze Reihe probater Arzneien zur Verfügung, um die Spanne bis zur Geburt und die ersten Wochen für die junge Mutter erträglicher zu gestalten.

Homöopathie für Frauen

Die hormonelle Umstellung führt bei vielen Frauen zu Übelkeit und Erbrechen in den ersten Schwangerschaftsmonaten, zu den ausgefallensten Gelüsten und Heißhungerattacken, die dem Körper nicht immer guttun. Auch über weitere Beschwerden in der Schwangerschaft werden Sie in diesem Kapitel informiert.

Mit Rücksicht auf die Gesundheit des heranreifenden Kindes und die der Mutter sind hier chemisch hergestellte Medikamente nicht gefragt. Deshalb ist gerade in diesen neun Monaten die Homöopathie von größter Bedeutung. Hilft sie doch ohne schädliche Nebenwirkungen auf ganz natürliche Weise.

Bei allen Beschwerden in der Schwangerschaft gilt – soweit nicht anders angegeben – die Dosierungsvorschrift: Potenz LM 18, 1 mal täglich 5 Globuli 15 Minuten vor dem Frühstück.

Blasenbeschwerden

Es könnte sein, daß Sie zu Beginn und am Ende der Schwangerschaft mit Müh und Not gerade noch die rettende Toilette erreichen: Die Gebärmutter vergrößert sich, der Druck auf die Blase wird immer stärker. Nehmen Sie es bitte mit Gelassenheit!

Stellen Sie sich auf Blasenprobleme ein

- Essen Sie keine Zitronen und ähnliche Südfrüchte mehr.
- Trinken Sie sehr viel Wasser – das sollten Sie sowieso tun, nicht nur, wenn Sie ein Baby erwarten.

Heftiger Drang – wenige Tropfen: Cantharis

Cantharis ist ein Spezialmittel bei Beschwerden der Blase, Niere, Harnröhre usw. Anzuwenden ist es bei heftigem Drang, der lange anhält, wobei nur ein paar Tropfen ausgeschieden werden, zuweilen ist der Gang zur Toilette von brennendem, schneidendem Schmerz begleitet. Kreuzschmerzen sind möglich.

Nux vomica bei Krämpfen

Krampfartige Beschwerden sind beim Wasserlassen häufig und schmerzhaft. Nur ein paar Tropfen werden ausgeschieden. Jetzt hilft Nux vomica, das Brennen in Harnröhre und Scheide zu beheben und die permanenten Toilettengänge wieder einzuschränken.

Juckreiz

Die hormonelle Umstellung während der Schwangerschaft kann Hautjucken verursachen; und die gleichzeitige Venenbelastung führt häufig zu Krampfadern.

Juckreiz, überall, am ganzen Körper kann die Schwangerschaft belasten, ist die Hautirritation doch eine lästige Plage. Wichtig zu Ihrer Beruhigung: Der Juckreiz ist nicht krankhaft und verschwindet nach der Geburt wieder – auch wenn die Medizin bis heute noch keinen klaren Grund für ihn nennen kann. Nehmen Sie gegen das unangenehme Jucken Ichthyolum C3, 3 mal 2 Globuli.

Krampfadern

Eine Gewebeschwäche ist die Ursache für Krampfadern; sie treten bei Schwangerschaften ziemlich häufig auf: Die immer größer werdende Gebärmutter verhindert das Aufwärtsfließen des Bluts aus den Beinen Richtung Herz, die Adern in Unter- und Oberschenkeln erweitern sich und bilden Krampfadern.

Hilfen bei Krampfadern

- Umschläge mit Hamamelistinktur bringen oftmals Linderung.
- Die Schulmedizin gibt den Rat, möglichst häufig die Beine hochzulegen. Außerdem empfiehlt sie Gummistrümpfe.
- Homöopathisch helfen Apis mellifica, Arnica, Calcium fluoratum, Carbo vegetabilis, Graphites, Hamamelis, Pulsatilla, Zincum metallicum.

Apis bei brennendem Schmerz in den Beinen

Wie immer bei Apisbehandlungen muß der Schmerz brennend und stechend sein, bei Krampfadern kommen noch charakteristische Schwellungen hinzu. Die Schmerzen verschlimmern sich durch Wärme, jedoch lindern kalte Umschläge, z.B. Essigumschläge, die Beschwerden.

Kein Durst, starke Unruhe, Traurigkeit sind weitere Anzeichen für Apis mellifica als das geeignete Mittel. Eine Verschlechterung stellt sich in der Wärme ein.

Gönnen Sie Ihren beanspruchten Beinen in diesen neun Monaten besonders viel Ruhe und Erholung. Hamamelis hilft gegen die Schmerzen.

Hamamelis gegen Schmerz und Empfindlichkeit

Bei schmerzhaften Krampfadern jeglicher Art hilft Hamamelis gut, oft sind die Venen hart und berührungsempfindlich. Ein Gefühl, als würden sie bersten, ist charakteristisch. Die Knoten jucken und brennen.

Pulsatilla gegen blaue, angeschwollene Venen

Die Venen sind deutlich sichtbar gestaut, sie sind bläulich und besonders abends schmerzhaft angeschwollen.

Schlechter wird der Zustand abends und in warmen Räumen, besser in frischer Luft und im Freien. Die Schwangere mag kein Fett. Auch langsame Bewegungen deuten auf Pulsatilla als das helfende Mittel.

Calcium fluoratum für das Bindegewebe

Calcium fluoratum ist ein Bindegewebsmittel und wird bei allen Arten von Bindegewebsschwäche eingesetzt. Die Schwangere hat ein großes Bedürfnis, die Beine hochzulegen. Sie streckt nachts die Beine aus dem Bett; da Kälte aber nicht vertragen wird, werden sie schnell wieder zurückgezogen.

Carbo vegetabilis bei kalten Unterschenkeln

Kohle, normalerweise homöopathisch ein Magen- und Darmmittel, wird im speziellen Fall bei Krampfadern eingenommen, die sich auf die Venen der äußeren Geschlechtsorgane erstrecken. Das Wasserlassen tut sehr weh. Die Symptome verschlimmern sich bei warmfeuchter Luft und durch Essen. Die Schwangere hat einen großen Widerwillen, schon gegen den Geruch von Essen.

Nicht nur die Beinvenen sind in der Schwangerschaft stark belastet; auch die Venen der Geschlechtsorgane werden strapaziert; da hilft Arnica.

Arnica bei großer Zerschlagenheit

Wenn große Zerschlagenheit das charakteristische Symptom ist, dann hilft Arnica. Das Bett wird als bretthart empfunden. Die Patientin möchte in Ruhe gelassen werden. Sind auch die Venen der Geschlechtsorgane in Mitleidenschaft gezogen, ist Arnica das Mittel der Wahl.

Zincum metallicum gegen unruhige Beine

Zink ist ein Nerven- und Zittermittel. Die Patientin kann die Beine keine Sekunde lang ruhig halten. Besserung stellt sich deshalb im Freien und bei Bewegung ein. Typisch ist auch eine Empfindlichkeit der Fußsohlen, Brennen und Hitze.

Graphites gegen Ausschläge

Ein Mittel bei Ausschlägen am ganzen Körper ist Graphites. Kommen diese Ausschläge als kleine, juckende Pickel auf Krampfadern vor, sollten Sie dieses Mittel versuchen. Es wirkt langsam.

Die Graphites-Frau

Graphites-Typen sind langsam, unentschlossen, und meistens frieren sie. Brüchige, verdickte Finger- und Zehennägel zeichnen diese Frauen aus.
Risse an den Fingerspitzen, in den Mundwinkeln, am After weisen ebenfalls auf Graphites hin.

Morgenübelkeit und Schwangerschaftserbrechen

Homöopathische Mittel bei Schwangerschaftserbrechen: Ipecacuanha, Nux vomica, Sepia.

Wenn der Tag schon so schlecht beginnt, daß Sie am liebsten gar nicht aufstehen möchten, wie soll es dann erst mittags und abends werden? Doch Sie sollen in der Schwangerschaft nicht leiden!
Drei Arzneien können wir Ihnen empfehlen, den Tag besser zu überstehen.

Sepia bei Morgenübelkeit

Wenige Symptome sind für eine Schwangerschaft so typisch wie die Morgenübelkeit, besonders vor dem Frühstück. Übelkeit schon beim Anblick, beim Riechen von Nahrungsmitteln überfällt die Schwangere schon kurz nach dem Aufstehen. Hier kann Sepia helfen.Die Sepia-Frau hat ein Verlangen nach Saurem. Der Magen fühlt sich leer an, auch wenn sie etwas zu sich genommen hat. Fleisch und gekochte Milch verträgt sie überhaupt nicht. Abends wird alles jedoch besser.

Übelkeit und Brechreiz gehören für manche Schwangere genauso zum Kinderkriegen wie die Vorfreude auf das Baby. Sepia, Ipecacuanha und Nux vomica helfen.

Ipecacuanha bei wiederholter Übelkeit

Bei ständiger Übelkeit, nicht nur morgens, hilft Ipecacuanha. Auch bei Verlangen nach Pralinen, Eis, Obst und wenn alles durcheinander gegessen wurde. Trotz Erbrechen bleibt die Zunge merkwürdigerweise sauber, aber es wird unglaublich viel Speichel produziert. Die Leidende ist zudem reizbar und dauernd empört.

Nux vomica bei Brechreiz mit saurem Geschmack

Nux vomica, die Brechnuß, macht ihrem Namen alle Ehre: Kleinste Mengen, homöopathisch potenziert, lindern Brechreiz und Übelkeit, verbunden mit einem sauren Geschmack im Mund, der hauptsächlich nach dem Frühstück auftaucht.

Der Magen kann sehr empfindlich sein gegen Druck. Nux vomica ist ideal für mürrische, gereizte, meist auch sehr gehetzte Frauen, die Lärm oder Gerüche nicht ertragen können. Häufig leiden sie an starken Blähungen und Verstopfung.

Rückenschmerzen

Homöopathische Mittel für Schwangere mit Rückenschmerzen: Aesculus, Aletris farinosa, Bryonia, Cocculus, Kalium carbonicum, Rhus toxicodendron.

Schmerzen im Rücken kommen während der Schwangerschaft häufig vor, zwangsläufig weil das Baby immer schwerer wird. Außerdem lockern sich die Beckenmuskeln ein ganz klein wenig.

Aesculus bei dumpfen Rückenschmerzen

Langanhaltenden, dumpfen Schmerz im unteren Teil des Rückens und in den Hüften beheben Sie mit Aesculus. Eine Verschlechterung der Beschwerden kann eintreten, wenn Sie sich vom Sitzen erheben.

Bryonia bei Rückenschmerzen in Bewegung

Ein Steifigkeitsgefühl im Rücken, ziehende, spannende, auch reißende Schmerzen lindern Sie mit Bryonia. Eine Besserung erfolgt beim Liegen auf dem Rücken.

Rhus toxicodendron bei Rückenschmerzen durch Überdehnung

Rhus toxicodendron, das »Möbelpackermittel«, hilft ebenso bei Steifigkeit mit oder ohne Schmerzen, bei Rückenschmerzen, die durch Bewegung oder längeres Laufen besser werden.

Aletris bei Rückenschmerzen mit Erbrechen

Wenn zu den Schmerzen auch noch Erbrechen hinzukommt, hilft Aletris farinosa. Auch bei Gebärmuttersenkung in Verbindung mit Kreuzschmerzen kann man es anwenden.

Je größer der Bauch wird, um so stärker melden sich Rückenschmerzen; machen Sie ausgleichende Schwangerschaftsgymnastik, und nehmen Sie Kalium carbonicum.

Cocculus bei Rückenschmerzen und Melancholie

Cocculus ist eigentlich ein bewährtes Mittel gegen Reiseübelkeit. Aber auch in der Schwangerschaft tut es gute Dienste bei Rückenschmerzen mit gleichzeitigem Erbrechen. Weitere Kennzeichen für dieses Mittel: Zusammenziehen der Glieder, Traurigkeit, die Zeit vergeht zu rasch.

Rückenschmerz am Nachmittag

Stechende Schmerzen, sehr starke, hauptsächlich zwischen drei und fünf Uhr nachmittags, sind ein Zeichen für Kalium carbonicum. Eine

Homöopathisch in der Schwangerschaft behandeln

- Wenn Sie Globuli einnehmen und Sie haben sich eine grössere Anzahl in die Hand geschüttet als verordnet, die überzähligen wegwerfen. Geben Sie sie nicht wieder in das Fläschchen zurück, die Wirkung wird dadurch eingeschränkt.
- Bitte trinken Sie während einer homöopathischen Behandlung keinen Kaffee.
- Verwenden Sie in dieser Zeit keine stark riechenden Essenzen, und lutschen Sie keine mentholhaltigen Bonbons.

Verschlechterung kann auch nach dem Aufstehen, abends nach dem Zubettgehen oder beim Liegen auf der schmerzhaften Stelle auftreten. Große Erschöpfung ist typisch.

Seltsame Gelüste

Wenn seltsame, nie gekannte Eßgelüste den Tagesablauf stören und Übelkeit und Erbrechen die Folge sind, lohnt es sich, die Homöopathie zu Hilfe zu rufen. Wir haben die typischen Gelüste aufgelistet, von Alkohol bis Zucker, und ihnen die jeweiligen homöopathischen Mittel zugeordnet.

Ein Verweis auf Asarum europaeum ist eine starke Sensibilität, hohe Empfindlichkeit gegen Kratzen auf Seide, Papier usw.

Alkohol: Asarum europaeum

Übermäßiges Verlangen nach Alkohol jeglicher Art, Übelkeit nach dem Essen, große Schwäche, Kältegefühl, starkes Aufstoßen, viel kalten und wäßrigen Speichel beheben Sie mit Asarum europaeum.

Bier und andere alkoholische Getränke: Nux vomica

Leider sind Bier und sonstiger Alkohol während der Schwangerschaft verboten. Doch ein Dämmerschoppen scheint der Patientin, die Nux vomica braucht, zu helfen. Dann erst kann sie richtig essen. Aber um drei Uhr nachts wacht sie auf, und wenn es Zeit zum Aufstehen ist, wird ihr schlecht. Sie leidet auch sehr unter Verstopfung. Hier hilft Nux vomica, die Lust auf Bier und anderen Alkohol zu stoppen und die Magen- und Darmprobleme zu heilen.

Heißhungerattacken während der Schwangerschaft sind eine Herausforderung für das innere Standvermögen, denn Sie sollten jetzt nicht beliebig viel essen und trinken.

Nux-vomica-Typen

Eigentlich ist Nux vomica ein typisches Männermittel. Aber auch Frauen, zumal in der Schwangerschaft, müssen sich immer mehr mit Nux-vomica-Symptomen plagen: Keine Zeit, keine Zeit.
Die Nux-vomica-Frau nimmt sich viel zu viel vor und hat deshalb keine Muße mehr für sich selbst. Unvorhergesehene Störungen und Belastungen bringen sie vollkommen aus dem Gleichgewicht. Wenn sie sich geärgert hat, spuckt sie Galle. Sie ist aggressiv. Und sie ist empfindlich gegen Gerüche, Geräusche, Licht. Meist handelt es sich zudem um Morgenmuffel.

Bitte bedenken Sie, daß die Wertigkeit der geschilderten Symptome sehr verschieden sein kann. Die Tabelle stellt lediglich eine Richtschnur dar.

Für jeden Heißhunger das passende Mittel

Heißhunger auf	Wichtigste homöopathische Mittel
Äpfel	Tellurium
Alles mögliche	Abies nigra
Alles mögliche, aber schon der Geruch verursacht Übelkeit	Colchicum
Alkohol	Asarum europaeum
Alkohol und Muscheln	Lachesis
Bier, Alkohol	Nux vomica
Cognac	Arsenicum album
Eis, eiskalte Getränke	Phosphor
Fleisch	Magnesium carbonicum
Fleisch, geräuchert	Calcium phosphoricum, Tuberkulinum
Gummibärchen	Pulsatilla
Käse und saure Nahrungsmittel	Ignatia
Kein Fisch, kein Fleisch	Colchicum
Kekse, Kuchen, saure Speisen	Pulsatilla
Lakritze	Natrium muriaticum
Milch	Arsenicum album, Apis
Mohrenköpfe	Lycopodium
Pralinen	Ipecacuanha
Salate	Sulfur
Salz	Natrium muriaticum
Salz, salzige Speisen	Carbo vegetabilis
Sauerkraut	Chamomilla
Saures, stark Gewürztes	Hepar sulfur
Schnapspralinen	Sulfur
Stark gewürzte Nahrungsmittel	Nux moschata

Heißhunger auf	Wichtigste homöopathische Mittel
Schokolade	Lycopodium, Sulfur, Argentum nitricum
Speck	Calcium phosphoricum, Tuberkulinum
Stimulanzien (Alkohol, Kaffee, Tabak)	Capsicum
Süßigkeiten, fette Nahrungsmittel	Sulfur
Süßigkeiten, ab und zu	Argentum nitricum
Süßigkeiten, ständig	Alfalfa
Tabak	Caladium
Tintenfisch	Sepia
Wein	Hypericum
Wurst	Causticum
Zucker	Argentum

Eis und eiskalte Getränke für die Phosphor-Frau

Ohne kalte Getränke ist für die durchsichtige, aus ihren Augen leuchtende, phosphorisierende Frau die Schwangerschaft offenbar kaum erträglich. Sie braucht die eiskalten Flüssigkeiten, kalte Milch direkt aus dem Kühlschrank, auch große Portionen Eis, weil sonst ihre Verdauung nicht in Gang kommen kann.

Je nach ihrem Konstitutionstyp verhält sich jede Frau während der Schwangerschaft individuell. Akzeptieren Sie Ihre Launen, solange sie Ihre Gesundheit nicht angreifen.

Die Phosphor-Frau mag es heiß

Lauwarmes verursacht fast sofortiges, oft wäßriges Erbrechen. Eine ganz heiße Suppe jedoch bekommt ihr sehr gut. Sie schlingt sie hinunter, aus Angst, die Suppe würde abkühlen. Am liebsten würde sie mehrmals täglich einen ganzen Teller voll essen. Die Phosphor-Frau gibt viel an Gefühl und Leidenschaft, braucht aber auch selbst Zuneigung und Liebe. Auch wenn sie mehrmals täglich große Mahlzeiten zu sich nimmt, bleibt sie schlank. Aufstoßen nach unverdauter Nahrung ist möglich. Die Symptome treten oft urplötzlich und unvermittelt auf. Hier hilft Phosphor.

Dosierung in der Schwangerschaft

Wenn nichts anders angegeben, nehmen Sie bei allen Behandlungen in der Schwangerschaft und im Wochenbett stets von der Potenz LM18 als Globuli oder Tropfen, 1 mal 5 täglich 15 Minuten vor dem Frühstück.

Fleisch: Magnesium carbonicum

Lust auf Fleisch, besonders zu Beginn der Schwangerschaft, begegnen Sie mit Magnesium carbonicum. Saures Aufstoßen und Erbrechen von bitterem Wasser sind möglich. Die Betreffende möchte viel kaltes Wasser und säuerliche Getränke zu sich nehmen oder saures Obst essen.
Im späteren Verlauf der Schwangerschaft kann sich der Wunsch nach Fleisch in das Gegenteil verkehren: Sie kann Fleisch jetzt nicht mehr sehen.
Diese Frauen sind sehr nervös, zittrig, ängstlich; empfindlich gegen die leiseste Berührung. Neuralgien sind nicht selten.

Eine Schwangerschaft ist etwas ganz Natürliches. Lassen Sie sich aber nicht durch die seltsamen Gelüste, die durch die hormonelle Umstellung ausgelöst werden, verführen.

Käse: Ignatia

Käse ist das Leibgericht all der Schwangeren, für die Ignatia das geeignete Mittel ist: Schafskäse, Ziegenkäse, Emmentaler... Ebenso lieben sie saure Speisen.
Im Magen haben sie dann ein Gefühl, als ob er absinken würde – tiefes Einatmen hilft. Starke Blähungen sind typisch, und ein Leeregefühl wird auch nach dem Essen kaum besser. Nach dem Stuhlgang schmerzt der Anus, als würde sich der Darmausgang einschnüren.

Die einen greifen zu Käse und Saurem, die anderen zu Kuchen. Neun Monate lang gelten für Schwangere innere Richtlinien, die für Männer nur schwer begreifbar sind.

Gegen Kummer ist ein Kraut gewachsen

Ignatia ist auch ein ausgesprochenes Kummermittel, es hilft gegen das ständige Seufzen, gegen die Trauer, gegen den schier unstillbaren Kummer, der manche Schwangere durch hormonelle Umstellungen heimsucht.

Kekse, Kuchen, saure Sachen: Pulsatilla

Die Pulsatilla-Frau verschlingt zuweilen unglaubliche Mengen Süßigkeiten, die sie aber überhaupt nicht verträgt. Sie ist dann völlig verzweifelt. Saure Getränke, auch Bier, bekommen ihr dagegen recht gut. Trotzdem hat sie kaum Durst. Fette Speisen findet sie gräßlich, auch Fleisch und Milch lösen Ekel aus.

Frische Luft gegen die Tränen

Die Pulsatilla-Frau wird durch die Schwangerschaft erst richtig schön. Nur weint sie sehr viel, oft unvermittelt. Trost hilft ihr sehr. Dummerweise ändern sich die Symptome ständig, man weiß überhaupt nicht, was ihr in Wirklichkeit fehlt. Aber: An der frischen Luft wird alles besser!

Milch: Arsenicum album

Wenn zu dem speziellen Verlangen nach Milch und Brot – manchmal auch nach Senf und anderen scharfen Genüssen – die rigorose Ablehnung aller übrigen Nahrungsmittel kommt, dann hilft Arsenicum album. Schon der Geruch von Speisen verursacht den Betroffenen Übelkeit. Die Schwangere möchte viel trinken, besonders Wasser, schafft es aber nur in kleinen Schlucken. Das Wasser liegt dann schwer im Magen.

Schwäche und Angst

Ein Gefühl großer Schwäche und Erschöpfung stellt sich schon nach kleinsten Anstrengungen ein; die Arsenicum-album-Frau leidet unter Todesangst, möchte nicht alleingelassen werden. Auf der anderen Seite machen sie Schlampigkeit oder eine unaufgeräumte Wohnung ganz krank.

Pralinen: Ipecacuanha

Wer sich jetzt von kalorienreichen Süßigkeiten oder Fettem angezogen fühlt, sollte selbst auf die Eßbremse treten; Völlerei ist weder für die werdende Mutter noch für das Kind gut.

Pralinen, Eis, Obst, Torten: Alles wird hineingestopft. Dann wird der Ärmsten elend schlecht. Ihr ist sowieso dauernd übel, auch wenn sie sich erbrochen hat.
Die Zunge ist trotzdem sauber, der Mund produziert viel Speichel. Der Magen fühlt sich aber schlaff und lappig an.

Quälende, schneidende Schmerzen plagen um den Nabel. Jetzt hilft Ipecacuanha.

Die Schwangere ist reizbar, sie verachtet sich und alle anderen. Und sie ist dauernd empört.

Fett: Sulfur

Salat mit Öl, Salat mit sehr viel Öl, Salat mit Sahne, Salat mit sehr viel Sahne ist gefragt. Aber auch Süßigkeiten und fette Speisen sind begehrt. Nudeln, Brot, Milch verursachen Sodbrennen. Hier hilft Sulfur.

Hunger um elf Uhr vormittags

Hunger beherrscht neun Monate das Leben! Merkwürdigerweise muß diese Schwangere immer um elf Uhr vormittags – Sulfurbeschwerden verschlimmern sich charakteristisch um diese Zeit – essen, was gerade im Hause ist. Dazu muß sie ein Bierchen trinken, das ihr aber gar nicht bekommt. Sie muß dann brechen und hängt herum bis zum Abend. Erst dann geht sie mit Schwung an die Arbeit. In diesem Fall hilft Sulfur.

Die Sulfur-Frau

Sie hat während der Schwangerschaft eine schwierige Zeit zu bestehen, weil sie recht chaotisch ist. Sie schläft ganz wenig und mit viel Unterbrechungen. Sie fängt vieles an, was sie aber nicht zu Ende führt. Sie sammelt die scheinbar unmöglichsten Dinge und stapelt sie in der Wohnung. Hitzewallungen machen ihr zu schaffen, ihre kalten Füße ebenfalls.

Wenn Sie während der Schwangerschaft wenig schlafen, unter Hitze, aber auch unter kalten Füßen leiden, dann sind Sie vielleicht generell ein Sulfur-Typ.

Lust auf Bitteres: Natrium muriaticum

Lust auf bittere Aperitifs, auf alle Bitterstoffe deutet auf Natrium muriaticum als Heilmittel. Die Speisen werden kräftig gesalzen, aber auch Schokolade ist diesen Frauen etwas Wunderbares.Sie haben kaum Appetit, aber unglaublichen Hunger. Eine Abneigung gegen Brot, gegen alles Schleimige, Austern etc. existiert.

Große Schwäche und große Müdigkeit ist für diesen Typ charakteristisch. Trost jedoch verschlimmert die Situation nur.

Sauerkraut: Chamomilla

Die typische Chamomilla-Frau ißt während der Schwangerschaft ungeahnte Mengen Sauerkraut, trinkt literweise Sauerkrautsaft. Das so verursachte Aufstoßen ist schmerzhaft.

Manchmal könnte diese Schwangere allein schon vor Übelkeit ohnmächtig umfallen. Außerdem hat sie immer Durst. Ihr hilft zuverlässig Chamomilla.

Chamomilla-Frauen maulen

Typisch ist das viele Nörgeln, sie hat an allen etwas auszusetzen, auch an ihrem Mann, für den die neun Monate Schwangerschaft zur Nervenprobe werden können.
Chamomilla ist ein ganz spezielles Kinder- und Frauenmittel. Allen empfindsamen, reizbaren Menschen hilft es.

Tintenfisch: Sepia

Tintenfisch mag Tintenfisch, und Sepia wird aus der Tinte des Tintenfischs gewonnen. Manchmal aber verträgt ihn die Sepia-Frau überhaupt nicht. Sie liebt hauptsächlich Saures, z. B. Essig, aber auch Süßes. Viele leckere Sachen kann sie plötzlich überhaupt nicht mehr sehen, schon der Gedanke daran – oder der Geruch – bewirkt totale Übelkeit. Fleisch haßt sie, ebenso gekochte Milch.

Nach dem Aufstehen ist ihr übel, wenn sie frühstückt, wird es besser. Aber nur kurz. Dann geht alles wieder von vorn los. Sie muß etwas essen, obwohl sie gar nicht daran denken mag, und dann wird ihr wieder schlecht.

Der klassische Sepia-Typ

Die Sepia-Frau stellt, homöopathisch gesehen, den Gegenpol zur Pulsatilla-Frau dar – körperlich und auch seelisch. Wo die Pulsatilla-Frau rundlich wird, nimmt die Sepia-Frau ab und wirkt manchmal geradezu eckig. Kältegefühl, sogar in warmen Räumen, ist typisch für sie. Auch findet sie die Zeit der Schwangerschaft lästig, sie kommt anfangs – und manchmal auch noch später – mit ihrem Baby gar nicht zurecht. Sie ist ständig gereizt und hat an ihrem Zustand wenig Freude. Abends allerdings wird sie lebendig, abends sieht alles für sie durchaus ertragenswert aus.

Wurst: Causticum

Causticum hilft auch bei manchen Lähmungserscheinungen, z. B. beim Wegbleiben der Stimme.

Wurstwaren aller Art sind das einzige, was die Schwangere essen kann und mag. Gibt es keine Wurst, schüttet sie Unmengen Salz in ihre Mahlzeiten. Causticum hilft jetzt; es wird normalerweise bei gewissen Lähmungserscheinungen, z. B. dem Wegbleiben der Stimme, eingesetzt.

Und so reagieren auch Magen und Darm, als wären sie gelähmt. Das ist ein Zeichen dafür, daß Sie dieses Mittel brauchen. Brot, Nudeln, Mehlspeisen liegen wie Blei im Magen, sie verursachen brennende Schmerzen. Wenn die Schwangere auf die Toilette muß, dauert es sehr lange, bis harter, zäher Stuhl abgeht.

Kein Fisch, kein Fleisch, gar nichts: Colchicum

Zwar besteht bei dieser Schwangeren ein Verlangen nach den verschiedensten Köstlichkeiten, aber schon wenn man mit ihr über das Essen spricht, muß sie sich übergeben. Sie kann die Speisen nicht riechen: Es wird ihr schlecht. Manchmal wird sie ohnmächtig. Sie ist ständig erschöpft. Hier hilft Colchicum.

Colchicum in der Schwangerschaft

Colchicum ist normalerweise ein Gicht- und Rheumamittel. In der Schwangerschaft jedoch hilft es überempfindlichen Frauen, die neben ihren Schwierigkeiten mit den Essensgerüchen hochsensibel gegen äußere Gegebenheiten sind.

Wenn Colchicum in der Schwangerschaft hilft, dann leidet die Betreffende oft an eisiger Kälte im Magen.

Stillprobleme

Belladonna bei Brustentzündung und reichlicher Milch

Die Milch fließt reichlich. Die Brüste werden rot, heiß und geschwollen. Manchmal sind sie auch sehr hart. Die Stillende fühlt sich ganz allgemein sehr heiß. Hier hilft Belladonna.

Dosierung
3 Globuli Belladonna C6 alle 2 Stunden

Phytolacca bei zuviel Milch

Überdurchschnittlich viel Milch deutet auf Phytolacca als das geeignete Mittel. Die Brüste sind hart geschwollen und sehr empfindlich. Schmerzen bestehen am ganzen Körper, nervös und ruhelos ist die Stillende. Zum Abstillen: Phytolacca D1 bis D2, 3 mal täglich 7 Globuli.

3 Globuli Phytolacca C6 alle 2 Stunden

Lac defloratum bei zuwenig Milch

Es kommt wenig bis gar keine Milch. Die Mutter wirkt niedergeschlagen, hat großen Durst.

3 Globuli Lac defloratum C6 3 mal täglich

Pulsatilla bei wäßriger Milch

Wenig Milch, die dünn und wäßrig erscheint, deutet auf Pulsatilla. Die Mutter schreit vor Schmerzen, wenn sie ihr Baby stillen will. Ihre Brüste sind entzündet.

5 Globuli Pulsatilla C6

Bryonia bei heftiger Brustentzündung

Dosierung
3 Globuli
Bryonia C6
alle 2 Stunden

Nach zuviel Bewegung infolge Hausarbeit oder allgemeiner Überforderung staut sich die Milch mit zunehmenden Schmerzen und Fieber. Beim Ansaugen des Kindes treten stechende oder schießende Schmerzen auf. Besser durch kühle Umschläge, festes Einbinden der Brust, absolute Ruhe. Schlechter durch geringste Bewegung, Wärme.

Wehen und Geburt

Homöopathische Mittel können die Wehen verkürzen, die Geburt beschleunigen und sie auf diese Weise sehr viel erträglicher machen. Die geeigneten Mittel heißen: Aconit, Arnica, Belladonna, Caulophyllum, Chamomilla, Cimicifuga, Lac defloratum, Nux vomica, Phytolacca, Pulsatilla.

Plötzliche Wehen, die wieder aufhören: Belladonna

3 Globuli
Belladonna C6
halbstündlich

Ein heißes Gesicht, auch klopfende Kopfschmerzen, wie sie bei Belladonnasymptomen üblich sind, kennzeichnen auch die Schwangere. Besonders bei der ersten Geburt ist Belladonna zu verwenden, häufig besonders gut bei sportlichen Frauen mit verkrampften Geburtswegen. Die Wehen kommen ganz plötzlich und hören unvermittelt wieder auf.

1 mal 3 Globuli
Arnica C30
nach der Geburt
3 Tage lang

Arnica gegen Blutungen

Arnica eignet sich dazu, Blutungen und Quetschungen während der Geburt zu reduzieren.

Aconit bei großer Angst

Halbstündlich
3 Globuli
Aconit C6

Großer Angst, ob die Geburt auch gut abläuft, sogar Todesangst, begegnen Sie mit Aconit. Die Wehen setzen sehr häufig, aber in unterschiedlichen Abständen ein. Die Gebärende ist ruhelos, ängstlich, furchtsam. Auch Scheidenrisse und Dammschnitte heilen schneller.

Caulophyllum steigert die Elastizität der Geburtswege

3 mal 5 Globuli
Caulophyllum C4

Das homöopathische Mittel Caulophyllum wird ganz allgemein zur Erleichterung des Geburtsvorgangs genommen, schon einige Wochen vor der Geburt beginnen Sie mit der Einnahme.

Chamomilla für Unleidliche

Ist die Gebärende absolut unleidlich und niemand kann ihr etwas recht machen, geben Sie Chamomilla. Sie möchte sich von niemandem helfen lassen, schickt Arzt und Hebamme weg. Die Geburt ist sehr schmerzhaft, die Schmerzen beginnen im unteren Teil des Rückens und strahlen auf den inneren Teil der Schenkel aus.

Dosierung
Halbstündlich
3 Globuli
Chamomilla C6

Cimicifuga für Hysterische

Ein oft verwendetes Mittel zur Erleichterung der Geburt ist Cimicifuga. Die klassische Patientin für dieses Mittel neigt zu Hysterie. Der Muttermund ist verkrampft, reißende Schmerzen stellen sich ein.

Stündlich
3 Globuli
Cimifuga C6

Nux vomica für Empfindsame

Für die nervöse, empfindsame Patientin ist Nux vomica das ideale Mittel aus der Homöopathie. Sie fühlt sich von allem und von allen gestört und braucht absolute Ruhe, um ihr Baby zur Welt zu bringen.

Stündlich
3 Globuli
Nux vomica C6

Zahnschmerzen in der Schwangerschaft

Zahnschmerz nach heißen Getränken

Kamille, die homöopathische Zahnweharznei, wirkt speziell bei Zahnschmerzen nach dem Genuß von warmen Getränken, besonders Kaffee, und wenn die Schmerzen einsetzen, nachdem Sie sich geärgert haben.

1 mal 5 Globuli
Chamomilla LM18
15 Minuten vor dem Frühstück

Nächtlicher Zahnschmerz

Zahnschmerzen, die nachts, bei Kälte und in der Ruhe schlimmer werden, heilen Sie während der Schwangerschaft am besten mit Magnesium carbonicum. Empfindlichkeit gegen die leiseste Unruhe, gegen Geräusche oder Berührung ist typisch. Ein Gefühl, als ob die Zähne zu lang seien, stellt sich ein.

1 mal 5 Globuli
Magnesium carbonicum LM18
15 Minuten vor dem Frühstück

Zahnschmerzen mit trockenem Mund

Ein trockener Mund, aber kein Verlangen nach Getränken, deutet auf Nux moschata als das geeignete Mittel bei Zahnbeschwerden in der Schwangerschaft.

1 mal 5 Globuli
Nux moschata LM18
15 Minuten vor dem Frühstück

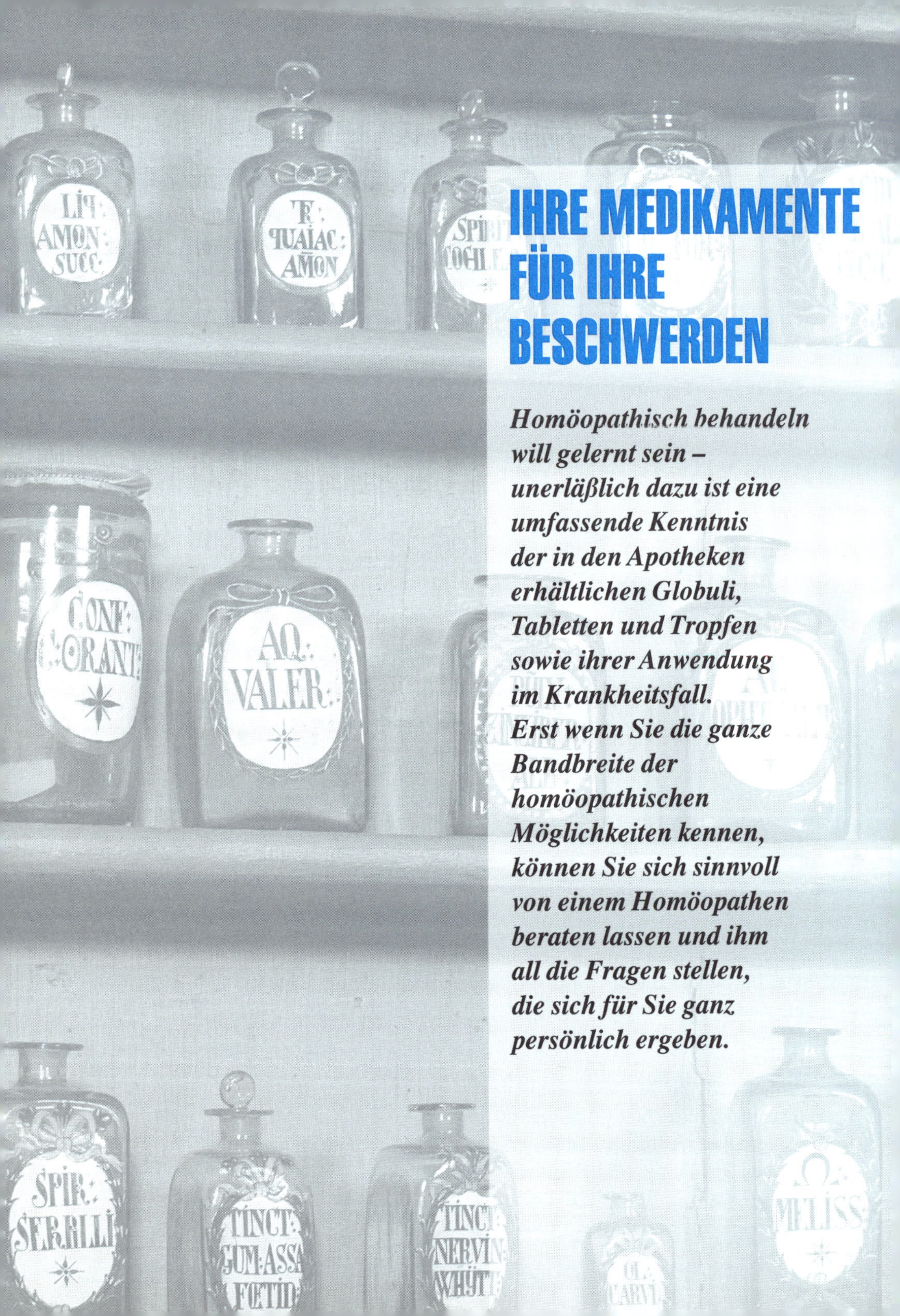

IHRE MEDIKAMENTE FÜR IHRE BESCHWERDEN

Homöopathisch behandeln will gelernt sein – unerläßlich dazu ist eine umfassende Kenntnis der in den Apotheken erhältlichen Globuli, Tabletten und Tropfen sowie ihrer Anwendung im Krankheitsfall. Erst wenn Sie die ganze Bandbreite der homöopathischen Möglichkeiten kennen, können Sie sich sinnvoll von einem Homöopathen beraten lassen und ihm all die Fragen stellen, die sich für Sie ganz persönlich ergeben.

Die homoöpathischen Mittel

In dem Kapitel »Homöopathie für die ganze Familie« (Seite 30ff.) haben Sie umfassende Informationen zur Heilung ganz bestimmter Krankheiten und Beschwerden erhalten. Hier erfahren Sie alles Wichtige über die einzelnen homöopathischen Mittel und natürlich alles über ihren Einsatz.

Lassen Sie sich in der Homöopathie nicht irritieren: Ein Mittel kann viele und oft ganz unterschiedliche Erkrankungen kurieren. Belladonna, ein Produkt aus der Tollkirsche, hilft beispielsweise gegen Fieber, Sonnenbrand, Hitzschlag – aber es wird auch bei Scharlach erfolgreich eingesetzt. Deshalb ist eine umfassende Information hier so wichtig!

Acidum benzoicum/Benzoesäure

Bezeichnend für den Einsatz von Benzoesäure ist der scharfe Geruch des dunkelgefärbten Harns, eine Folge des hohen Gehalts an Eiweißprodukten.
Sie gilt als wichtige Arznei bei Gicht mit schmerzhaften Gichtknoten und Rheuma. Die Schmerzen sind stechend, wandern in Muskeln und Gelenken.
Wenn sie in Knien, Fingern, Zehen, Zehenballen und besonders in der Achillessehne vorkommen, ist Acidum benzoicum zu versuchen.

Bei rheumatischen Erkrankungen, Gicht und harnsauren Körperreaktionen hilft Ihnen Acidum benzoicum, die Benzoesäure.

Acidum nitricum/Salpetersäure

Konstitutionsmittel für unzufriedene, reizbare, manchmal auch rachsüchtige Menschen. Für die Schleimhäute des gesamten Verdauungstrakts, für Schmerzen an Körperöffnungen, an den Haut-Schleimhaut-Grenzen. Die Schmerzen fühlen sich an wie von Splittern, sind stechend; auch bei entsprechenden Halsschmerzen, bei Hämorrhoiden mit Splitterschmerzen stundenlang nach dem Stuhlgang. Bei Geschwüren und Aphthen der Mundhöhle mit scharfen oder splitterartigen Schmerzen; bei blutigem Speichel.
Verlangen nach fetten und salzigen Speisen, aber auch nach unverdaulichen Dingen wie Kalk. Urin und Schweiß riechen sehr intensiv.

Modalitäten: Wann und wodurch werden die Symptome einer Krankheit besser oder schlechter? Wann treten sie auf? Wann ändern sie sich?

Modalitäten

Verschlechterung abends, nachts, bei Kälte, aber auch bei heißem Wetter. Besserung beim Fahren im Wagen – je stärker die Erschütterung, desto besser.

Acidum phosphoricum/Phosphorsäure

»Große Schwäche und Erschöpfung des Körpers und des Geistes« steht als Leit- und Erkennungssymptom über diesem Mittel. Auch Teilnahmslosigkeit und ein ständiger Zwang zu schlafen, allerdings nur am Tag. Erschöpfungszustände auch in der Rekonvaleszenz und nach großem Kummer; ein starkes, kräfteraubendes Schwitzen, dazu ein inneres Kältegefühl, Unfähigkeit zu geistiger Arbeit, Gedächtnisschwäche; Schwindel gegen Abend, beim Stehen oder Gehen sind typisch.

Kopfschmerzen plagen, als ob die Augäpfel gewaltsam zusammengedrückt oder in den Kopf gepreßt würden. Magenbeschwerden treten nach saurer Nahrung oder sauren Getränken auf; Durst besteht auf kalte Milch.

Modalitäten

Verschlechterung durch Kälte und Zugluft; durch grelles Licht, Lärm, Musik, nachts; durch Anstrengung oder Angesprochenwerden; nach Blutverlust. Besserung durch Wärme, Warmhalten.

Die Kennzeichen sind negativ – Sie nicht!

Beschreibungen von Konstitutionsmitteln und homöopathischen Arzneien bestehen aus einer ganzen Liste oft allzu negativer Eigenschaften. Selbstverständlich passen immer nur Teilbereiche auf den einzelnen. Negativ sind die Kennzeichen, weil sie das Individuum in seinem momentanen oder aber chronischen krankhaften Zustand beschreiben.

Aconitum napellus/Blauer Eisenhut, Sturmhut

Urplötzlich setzen die stürmischen Beschwerden ein, akut und heftig, zusammen mit (hohem) Fieber. Klassisches Fiebermittel zu Beginn der Erkrankung. Ursache meist trockene, kalte Luft. Starker Kräfteverlust, dazu Spannung und Unruhe, große Angst; kein Schweiß.

Bei Fieber, Angst und Nervenschmerzen

- Kennzeichnend bei Fieber sind starkes Frösteln, Frost und Hitze mit Durst auf kaltes Wasser; Unruhe, Angst. Dazu kommen Herzklopfen und ein beschleunigter, kräftiger Puls.
- Aconit hilft auch bei Kollaps und Schock nach Unfällen, wenn scheinbar gar nichts passiert ist, die Betreffenden aber wie gelähmt reagieren, zitternd vor Angst. Bei Flugangst.
- Vor Operationen, wenn der Betroffene vor Angst ganz sicher ist, daß er die Operation nicht überlebt. Wehenmittel bei großer Angst, ob alles gut abläuft.
- Bei Nervenschmerzen, Trigeminusneuralgie, Ischias nach Kälte: Plötzliches Auftreten der ziehenden, schießenden Schmerzen, mit Taubheitsgefühl, Ameisenlaufen. Gefühl eisiger Kälte, aber auch großer Hitze.
- Bei Ohrenschmerzen, meist linksseitig, als Folge von kaltem Wind oder Frischluftdüsen in Auto, Flugzeug etc.
- Bei Sonnenstich, wenn Sie in der Sonne eingeschlafen sind, sich dumpf und benommen fühlen. Brennende Hitze und trockene Haut; großer Durst auf kaltes Wasser.

Das homöopathische Fiebermittel Aconitum napellus ist rezeptpflichtig bis einschließlich D3 und C1.

Merkwort: „Urplötzlich“

Modalitäten

Verschlechterung hauptsächlich nachts, aber auch abends, in warmen Räumen; durch Liegen auf der befallenen Seite und kalte, trockene Winde. Besserung im Freien, beim Schwitzen.

Aesculus hippocastanum/Roßkastanie

Gute Wirkung bei Krampfadern, Venenentzündungen, Hämorrhoiden. Die Hämorrhoiden zeigen den typischen Splitterschmerz – nicht verwechseln mit Acidum nitricum! –, aber sie bluten nicht. Brennen im Analbereich mit Frösteln im Rücken. Völlegefühl.

Halsschmerzen mit erweiterten Rachenvenen, Rückenschmerzen, die sich auf Kreuzbein und Hüften ausdehnen und sich beim Spazierengehen und Bücken verschlimmern, heilt die Roßkastanie.

Modalitäten

Verschlechterung beim Aufstehen aus dem Sitzen, morgens beim Erwachen, beim Spazierengehen. Besserung im Freien, in kühler Luft.

Allium cepa/Küchenzwiebel

Schnupfen und den immer häufiger auftretenden Heuschnupfen heilen Sie mit Allium cepa. Kopfschmerzen und Schnupfen bessern sich übrigens rasch in frischer Luft.

Allium cepa hilft bei ständiger Triefnase, scharfem Schnupfen, der alles um die Nase herum wund werden läßt, und sanftem Tränenfluß, der die Augen zum Brennen bringt. Wer als Begleiterscheinung häufig auf die Toilette muß und unter übelriechenden Blähungen leidet, dem hilft Allium cepa ziemlich sicher.

Heuschnupfen, Erkältungen bei feucht-kaltem Wetter, Heiserkeit, trockenen Husten beim Einatmen kalter Luft durch Kitzelreiz im Kehlkopf, Atembeklemmung durch Druckgefühl in der Mitte der Brust heilt Allium cepa ebenfalls.

Modalitäten

Verschlechterung in Wärme, in warmen Räumen, abends. Besserung im Freien, in der Kälte.

Alumen/Alaun/Kaliumaluminiumsulfat

Bei trockener Verstopfung, wenn man glaubt, der Darmausgang würde sich zusammenschnüren, Schmerzen bei und nach der Entleerung; der Stuhl ist groß und hart.
Aber auch bei chronischer Bronchitis, Stimmverlust. Charakteristisch ist der Husten sofort nach dem Aufstehen, weil es im Hals unerträglich kitzelt. Sehr lästig ist auch das Kratzen unter dem Brustbein, das ebenfalls zu ständigem Husten mit reichlichem Auswurf führt. Der Mund ist absolut trocken. Zudem ist den Patienten fast ständig übel, und die Stimmung ist nicht die allerbeste.

Ängstlichkeit kommt dazu. Schwäche in Muskeln von Armen und Beinen.

Modalitäten

Verschlechterung bei Kälte – außerdem Kopfschmerz – und am frühen Morgen.

Alumina/Tonerde

Alumina paßt zu eher schwächlichen, mageren Menschen, die ständig müde sind. Alles ist trocken: Die Haut – sie hat manchmal sogar Risse –, die Schleimhaut, trockene Ausschläge.
Alumina-Typen sind meist ängstliche, furchtsame Wesen. Auch werden sie von einer inneren Hast getrieben, dauernd müssen sie etwas tun, nichts kann schnell genug gehen.
(Wochenbett-) Depressionen mit Selbstmordgedanken beim Anblick eines Messers oder von Blut heilt Alumina auch.

Verlangsamung von Körperfunktionen mit Übergang in Lähmung heilt Alumina. Nehmen Sie es auch für chronische Leiden: Verstopfung bei kleinen Kindern, in der Schwangerschaft.

Alumina – ja oder nein?

Ein sicherer Hinweis, daß Alumina paßt, ist der seltsame Wunsch, Reiskörner, Erde, Kalk, Hühnerkot, Kreide oder Kohle oder ähnliche unverdauliche Dinge essen zu wollen. Kartoffeln dagegen werden verschmäht. Alkohol, auch in kleinsten Mengen, wird nicht vertragen.

Modalitäten

Verschlimmerung nach dem Aufstehen; durch Kälte, trocken-kaltes Wetter; nach dem Samenerguß, vor und nach der Periode.

Antimonium crudum/Schwarzer Spießglanz

Das Mittel für Haut- und Schleimhauterkrankungen, Beschwerden an Haut und Nägeln. Durchfall nach zuviel Essen.
Alkohol wird schlecht vertragen, wenn Antimonium crudum das Mittel der Wahl ist. Kinder sind abweisend und voller Widerspruch: Sie lassen sich weder berühren noch ansehen.

Apis mellifica/Honigbiene

- Bei Halsentzündungen, blasigen Schwellungen der Mandeln, des Zäpfchens, des ganzen Rachens
- Bei Mittelohrentzündungen
- Bei stechendem und brennendem Schmerz – auch an Augen, Ohren, Rippenfell
- Ebenso bei Eierstockentzündungen und Zysten

- Bei Hämorrhoiden mit stechendem Schmerz
- Bei Insektenstichen, Bienenstichen
- Bei Fieber ohne Durst

Modalitäten

Wärme, Druck und Berührung werden nicht ertragen. Geschlossene, überheizte Räume sind eine Qual. Verschlechterung durch Wärme und Berührung.
Bcsscr durch kühle Umschläge.

Argentum nitricum/Höllenstein/Silbernitrat

Argentum nitricum ist rezeptpflichtig bis einschließlich D3 und C1.

Argentum nitricum ist ein stark wirkendes Konstitutionsmittel, z.B. bei Entscheidungsschwäche, Angst vor Mißerfolgen. Wer Argentum nitricum braucht, wirkt verhuscht und hastig, oft sieht er viel älter aus, als er ist.

Bei Aufregungen, auch vor angenehmen Ereignissen, reagiert der Patient außer mit Zittern und Zagen auch mit Durchfall, deshalb ist es gut einsetzbar bei Prüfungsangst, Magenbeschwerden mit Blähungen und schleimigen Durchfällen, die wie gehackter Spinat aussehen.

Brennende, stechende Entzündungen und Insektenstiche heilen Sie mit Apis mellifica.

Modalitäten

Verschlechterung durch Wärme in jeder Form, Hitze, kaltes Essen, Süßigkeiten. Besserung durch Aufstoßen, frische Luft.

Arnica/Bergwohlverleih

Arnica montana dient bei allen traumatischen Verletzungen, bei Prellungen, Zerrungen, Quetschungen; bei Muskelkater, Blutergüssen, Ischiasschmerzen.
Nach Stürzen, Hundebissen; vor der Geburt; nach dem Einkaufsbummel; vor Operationen, vor dem Zahnarztbesuch. Arnica ist ein gutes Mittel für alte Menschen. Bei Schwindel oder hohem Blutdruck, nach Herzinfarkt und sogar nach einem Gehirnschlag.
Kennzeichen für Arnica: Große Müdigkeit, man fühlt sich wie zerschlagen, ist aber schlaflos und unruhig trotz Übermüdung. Angst vor jeglicher Berührung, man will seine Ruhe haben, will den Behandler nicht sehen. Das Bett erscheint knochenhart. Der Kopf ist heiß, der übrige Körper kalt.

Arnica ist die Arznei für jede Haus- und Reiseapotheke, dies Mittel heilt Verletzungen jeglicher Art und ist auch hilfreich bei Erschöpfung.

Modalitäten

Verschlechterung durch geringste Berührung, Druck; abends und nachts; Bewegung; Wein. Besserung durch Liegen, Kopf tieflagern. Linderung durch heiße Wickel oder Kompressen.

Arsenicum album/Arsentrioxid

Charakteristische Arsen-Kennzeichen sind Ruhelosigkeit, brennender Durst auf kleine Schlucke, brennende Schmerzen; Angst, besonders nach Mitternacht; große Erschöpfung.
Arsen hilft bei starker Übelkeit mit Durchfall, die mit Schwäche, Fieber und Angst verbunden ist. Es wirkt bei Fleisch-, Wurst- und Fischvergiftungen; bei Übelkeit nach Speiseeis oder Milch – gerade in der Schwangerschaft. Viele Hauterkrankungen bis hin zur Neurodermitis heilt es, mit dem paradoxen Symptom, daß warme und heiße Anwendungen den Juckreiz lindern.

Arsen ist rezeptpflichtig bis einschließlich D3 und C1. Es hilft gegen brennende Schmerzen, Unruhe, Angst und Perfektionismus. Stichwort: Übelkeit mit großer Angst.

Modalitäten

Verschlechterung aller Bechwerden nach Mitternacht, bei Kälte, geringsten Anstrengungen; nach kaltem Essen und Trinken, bei Tieflage des Kopfs, schnellem Gehen; nach Milch, am Meer. Besserung nach warmen und heißen Anwendungen – außer bei Kopfschmerzen. Beim Genuß heißer Getränke, Weinbrand oder Cognac; in frischer Luft, bei Bewegung.

Barium carbonicum/Bariumkarbonat

Konstitutionsmittel für Kinder und alte Menschen. Barium carbonicum hilft Kindern, die zurückgeblieben sind, nicht unterrichtet werden können, die verwirrt, schüchtern und ängstlich reagieren. Erkennbar sind sie durch einen zu großen Kopf auf dem schwächlichen Körper und durch einen dicken Bauch. Wenn alte Menschen wieder zu Kindern werden, hilft ebenfalls Barium carbonicum.

Modalitäten

Verschlechterung bei feuchtem Wetter, schon nach kürzester Kälteeinwirkung, beim Waschen der kranken Körperteile, beim Denken an die Leiden. Besserung durch Wärme, durch Zudecken, beim Gehen.

Belladonna/Tollkirsche

Tollkirschenvergiftungen erkennt man am hochroten Gesicht, an sichtbar klopfenden Hals- und Kopfarterien. Die Mundschleimhäute sind trocken, Schweiß, Schüttelfrost setzt ein.

Belladonna ist das Mittel der Wahl für plötzlich auftretende, akute, hoch fieberhafte Erkrankungen.

- Belladonna ist deshalb das homöopathische Mittel für plötzlich auftretende, meist hoch fieberhafte Erkrankungen. Im Fieber besteht kein Durst, sonst aber haben die Patienten großen Durst auf kaltes Wasser, Verlangen nach Limonade.
- Belladonna ist das Hauptmittel für Scharlach, sehr wichtig und häufig eingesetzt in der Kinderheilkunde.
- Es wirkt bei Hitzschlag und Sonnenbrand, die ja die typischen Belladonnasymptome zeigen.
- Auch als Wehenmittel und bei Ischias tut es gute Dienste.
- Die Patienten können aufsässig sein, wütend, ruhelos. Sie lachen plötzlich, benehmen sich merkwürdig, knirschen mit den Zähnen.

Modalitäten

Verschlechterung durch Berührung, Sommersonne, beim Entblößen des Kopfs; durch Geräusche, nach Mitternacht, während des Trinkens. Besserung in der Ruhe, beim Stehen oder Aufrechtsitzen, im warmen Zimmer.

Bryonia alba/Weiße Zaunrübe

Alles ist trocken: Lippen, Schleimhäute, Darm. Ständiger Durst besteht. Bryonia wird deshalb bei allen Krankheiten eingesetzt, die mit trockenen Schleimhäuten zu tun haben: Bronchitis, Rippenfellentzündung, Verstopfung.
Krankheitsursache sind oft Ärger, finanzielle Probleme, Zorn oder Kränkung.

Bryonia alba ist ein Rheumamittel – bei den passenden Modalitäten. Daneben heilt es alle Beschwerden an den Schleimhäuten.

Der Bryonia-Typ – häuslich und ruhig

Der Bryonia-Typ ist in seinem Leben festgemauert. Er ist häuslich, haßt Beunruhigungen, möchte seine Ruhe haben. Drei Leitsymptome: stechende Schmerzen, Verschlimmerung der Beschwerden durch die kleinste Bewegung, Besserung durch Druck auf die schmerzende Stelle.

Modalitäten

Verschlechterung durch die kleinste Bewegung, Wetterwechsel von kalt zu warm, Wärme. Besserung durch Liegen auf der schmerzhaften Seite ist sehr charakteristisch, Druck auf die schmerzhafte Stelle; durch feuchtes Wetter, in der Ruhe.

Calcium carbonicum/Kalk

Kalk ist ein sehr wichtiges Kindermittel (siehe Seite 28f.), das Basismittel der Homöopathie. Doch Vorsicht: Heilpraktiker dürfen Kinderkrankheiten homöopathisch nicht behandeln; sie gehören in die Hand eines Kinderarztes.

Calcium carbonicum Hahnemanni wird aus dem Kalk gewonnen, der sich zwischen den Wänden der Austernschale befindet.

Kalk für Kinder

Das Kind erkennt man äußerlich an seinem großen Kopf und den lange offenen Fontanellen. Die Zähne erscheinen meist spät, langsam und unter Mühen. Häufig wird das Kind dabei krank. Das Knochengerüst ist schwach, meist lernt das Kind erst spät laufen. Es läuft nicht gerne und läßt sich nicht nur aus Bequemlichkeit, sondern auch aus wirklicher Schwäche gerne tragen. Es ist oft nicht möglich, einen Berg hinaufzugehen, wohl aber hinunter.

Calcium-carbonicum-Zubereitungen ohne die Bezeichnung »Hahnemanni« werden aus Kalkgestein der Alpen hergestellt.

Das Heim zu verlassen, macht ihm Angst. Reisekrankheit ist häufig, aber nur bei Fahrten von Zuhause fort. Dauert der Aufenthalt am Reiseziel mehrere Wochen oder Monate, dann kommt es auf der Fahrt nach Hause ebenfalls zu Reiseübelkeit und Erbrechen. Es mag routinemäßige Arbeiten. Sie bedeuten einen gewissen Schutz.

Calcium fluoratum/Flußspat

Das Calcium-fluoratum-Kind ist geprägt von unüberwindlichen Gegensätzen: Dem auflösenden Aspekt des Fluors und der Beständigkeit des Kalziums.

Sie sind wegen ihrer Gelenkigkeit die geborenen Balletttänzer, Eiskunstläufer oder Schlangenmenschen. Sie lieben oft Judo, Karate oder Yoga.

Merksatz: Calcium fluoratum macht Weiches hart und Hartes weich. Es ist ein gutes Bindegewebsmittel.

Wer zu den Flußspat-Typen zählt, hat es mit Konzentrationsschwächen zu tun, die jedoch durch Essen besser werden. Sie zählen nicht zu den Mutigsten und Unternehmungslustigsten und haben verschiedenste Ängste.

Als Schüßlersches biochemisches Knochen-, Zahn und Elastizitätsmittel dient es auch zur Behandlung von Narben, z.B. Schwangerschaftsnarben, Krampfadern, Orangenhaut.

Modalitäten

Verschlechterung durch Kälte und feuchtes Wetter, generell bei Wetterwechsel, in der Ruhe, nach dem Mittagsschlaf. Besserung durch Essen und Wärme.

Calcium phosphoricum/Kalziumphosphat

Kalziumphosphat ist eine Verbindung aus dem beständigen Kalzium- und dem beweglichen Phosphor-Typ. Der Körperbau ist feingliedriger als bei Calcium carbonicum, das verspätete Zahnen ist auch hier typisch. Das Calcium-phosphoricum-Kind kann nicht lange bei einer Sache bleiben. Es ist künstlerisch begabt und kreativ. Ohne genügend Abwechslung wird es müde oder krank. Es geht ihm gut, sobald es sich bewegt.

Wer Calcium phosphoricum braucht, neigt zu Abmagerung und Erschöpfung, als Kind knabbert man gern an etwas herum. Man verträgt keine Milch, haben aber Appetit auf Geräuchertes, Speck oder fettes Fleisch.
Für Kinder, die schlecht gedeihen, bei Konzentrationsschwäche, Kopfschmerzen in der Schule, bei längerer geistiger Anstrengung. Langsam wirkendes Mittel.

Calcium phosphoricum heilt anämische Zustände und ist ein Restaurationsmittel für die Gewebe.

Modalitäten

Verschlechterung bei feucht-kaltem Wetter, Kälte, Nässe, Zugwind; bei körperlicher und geistiger Anstrengung. Besserung bei Wärme, beim Essen, am Meer.

Cantharis/Spanische Fliege

Charakteristisches Zeichen für Cantharis ist der unerträgliche dauernde Harndrang. Anzuwenden ist das Mittel bei Beschwerden in der Schwangerschaft, wenn durch die Vergrößerung der Gebärmutter der Druck auf die Blase immer stärker wird. Brennender, schneidender Schmerz in der Harnröhre ist möglich, doch es werden nur ein paar Tropfen ausgeschieden.
Cantharis ist auch einzusetzen bei Hautausschlägen mit Blasenbildung, bei allen Verbrennungen mit Blasen, speziell bei Sonnenbrand.

Bei Harnröhren-, Prostata-, Blasen- und Nierenentzündungen sollten Sie Ihren Homöopathen nach Cantharis fragen.

Modalitäten

Verschlechterung im Freien, durch Aufdecken, Zugluft. Besserung durch Essen, in der Hitze.

Carbo vegetabilis/Holzkohle

Carbo vegetabilis als Konstitutionsmittel dient den Menschen, die auf die Welt gekommen sind, um zu genießen. Ein typischer Zustand ist aber auch: Neigung zu Ohnmachtsanfällen, ständige Erschöpfung, Drang nach frischer Luft.

- »Mittel vor dem Tod«: bei Kollaps, Schwäche, kaltem Schweiß und kalter, blauer Haut – besonders an den Beinen.
- Es ist einzusetzen bei Gastritis, und es gehört neben Lycopodium und China zu den drei hauptsächlichen Mitteln gegen Blähungen, speziell im Oberbauch.

- Bei Roemheld-Syndrom: Die Blähungen drücken gegen das Zwerchfell, verursachen Herzbeschwerden.
- Es wird auch verwendet gegen Krampfadern, speziell in der Schwangerschaft, wenn sie sich auf die Venen der äußeren Geschlechtsorgane erstrecken.

Modalitäten

Verschlechterung abends, nachts und im Freien; bei Kälte. Die Betroffenen vertragcn kcin fcttcs Essen, keine Butter, Milch, keinen Kaffee. Besserung durch Aufstoßen, Luftzufächeln.

Causticum/Ätzstoff Hahnemann

Der ängstliche Mensch. Angst vor Hunden, Gespenstern, vor drohendem Unheil . Kinder haben Angst, allein ins Bett zu gehen. Daneben haben sie einen ausgesprochenen Sinn für soziale Gerechtigkeit, dulden keinerlei Unterdrückung.

Causticum ist eine gute Arznei gegen harte, gezackte Warzen (Seite 135), auch wenn sie schon lange lästig sind.

- Causticum zeigt seine Wirkung bei Reizhusten, der sich durch Trinken von kaltem Wasser bessert; Heiserkeit, die sich morgens verschlimmert; bei Stimmverlust. Ein allmähliches Fortschreiten der Beschwerden ist typisch.
- Sehr geeignet ist es bei unwillkürlichem und unbemerktem Urinabgang durch Husten, Lachen usw. In der Schwangerschaft, aber auch bei älteren Frauen mit Schließmuskelschwäche.
- Wenn der Magen wie gelähmt reagiert, wenn Brot, Nudeln, Mehlspeisen wie Blei im Magen liegen (Schwangerschaft), sollten Sie Causticum versuchen.
- Bei Trigeminusbeschwerden, bei denen die schmerzhafte Gesichtshälfte gelähmt ist oder sich anfühlt wie gelähmt.
- Bei Ischias und Rheuma, wenn die Schmerzen ziehend und reißend sind, zusammen mit einem Gefühl von Taubheit an den betroffenen Stellen auftreten.
- Bei Verbrennungen zweiten und dritten Grades.

Modalitäten

Verschlechterung aller Beschwerden bei trockenem und kaltem Wind, Kaltwerden, beim Betreten eines warmen Raumes aus frischer Luft. Besserung bei Wärme, Bettwärme, bei feuchtem Wetter.

Chamomilla/Echte Kamille

Bevorzugtes Mittel bei Kinderkrankheiten mit deutlicher schlechter Laune und Ruhelosigkeit. Für zahnende Säuglinge ist es gut geeignet. Chamomilla ist eine gut wirksame Zahnschmerzarznei, wenn warme Getränke schaden oder wenn man Fieber und Schmerzen bekommt, nachdem man sich geärgert hat, auch nach Reizüberflutung. Bei Ohrenschmerzen macht Hitze den Kranken fast wahnsinnig.
Typisches Zeichen für Chamomilla: Die eine Wange ist rot, die andere blaß. Ebenso charakteristisch bei Säuglingen und Kleinkindern ist die Besserung durch Tragen.
Bei Erwachsenen genügt es, wenn die Partner da sind, weiter brauchen sie nichts zu tun; z.B. bei der Entbindung!

Modalitäten

Verschlechterung durch Hitze, Ärger, nachts, Wind, im Freien. Besserung durch Umhertragen, warm-feuchtes Wetter.

China/Chinarindenbaum

- China wird bei Nachwirkungen der Malaria eingesetzt, bei vielen Fällen einer Rekonvaleszenz, um große Schwäche und Schläfrigkeit zu heilen.
- Bei allen Folgen von Säfteverlusten, z.B. bei inneren Blutungen, Eiterungen, Menses, Stillen, Diarrhoe, starken Schweißverlusten im Klimakterium hilft China. Der Kranke schwitzt bei der kleinsten Anstrengung, enormer Durst und Heißhunger sind weitere Kennzeichen.
- Gut zu gebrauchen ist die Chinarinde bei Kopf- und Trigeminusschmerzen, Schwindel; aber auch bei Durchfall, wenn er nach jedem Essen auftritt, besonders nach Obst, vielleicht mit Blut vermischt ist.
- Als Blähungsmittel hilft es neben Carbo vegetabilis und Lycopodium, wenn die übelriechenden Blähungen den ganzen Bauch ausfüllen.

Für die Rekonvaleszenz ist China ein gutes Mittel. Es heilt auch Folgezustände von Malaria und hilft bei Blähungen.

Modalitäten

Verschlechterung der Symptome bei leichtester Berührung, nach dem Essen. Besserung beim Sichkrümmen, im Freien, in der Wärme.

Cimicifuga/Wanzenkraut/Frauenwurz

Bei Periodenstörungen und nervösen Herzbeschwerden setzen Sie Cimicifuga ein. Ebenso bei hormonell bedingter Migräne, bei Kopfschmerz mit dem Gefühl, als würde der Schädel zerspringen; Periodenstörungen mit Schmerzen, die quer durch das Becken von Hüfte zu Hüfte ziehen. Cimicifuga ist eine oft verwendete Arznei zur Erleichterung der Geburt: Die Patientin neigt zur Hysterie, der Muttermund ist verkrampft, sie hat reißende Schmerzen.
Cimicifuga oder Frauenwurz auf deutsch ist ein spezielles Rheumamittel für die kleinen Fingergelenke.

Modalitäten

Verschlechterung morgens, vor der Periode. Besserung durch Wärme und Essen.

Cocculus/Kockelskörner

Gut verwendbar ist Cocculus in der Schwangerschaft, wenn zur Übelkeit noch Rückenschmerzen kommen.

Dies Mittel sollte in keiner Reiseapotheke fehlen. Es ist das Hauptmittel gegen Schwindel und Übelkeit beim Fahren im Auto, auf dem Schiff und beim Fliegen oder Inselhüpfen.

Kennzeichen, daß Kockelskörner gebraucht werden, sind große Traurigkeit, die Zeit vergeht zu rasch (Jet-lag), die Glieder ziehen sich zusammen. Auch ein Leeregefühl in Kopf oder Magen besteht. Der Betroffene verträgt keinen Widerspruch.

Coffea/Kaffee

Hier zeigt sich besonders gut die segensreiche Wirkung der Homöopathie: In »allopathischer« Dosierung geschlürft, führt Kaffee zwar zu größerer Leistungsfähigkeit, aber auch zu einer Steigerung des Blutdrucks, zu Nervosität, Zittern, Schlaflosigkeit. In homöopathischer Potenzierung beseitigt Coffea Einschlafstörungen, Herzklopfen, Migräne, Kopfschmerzen.

Vorsicht: Kaffee ist das Gegenmittel für viele homöopathische Verordnungen. Wenn Sie also gerade homöopathische Mittel einnehmen, sollten sie keinen Kaffee trinken, zumindest nicht in den ersten Tagen der Behandlung.

Colchicum/Herbstzeitlose

Hinweise auf Colchicum als Rheuma- und Gichtmittel sind steife, fieberhafte, schmerzhafte Gelenke, die Berührung und Bewegung nicht ertragen können. Geschwollene Gelenke sind abwechselnd rot und blaß.

- Eindeutiges Kennzeichen bei Magen- und Darmschwäche bzw. Durchfall: Der Geruch von Essen, speziell von Fisch oder Eiern ruft großen Ekel hervor – bis hin zur Ohnmacht. Ein trockener Mund, große Schwäche, viel Durst, schleimig-blutige Durchfälle deuten auf dieses Mittel.
- Colchicum wird in der Schwangerschaft erfolgreich eingesetzt, wenn sich der werdenden Mutter schon beim Anblick von Speisen der Magen umdreht.
- Bei Reisekrankheiten sollte man an Colchicum denken, wenn die Benzindämpfe Beschwerden verursachen.

Leiden Sie auf Reisen oder in der Schwangerschaft nicht unnötig an Magen- und Darmbeschwerden. Nehmen Sie Colchicum, die Herbstzeitlose.

Modalitäten

Verschlimmerung – hauptsächlich der Durchfälle – während der ganzen Nacht, bei Geruch von Nahrungsmitteln, bei Bewegung.

Colocynthis/Koloquinte

Die Symptome zeigen sich im Bauch, im Kopf und in den Nerven um die meist rechte Hüfte. Oft sind die Schmerzen so quälend und schneidend, daß der Patient sich krümmt, was ihm Besserung bringt – das ist kennzeichnend für Colocynthis. Stuhlgang erfolgt nach der kleinsten Nahrungsaufnahme.

Die Beschwerden treten oft anfallweise, kolikartig und sehr überraschend auf. Wer Colocynthis braucht, ist äußerst verdrießlich, mürrisch, ärgert sich über Kleinigkeiten, hat keine Lust, über seine Beschwerden zu sprechen und reagiert mit Zorn.

Wenn Ischiasschmerzen krampfartig oft bis in die Füße ziehen oder mit Schraubstock- oder Zangengefühl in den Extremitäten spürbar sind, hilft ebenfalls Colocynthis.

Die Kopfschmerzen sind reißend und drückend, sie werden besser durch Binden und in der Ruhe. Brennender, wühlender Schmerz plagt im Gesichts- und Zahnbereich. Der Colocynthisschmerz verstärkt sich durch Berührung, wird aber geringer bei massivem Druck.

Trigeminusschmerzen, die blitzschnell einschießen, verlangen ebenfalls nach Colocynthis.

Modalitäten

Verschlechterung aller Beschwerden durch Kälte, kaltes Essen oder Trinken, nachts; durch Ärger. Besserung bei Ischias und Trigeminusneuralgien durch Wärme und festen Druck, sich Krümmen, Liegen auf der betroffenen Seite; bei Stuhlgang und Blähungen.

Conium/Gefleckter Schierling

Der Patient ist mürrisch und verdrießlich, »der eingebildete Kranke«.

- Bei verhärteten Drüsen, Prostatavergrößerungen und -wucherungen mit häufigem Harndrang hilft Conium.
- Es ist eine gute Arznei bei Drehschwindel, wenn man schwindlig wird durch das Aufsetzen im Bett. Auch wenn man seekrank reagiert beim Betrachten entfernter und naher Gegenstände. Die Betroffenen sind sehr nervös und zittrig; sie müssen sich hinlegen.
- Lähmungserscheinungen und Taubheitsgefühl erscheinen charakteristisch von unten nach oben. Motorische Übererregung geht meist voraus.
- Heiserkeit, trockener Reiz- und Krampfhusten, der sich beim Aufsitzen schnell bessert. Ursache: Kitzeln im Hals. Darunter leiden gerade ältere Menschen.
- Sodbrennen und Magenschmerzen, die durch Essen besser werden.

Modalitäten

Verschlechterung nachts und nach dem Erwachen, durch Schlafen; geringe Mengen Alkohol; durch Geschlechtsverkehr. Besserung der Magenbeschwerden durch Essen.

Dulcamara ist eines der drei »Wettermittel« mit Natrium sulfuricum und Rhododendron. Es wird angewendet bei allen Erkältungen nach Wetterwechsel.

Dulcamara/Bittersüß

Wer in feuchten Räumen arbeiten oder gar wohnen muß, braucht oft Dulcamara. Auch Muskel- und Gelenkrheumatismus, Rückenschmerzen, ein steifer Hals verlangen diese Arznei. Ebenfalls anzuwenden ist Dulcamara bei Blasenkatarrh und Herpes, falls der Wetterwechsel Auslöser war.

Typisch für den Einsatz von Dulcamara: Die Augen sind stets in Mitleidenschaft gezogen, dick gelbe Absonderungen.

Wenn man zu unbesorgt auf der feuchten Wiese saß oder zu lange im feuchten Badeanzug Federball gespielt hat.

Modalitäten

Verschlechterung nachts; durch Kälte, feuchtes, regnerisches Klima. Besserung durch Wärme, Bewegung.

Vorsicht bei Dulcamara!

Dulcamara ist eine tiefgreifende Arznei, nachweisbar durch die Begleiterscheinungen Kopfgrind, Milchschorf, Hautausschläge.
Man leidet unter übelriechendem Schweiß, besonders nachts und morgens. Manchmal hat man sogar Schwierigkeiten beim Sprechen, die Zunge versagt den Dienst.

Ferrum phosphoricum/Eisenphosphat

Hilfreich ist Ferrum phosphoricum zu Beginn bei allen Entzündungen, für das zweite Stadium nimmt man Kalium chloratum.
Nehmen Sie Ferrum phosphoricum bei ersten Beschwerden im Bereich der Atemwege und bei Sonnenbrand. Bei Fieber, das aber nicht plötzlich, sondern ganz allmählich aufgetreten ist. Auch bei Fieber ohne Angst, der Patient fühlt sich überraschend wohl, obwohl er längst ins Bett müßte.
Gut geeignet ist es für nervöse, überempfindliche Menschen, die schnell erschöpft sind.

Ferrum phosphoricum ist das Schüßlermittel Nr. 3. Sie sollten es als Anfangsmittel bei Fieber und im ersten Stadium von Entzündungen einsetzen.

Modalitäten

Verschlechterung nachts, von vier Uhr bis sechs Uhr, bei Stoß, Berührung, auf der rechten Seite. Besserung durch kalte Anwendungen, besonders bei Kopfweh.

Gelsemium/Wilder gelber Jasmin

Gelsemium wirkt gut bei langsam auftretender Grippe, typisches Merkmal: Fieber steigt kaum über 38,5 °C, Rückenschmerzen, Kopfweh, das vom Nacken aufsteigt.

- Der Patient möchte festgehalten werden, weil er so zittert; er fühlt sich zerschlagen, zeigt raschen, aber schwachen Puls, leidet unter Frösteln, Müdigkeit, er muß sich anstrengen, daß die Augen nicht zufallen. Manchmal plagt ein merkwürdiges Bandgefühl um den Kopf, Hinterkopfschmerz. Er gibt sich apathisch, was die Krankheit betrifft. Er leidet unter Lähmungserscheinungen, fühlt sich schwach, Arme und Beine zittern.
- Auch Durchfall bei Aufregung, nach schlechten Nachrichten heilt Gelsemium. Gut einsetzbar ist es daher bei Prüfungen.
- Wer vor Operationen apathisch ist und depressiv, dem hilft Gelsemium ebenfalls.

Modalitäten

Schlechter bei feuchtem Wetter, Sonne, Nebel; bei Aufregung und schlechten Nachrichten. Besser wenn man sich bückt, bei reichlichem Wasserlassen, in frischer Luft, bei länger andauernder Bewegung.

Glonoinum/Nitroglyzerin

Bei Kopfschmerz durch Blutandrang, Hitzschlag, venösen Stauungen, Besenreisergefäßen hilft Ihnen zuverlässig Glonoinum.

Glonoinum wird eingesetzt beim Hochsteigen des Bluts in Kopf und Herz; einem Gefühl von Pulsieren im ganzen Körper, pulsierenden Schmerzen; stark pulsierendem, im Rhythmus des Herzschlags klopfendem Kopfschmerz, der vom Nacken aus hochsteigt. Ein enormes Vergrößerungsgefühl des Kopfs ist typisch.

Glonoinum bei Angina pectoris und Hitzschlag

- Bei Angina pectoris nehmen Sie im akuten Anfall Glonoinum D3.
- Bei Hitzschlag: Glonoinum C4 im stündlichen Wechsel mit Belladonna C4, je 3 Globuli.

Modalitäten

Verschlechterung in der Sonne, in der Nähe von Feuer; bei Überhitzung, Erschütterung, durch Hutdruck, nach dem Haareschneiden; beim Zurückbiegen des Kopfes, beim Schütteln. Besserung durch kalte Umschläge, kalte Luft, auch durch Druck.

Graphites/Reißblei/Graphit

Ein wenig langsam, manchmal fröstelnd, auch ängstlich unentschlossen schleicht der Graphites-Typ umher. Musik bringt ihn zum Weinen. Wer ständig verstopft ist, dazu ein wenig bequem, wer gern gut ißt, der sollte an dieses Mittel denken.

Graphites-Menschen leiden unter Ausschlägen, aus denen eine honigartige Flüssigkeit sickert, oft über den ganzen Körper verteilt. Auch Feuchtigkeit, Risse und Ausschlag hinter den Ohren kommen vor. Magenschmerz, der auf unangenehme Art und Weise einschnürend wirkt, ist typisch. Die Kleidung muß gelockert werden. Graphites kann bei Krampfadern eingesetzt werden, wenn auf ihnen Ausschläge als kleine, juckende Pickel zu sehen sind.

Sehr typisch für Graphites: Die brüchigen Fingernägel, die Risse an den Fingerspitzen, an den Zehen, im Mundwinkel, am After. Es wirkt langsam, muß länger eingenommen werden.

Modalitäten

Verschlechterung bei Wärme, nachts, bei und nach der Menstruation. Besserung in der Dunkelheit, beim Sich-Einhüllen.

Hamamelis/Virginische Zaubernuß

Als Bestandteil von Heilsalben wirkt Hamamelis bei Krampfadern und Hämorrhoiden. Die Knoten jucken, brennen, sind empfindlich bei Berührung. Sie bluten mit dunklem, fast geronnenem Blut.

Juckende und brennende Hämorrhoiden beruhigen Sie mit Hamamelis; die Virginische Zaubernuß ist in Hämorrhoidensalben enthalten.

Modalitäten

Verschlechterung bei warmer, feuchter Luft.

Hepar sulfuris calcareum/Kalkschwefelleber

Sie lieben alles Saure und pikant Gewürzte? Dann sollten Sie bei Entzündungen Hepar sulfuris ausprobieren.

Tiefe Risse an Händen und Füßen sind keine Seltenheit, auch Ausschläge in den Achselhöhlen. Sie sind kälteempfindlich.

- Das Mittel hilft bei Abszessen: Die Entzündungen öffnen sich und heilen. Bei Abszessen an den Brustwarzen, zusammen mit allerhöchster Empfindlichkeit.
- Sehr gut einsetzbar ist es bei eitrigen Mittelohrentzündungen, Mandel-, Nebenhöhlen-, auch Augenentzündungen.
- Wenn trockener Husten durch Kälte oder Zugluft entstanden ist, sollte man Hepar sulfuris ausprobieren.
- Bei Pfeifferschem Drüsenfieber, wenn Wärme bessert; wenn Wärme verschlechtert: Phytolacca.

Hepar-sulfuris-Typen – Lust auf Saures

Wer das nach Hahnemanns Angaben hergestellte Produkt aus Schwefel und der inneren Schicht der Austernschale braucht, stürzt sich gern auf besonders saure, pikant gewürzte Speisen. Probieren Sie es deshalb in der Schwangerschaft!

Außerdem haben diese Menschen das Pech, daß nahezu alle Wunden und Verletzungen eitern. Dabei sind sie höchst berührungs- und schmerzempfindlich, lassen sich leicht durch die Kleinigkeiten aus der Fassung bringen.

Modalitäten

Verschlechterung durch trockene, kalte Winde, kalte Luft, geringsten Zug. Besserung bei feuchtem Wetter, durch Einhüllen des Kopfs, Wärme, nach dem Essen.

Hypericum perforatum/Johanniskraut

Besonders wirksam ist Johanniskraut in der Nähe der Tastsinne, also an Fingern, Nägeln, Handflächen, Fußsohlen. Bei Kribbeln in Händen und Füßen.

Nehmen Sie es bei sehr großen Schmerzen; es wirkt nicht, wenn der Schmerz fehlt. Hypericum ist bestens geeignet bei Zahnbehandlungen, auch zur Vorbeugung, um die Schmerzen zu lindern. Bei Verletzungen der Wirbelsäule, bei Querschnittslähmungen unmittelbar nach dem Unfall. Nach schmerzhaftem Sturz auf das Steißbein tut es gute Dienste – auch noch nach Jahren. Bei Schleudertrauma und Schock. Hypericum hilft, daß zerfleischte Glieder wieder heilen, auch wenn sie vom Körper schon fast abgetrennt waren. Es ist gut bei Verletzungen durch Tierbisse.

Setzen Sie das Johanniskraut nach Arnica ein, wenn dies nicht hilft. Es gilt als »Arnica der Nerven« – ein Allheilmittel bei nervlichen und psychischen Problemen.

Modalitäten

Verschlechterung bei Kälte, Feuchtigkeit, Nebel, Luftzug, bei Berührung. Besserung, wenn der Kopf nach hinten gebeugt wird.

Ignatia – das Mittel der Widersprüche

Ignatia stellt den großen Widerspruch dar, positive Reize wirken wie negative und umgekehrt: Kaffee wirkt als Schlafmittel, langweilige Fernsehfilme putschen auf. Die Symptome sind widersprüchlich, gute und schlechte Laune wechseln in Sekundenschnelle. Schlechte und traurige Nachrichten rufen Lachanfälle hervor. Heiterkeit schlägt blitzartig um in Traurigkeit. Kränkungen verursachen Krämpfe.

Ignatia-Typen sind überaus wach, nervös, besorgt, verkrampft, aber oft mit ungewöhnlich schnellem Reaktionsvermögen ausgestattet. Psychische Reize, Beleidigungen oder Streit verursachen Krämpfe. Schon die einfachsten Aufgaben machen Schwierigkeiten.

Ignatia-Typen verzweifeln an der Boshaftigkeit der Menschheit. Sie leben im Konflikt zwischen Gefühl und Vernunft.

Ignatia/Ignatiusbohne

Ignatia braucht, wer durch langanhaltenden Kummer psychisch und physisch ausgelaugt ist. Wer schluchzt, seufzt, ächzt und stöhnt, aber doch den Kummer still leidend in sich hineinfrißt und nicht getröstet werden will.

Ignatia, das Mittel gegen Kummer, wird oft als klassisches Frauenmittel bezeichnet. Es ist rezeptpflichtig bis einschließlich D3 und C1.

Es ist ein Heimwehmittel und eine Arznei gegen Liebeskummer, wenn nach einer Trennung die betroffene Person seelisch und/oder körperlich aus dem Gleichgewicht geraten ist. Sie kann nicht mehr weinen. Körperlich leiden Ignatia-Patienten oft unter einem Kloßgefühl im Hals, das aber durch Schlucken verschwindet.
Ohrgeräusche werden besser durch Musik, Übelkeit bessert sich durch Essen. Zahnschmerzen werden besser durch Kauen. Beim Einschlafen zucken einzelne Glieder oder der ganze Körper.

Modalitäten

Verschlechterung durch Tabak und verräucherte Luft, Kaffee, leichte Berührung, starke Gerüche, Kummer.
Besserung durch Lagewechsel, festen Druck, Wärme. Kopfschmerz bessert sich durch starkes Wasserlassen.

Ipecacuanha/Brechwurz

Wenn dauernd Übelkeit plagt, wenn Erbrechen nichts hilft, dann ist es höchste Zeit für Brechwurz. Ein weiteres Zeichen für Ipecacuanha: Die Zunge bleibt rein, sie ist nicht belegt. Aber man produziert sehr viel Speichel. Ipecacuanha ist auch bei Erbrechen mit Durchfall anzuwenden und gut geeignet in der Schwangerschaft. Außerdem hilft es bei unaufhörlichem Husten mit Krämpfen und viel Schleim.
Uterusblutungen, hell und reichlich, Schmerzen vom Nabel zur Gebärmutter bekämpfen Sie damit. Auch bei Nasenbluten ist das Mittel verwendbar, bei Blutungen aus Nase und Mund.

Modalitäten

Verschlechterung schon durch die geringste Bewegung, abends und nachts. Besserung in der frischen Luft.

Kalium bichromicum/Kaliumbichromat

Charakteristisches Leitsymptom für Kaliumbichromat ist der zähe, klebrige, gelbe bis gelbgrüne Schleim, der bei akuten oder chronischen Erkrankungen des Nasen- oder Rachenraums hervortritt. Sehr typisch sind auch die runden, punktförmigen Krusten in der Nase, die sich immer wieder aufs neue bilden. Schnupfen mit Verstopfung und Geruchsverlust.

Wenn engumgrenzte Schmerzen ganz plötzlich auftreten und ebenso plötzlich wieder verschwinden, an jeglicher Stelle des Körpers, am Kopf oder im Magen, auch bei Ischiasschmerzen, ist dieses Mittel angezeigt.

Kalium bichromicum hilft bei plötzlich auftretenden Schmerzen, auch bei Ischias.

Es heilt auch runde, wie ausgestanzt wirkende Geschwüre im Magen und Zwölffingerdarm. Bei Harnweginfektionen mit dem Gefühl, als würde beim Wasserlassen ein Tropfen zurückbleiben, und dem charakteristischen fädigen Schleim im Urin hilft es ebenfalls.

Modalitäten

Verschlechterung nach Biertrinken – sehr typisch! Auch am Morgen und an Tagen mit feucht-warmem Wetter nehmen die Beschwerden zu. Besser bei Hitze.

Der Kalium carbonicum-Typ

Der Kalium-carbonicum-Mensch hat es mit drei Plagen zu tun:

- Stechende Schmerzen im Rücken, verbunden mit Schwäche. Das Stechen ist sehr charakteristisch, man fühlt es überall, es ist immer vorhanden. Dadurch fühlen sich die Betroffenen oft depressiv.
- Schwäche und Schmerzen am Herzen, man kann daher nicht auf der linken Seite liegen oder gar schlafen.
- Starke Schweißabsonderung, während des Tages und in der Nacht.

Kalium carbonicum (Pottasche) paßt häufig zu Müttern und Hausfrauen, die gern im Hintergrund bleiben und alles behüten und bewahren wollen. Werden sie durch irgend etwas erschreckt, spüren sie das ganz deutlich im Magen. Sie sind auch sehr berührungsempfindlich, brauchen Ruhe und Schutz.
Wer Pottasche in homöopathischen Potenzen benötigt, mag kaltes Wetter und Zugluft nicht.
Ein weiteres Charakteristikum: Die sackartigen Schwellungen zwischen den Augenbrauen und den Oberlidern.

Kalium carbonicum/Kaliumcarbonat/Pottasche

Alle Kaliumsalze sind verbunden durch das Kennwort »Schwäche«. Sie heilen stechende Schmerzen und sind ein hervorragendes Wehenmittel.

- Kalium carbonicum ist ein gut wirkendes Mittel gegen stechende Schmerzen, ganz gleich, ob man sich bewegt oder nicht. Dabei taucht der Schmerz besonders häufig in der unteren rechten Brust auf.
- Es hilft gegen trockenen, spastischen Husten mit Würgen und Erbrechen.
- Einzusetzen ist es auch bei starken Blähungen, die schon nach ganz wenig Essen plagen. Die Schmerzen strahlen zum Rücken aus. Angst und ein Gefühl, als sei der Magen voller Wasser.
- Kalium carbonicum ist ein hervorragendes Mittel nach Wehen und Fehlgeburt und den damit verbundenen Schwächezuständen.
- Kaliumsalze nie bei Fieber geben!

Modalitäten

Verschlechterung in frischer Luft, in der Frühe, ganz besonders zwischen zwei und fünf Uhr in der Nacht; nach Anstrengungen, nach dem Geschlechtsverkehr, durch Liegen auf der linken oder der schmerzhaften Seite; vor und während der Regel.
Besserung durch warmes Wetter, Aufstoßen, Vorbeugen beim Sitzen, in der frischen Luft.

Kalium chloratum/Kaliumchlorid

Das Schüßlermittel Nr. 4 wird nach Ferrum phosphoricum im zweiten Stadium von Entzündungen eingesetzt, wenn das Fieber oder die Entzündungen sich festsetzen. Typisch hierfür sind die weißen, dicken Absonderungen, Schleim.

Es wirkt gut bei Schnupfen, wenn der trockene Stockschnupfen vorbei ist und die Nase läuft. Auch ist es hilfreich bei Mittelohr- und Bindehautentzündungen, bei Rheumatismus mit angeschwollenem Gelenk, bei Mandelentzündungen mit grauweißen Pusteln sowie Hautausschlägen nach Impfungen.

Modalitäten

Verschlechterung durch Kuchen, Fette, Gewürze. Besserung bei Wärme – im Gegensatz zu Ferrum phosphoricum.

Kalium phosphoricum/Kaliumphosphat

Das Schüßlermittel Nr. 5 ist ein gutes Nervenmittel und kann eingesetzt werden bei allen nervlichen Problemen – dabei hat es natürlich auch seine Grenzen. Bei Menschen, die niedergeschlagen sind, ängstlich, unlustig, traurig hilft es. Zur Unterstützung psychotherapeutischer Maßnahmen ist es ebenfalls geeignet.
Bei Kopfschmerzen mit nervöser Überempfindlichkeit, Schlaflosigkeit durch Nervosität, auch bei nervösen Magen-Darm-Beschwerden. Zur Unterstützung dient es bei der Behandlung von organischen Herzkrankheiten. Nach Grippeerkrankungen kräftigt es allgemein.

Modalitäten

Verschlimmerung morgens, bei geistiger Anstrengung, bei Kälte.

Kalium sulfuricum/Schwefelsaures Kalium

Das Schüßlermittel Nr. 6 ist das Entzündungsmittel für das dritte Stadium. Wenn die Entzündungen von Mittelohr, Hals, Nasen oder Rachen gelben oder grünen, eitrigen Schleim absondern, hilft es. Im erstes Stadium setzen Sie Ferrum phosphoricum (Seite 197) ein, im zweiten Stadium Kalium chloratum (Seite 204). Es behebt Husten und lockeres, starkes Schleimrasseln.
Bei Krankheiten, die nicht richtig ausbrechen, sich nicht entwickeln wollen, setzen Sie Kalium ein. Auch einen Tubenkatarrh und Schwerhörigkeit durch Tubenkatarrh können Sie damit heilen.

Der Gemütszustand der Patienten, die gut mit Kalium sulfuricum zu heilen sind, ist weinerlich, ängstlich, auch traurig.

Modalitäten

Verschlechterung in geschlossenen Räumen, bei Wärme, abends. Besserung in frischer, kühler Luft.

Lachesis/Buschmeisterschlange

Ausgesprochene Linksseitigkeit deutet auf Lachesis als geeignetes Mittel: Die Beschwerden beginnen links, um dann nach rechts überzugreifen, z.B. bei einer Halsentzündung. Auch Diphtherie, Scharlach beginnen links. Infektionskrankheiten verlaufen septisch.
Gute Hinweise auf Lachesis sind das Gefühl, einen Kloß im Hals zu haben, Leerschlucken verursacht Schmerzen; Brennen auf dem Scheitel und ein drückender, berstender Schmerz in den Schläfen.

Lachesis gehört zu den rezeptpflichtigen homöopathischen Mitteln – bis einschließlich der Potenzen D3 und C1.

- Lachesis ist ein vielverwendetes Mittel für die Wechseljahre der Frau. Es kann durchaus auch ein Männermittel sein; auf die Modalitäten kommt es an!
- Es wird eingesetzt bei septischen Erkrankungen, bei Entzündungen wie Angina oder Entzündungen der Speicheldrüsen, wenn sie links beginnen und dann nach rechts übergreifen.

Lachesis – ein Frauenmittel aus Schlangengift

Aus dem Sekret der Giftdrüsen von Lachesis muta, einer in Mittel- und Südamerika vorkommenden Schlange, wird Lachesis für die Homöopathie gewonnen. Das Gift zersetzt das Blut, macht es flüssig, indem es die Gerinnungsfähigkeit herabsetzt: Es entstehen blaue Flecken am Ort des Bisses.

Lachesis ist ein sehr bedeutsames Konstitutionsmittel, in seiner überwiegenden Verwendung ein Frauenmittel.

Die Lachesis-Patientin leidet unter charakteristischer Überempfindlichkeit gegen Berührung, d. h., sie kann enge, einschnürende Kleidung an Hals und Bauch nicht ertragen. Schon kleine Wunden bluten ungewöhnlich stark und dunkel (!), entzündete Partien werden dunkel und blau.

Wer Lachesis braucht, steht unter dem Zwang übermäßiger Geschwätzigkeit, läßt Satzenden weg, nur um rasch die nächste Story zum besten zu geben. Die Reden gleichen oft Entladungen.

Ausgesprochene Nachteulen, tagsüber sind sie meist zu müde, um zu arbeiten. Es kann auch vorkommen, daß sie glauben, unter Einfluß einer übermenschlichen Macht zu stehen. Zuweilen besitzen sie ein nahezu prophetisches Wahrnehmungsvermögen.

Lachesis-Patienten sind argwöhnisch und eifersüchtig, auch traurig und depressiv. Sie sind von enormer geistiger Beweglichkeit und Intelligenz, sie denken selbständig und haben eine lebhafte Phantasie. Sie haben mit maßloser Eifersucht zu kämpfen, auch wenn sie scheinbar keinerlei Grund dazu haben, und sind streitsüchtig.

- Anzuwenden ist es auch bei rheumatischen Beschwerden, Herzentzündungen, Hodenentzündungen, Diphtherie und Scharlach, Hautkrankheiten, wenn die Leitsymptome passen.

Modalitäten

Verschlechterung der Symptome nach dem Schlaf, durch enge und drückende Bekleidung, feuchte Wärme. Besserung durch Abfließen der Absonderungen: Schnupfen, Schweiß, Menstruation.

Ledum/Sumpfporst

Gut geeignetes Mittel bei Bissen und Stichen, seien sie durch Insekten, Bienen, aber auch durch Nägel und andere spitze Gegenstände hervorgerufen. Es ist das Mittel bei Rheuma ohne Fieber, Arthritis und Gicht. Hilft auch gegen Bisse von Tieren, gegen Spinnengift und allergische Reaktionen.

Bei hartnäckigen Verfärbungen und Flecken nach Verletzungen können Sie es anwenden. Bezeichnend für Ledum ist die in den betroffenen Körperteilen herrschende Kälte und Frostigkeit.

Modalitäten

Verschlechterung bei Wärme; sie verstärkt den Schmerz. Besserung durch Kälte.

Lycopodium/Bärlapp

- Wer Lycopodium braucht, leidet unter starken Blähungen im Unterbauch, verbunden mit Geräuschen und gewaltigem Druck nach unten.
- Dabei hat er ständigen Heißhunger, der aber nach wenigen Bissen verschwunden ist.
- Verlangen nach Süßigkeiten.
- Die Beschwerden beginnen meist rechts, wandern dann nach links, z. B. bei Angina.
- Lycopodium ist ein bedeutendes Lebermittel, mit allen Stoffwechselsymptomen, die sich davon ableiten können: Blähungen, Durchfall, aber auch Verstopfung, Gicht, Rheuma, venöse Stauungen, Krampfadern.

Wer unter Stoffwechselstörungen, lästigen Blähungen, Gicht oder Rheuma leidet und mit einem Blick in den Spiegel erkennt, daß er älter aussieht als er ist, sollte Lycopodium versuchen.

Lycopodium – das Männermittel

Als Konstitutionsmittel betrifft Lycopodium viele Männer: Rechtsanwälte, Lehrer, Pfarrer, aber auch Agenten und Personalchefs, ebenso Künstler – Sänger, Schauspieler, Dirigenten – sind häufig schon vom gewählten Beruf her Lycopodium-Typen.

Drei typische, äußerliche Erkennungsmerkmale: Oft sehen sie deutlich älter aus, als sie sind. Sie haben ausgeprägte Stirnfalten, und die Hüften sind mindestens eine Konfektionsgröße breiter als die Schultern.

Der Lycopodium-Patient zieht von Arzt zu Arzt, wobei es ihm wichtig ist, von anerkannten Kapazitäten behandelt zu werden. Er weiß über seinen Fall bestens Bescheid. Trotzdem will er von dem, was in seinem Körper passiert, nicht allzuviel wahrhaben, er möchte sich mit seinen eigenen Schwächen nicht auseinandersetzen. Er ist überaus skeptisch, will ganz genau erklärt haben, was er verordnet bekommt oder welche Untersuchungen durchgeführt werden.

Er ist ein steter Bewahrer, hält auf Tradition und Erfahrung. Leider kann er sehr rechthaberisch sein. Gleichzeitig ist er scharfsinnig und verstandesbezogen, denn er will seine Gefühle durch den Verstand kontrollieren. Er leidet oft unter Minderwertigkeitsgefühlen, die ihn dazu bringen, sich anzupassen. Zwar gibt er sich als Haustyrann, ist aber feige. Er buckelt nach oben und tritt nach unten. Sein Perfektionismus treibt seltsame Blüten. Den Mangel an Gelassenheit überspielt er geschickt mit äußerlicher Lockerheit.

Nicht selten ist er Legastheniker: Beim Schreiben läßt er Buchstaben aus, verwechselt sie, bringt Silben durcheinander, was zu seinem Perfektionismus nicht paßt.

Verschlimmerung setzt bei Lycopodium auch morgens ein – Morgenmelancholie. Besserung im Freien und durch Bewegung.

Modalitäten

Verschlechterung der Symptome: Zwischen 16 und 20 Uhr – sehr bezeichnend. Ein Fuß oder eine Hand kann jeweils warm sein, der andere Fuß oder die andere Hand ist kalt.

Lycopodium hilft als Konstitutionsmittel gerade jenen, die perfektionistisch sind, über ihre Krankheiten genau Bescheid wissen und von einem Spezialisten zum nächsten wandern.

Magnesium carbonicum/Magnesiumkarbonat

- Für unruhige Kinder, Zappelphilippe, die schnell ermüden – geistig und körperlich.
- Im Alter gegen Grauen Star, Prostatavergrößerung, Blasenkrampf.

Magnesium-carbonicum-Typen erkälten sich leicht. Wenn sie Schmerzen haben, dann sind das zuckende Blitze, im Gesicht, in den Muskeln, in den Knochen. Das bringt sie zu der Überzeugung, unheilbar krank zu sein. Als Kind wollen sie nicht wachsen, sie jammern und weinen. Ihr Stuhl ist froschlaichartig.

Magnesium carbonicum für saure Typen

Sie sind ständig gereizt, schnell beleidigt. Und sie machen sich Sorgen um sich und ihre Famile, fühlen sich müde. Sie sind »sauer«, riechen auch so, schwitzen sauer, was ihnen Schwierigkeiten im Umgang mit anderen bereitet. Menschenansammlungen können sie nicht ertragen. Warme Speisen mögen sie nicht, kein Fleisch und keine Milch, sie bevorzugen saure Lebensmittel oder trockenes Brot.
Sind sie einerseits ständig unterwegs, können sie andererseits auch still sein und wollen dann von niemandem gestört werden. Sie haben

Angst, daß etwas Schreckliches passiert. Zuweilen können sie in die Zukunft schauen und außergewöhnliche Ereignisse vorhersagen. Mürrisch verrichten sie ihr Tagwerk, besonders in der Früh und am Vormittag. Wenn man sie ärgert, geht es ihnen noch schlechter.

Modalitäten

Verschlechterung aller Symptome durch Kälte, kalten Luftzug, durch Aufdecken, Temperaturwechsel; nach dem Essen Verdauungsbeschwerden.
Verschlimmerung des Allgemeinbefindens durch Wärme, bei Hautsymptomen durch Bettwärme. Schlimmer wird der Zustand auch durch Aufregung, Ärger, Schreck (Geräusche); durch Fleischgenuß bei Hautkrankheiten, Milchtrinken; von drei bis fünf Uhr nachts, in der Früh.
Besserung an der frischen Luft und beim Umherwandern.

Magnesium phosphoricum/Magnesiumphosphat

Magnesium-phosphoricum-Typen sind reizbar und sehr nervös, gleichzeitig hochempfindlich gegen Kälte.

Magnesium phosphoricum, das Schüßlermittel Nr. 7, hilft bei vielen krampfartigen, stechenden und schneidenden Schmerzen, die plötzlich vergehen und unverhofft wiederkommen: Trigeminus, Ischias, Migräne. Bei kolikartigen Anfällen in der Menstruation, bei Schreib- und Strickkrämpfen. Als »Heiße 7« (Seite 279) tut Magnesium phosphoricum Ihnen gute Dienste.

Modalitäten

Verschlimmerung der Beschwerden durch Kälte, Berührung und Bewegung. Besserung durch Wärme, bei Koliken durch Zusammenkrümmen, Druck – bei Leibschmerzen legt man sich auf den Bauch.

Medorrhinum/Medorrhin

Medorrhinum hilft speziell bei Ausfluß, Prostataentzündungen und vielen anderen Beschwerden im Genitalbereich. Es heilt auch die chronischen Folgen der Gonorrhöe. Außerdem wird es bei Sehnenscheidenentzündungen, neuralgischen (Gelenk-)Schmerzen, Hautausschlägen, Hautjucken, Entzündungen der Nase und der Nebenhöhlen, Erkrankungen des Rachens, Bronchitis und sogar bei Nägelkauen eingesetzt.

Medorrhinum – das Mittel für Ungeduldige

Das Empfinden, die Zeit vergehe zu langsam, ist ein zwar seltsames, aber sehr charakteristisches Kennzeichen für Medorrhinum-Patienten. Sie können nichts abwarten, nichts vollenden. Stets warten sie auf das Ereignis, das ihr Leben verändern soll.

- Deshalb sind sie nervös und überreizt, überempfindlich gegen Schmerzen, die mal hierhin, mal dorthin wandern.
- Sie frieren sehr leicht, haben kalte Nasen oder kalte Hände und Füße.
- Ständig leiden sie unter großem Hunger, auch wenn sie gerade ausgiebigst gespeist haben.
- Sie sind vergeßlich, können sich schlecht konzentrieren und haben Schwierigkeiten, lange Reden zu halten, weil sie ganz plötzlich den Faden verlieren.
- Sie feiern die ganze Nacht hindurch, obwohl sie wissen, daß sie das am nächsten Tag büßen müssen. Völlig zerschlagen wachen sie auf, fühlen sich miserabel und haben keine Lust auf Arbeit.

Medorrhinum ist eine Nosode. Nosoden werden aus Substanzen des akuten oder chronischen Stadiums einer Krankheit gewonnen. Die Medorrhinum-Nosode wird aus Gonokokkeneiter, der die Erreger der Gonorrhöe enthält, isoliert.

Modalitäten

Verschlechterung hauptsächlich bei naßkaltem Wetter, durch Abkühlung, Luftzug. Aber auch untertags, durch Berührung, Ausstrecken der Glieder, durch Neigen des Kopfes nach vorn.
Besserung durch frische Luft, im Freien und am Meer, bei Bewegung; abends und nachts. Auch Weinen hilft.

Mercurius solubilis Hahnemanni/Quecksilber

Die homöopathische Literatur schildert dieses Mittel als sehr stark wirksam. Quecksilber wird, außer als heilsames Konstitutionsmittel, bei den folgenden Erkrankungen eingesetzt.

- Darm: Segensreiche Arznei für die Schleimhäute des Verdauungstrakts. Wichtig bei starkem Durchfall, Ruhr und wenn das Drängen des Stuhls anschließend noch schlimmer ist.

- Magen: Bei Sodbrennen, fauligem Aufstoßen, chronischer Magenverstimmung.

- Atemwege: Sehr charakteristisch ist die Tatsache, daß diese Patienten nicht auf der rechten Seite liegen können, auch wenn gar keine Schmerzen spürbar sind. Der Husten ist rauh und trocken, er erschöpft. Der Hustenreiz sitzt hinter dem Adamsapfel, meist folgen zwei schnelle Hustenstöße hintereinander. Rauchen und kalte Luft verschlechtern den Zustand.

Quecksilber in homöopathischer Aufbereitung hilft Magen und Darm, den Atemwegen und kann nach Belladonna erfolgreich bei Scharlach eingesetzt werden

.

- Entzündungen der Mundschleimhäute: Kennzeichen ist eine erhöhte Speichelproduktion. Wirksam ist Quecksilber auch bei schwammigem, zurückweichendem Zahnfleisch, bei dickem, feuchtem Belag auf der Zunge, eine Furche bildet sich auf der oberen Zungenfläche in Längsrichtung, bei unangenehmem Mundgeruch und starkem Durst bei feuchtem Mund.

- Nasennebenhöhlen-, Augen- und Ohrenentzündungen: Die Nasenöffnungen sind wund, Quecksilbertypen niesen bei Sonnenschein. Augenentzündungen werden rot, die Augen müssen vor Schmerzen zusammengedrückt werden. Auslöser der Entzündung ist oft strahlende Hitze: Sonne, Feuer. Ohrenfluß ist grünlich, übelriechend. Gute Arznei bei Mittelohrentzündung.

- Kopf: Bei Wetterabhängigkeit, einem Spannungsgefühl im Kopf, als wäre man bandagiert. Das Liegen auf dem Rücken verursacht Schwindelgefühl.

- Scharlach: Quecksilber folgt bei Scharlach auf Belladonna. Die Pupillen sind weit, der Kopf rollt, es kommt zu Gehirnreizung.

Quecksilber-Typen sind ruhelos

Wesentliche Leitsymptome des Quecksilber-Typs: Zittern und Ruhelosigkeit. Trotz dieser Ruhelosigkeit macht er nur schwer etwas fertig. Er ist instabil, d. h., er kann auf der einen Seite hochsensibel und leicht erregbar sein, auf der anderen aber apathisch und geistig träge. Er braucht ungewöhnlich lange, um Fragen zu beantworten. Er fällt

von Lachen in Weinen, nie weiß man, was man von ihm zu erwarten hat. Geht es ihm schlecht, dann ist er Weltmeister im Jammern.
Er hat Gedächtnisschwierigkeiten und unnatürliche Angst vor möglichen Feinden und Räubern. Er trägt sich mit Selbstmordgedanken, wenn er ganz tief in den negativen Einflüssen seines Quecksilber-Charakters steckt.

Kennzeichen für Quecksilber-Typen

Wenn er schwitzt, was nicht gut riecht, werden seine Beschwerden schlimmer. Sein Schweiß ist klebrig und färbt gelb – Beteiligung der Talgdrüse. Die Haut ist fast immer feucht.
Verlangen nach Butter – mit Brot. Eine Abneigung gegen Bier, Fleisch, Weinbrand. Er verträgt nichts Süßes und keine Milch. Oft hat er viel Durst nach großen Mengen.

Modalitäten

Verschlimmerung aller Symptome durch Schwitzen, nachts, durch Bettwärme – vor allem bei Hautkrankheiten das Brennen und Jukken –, durch naßkaltes Wetter.

Natrium carbonicum/Natriumkarbonat/Soda

Charakteristischer Hinweis auf Natrium carbonicum ist ein Kopfschmerz, der oft schon durch die kleinste geistige Anstrengung entsteht. Dem Patienten bzw. der Patientin ist es unmöglich, ohne Schmerzen Kopfarbeit zu leisten, verbunden mit Benommenheit und Schwindelanfällen. Hinzu kommen Schwäche und Depressionen, große Empfindlichkeit gegen Geräusche, z.B. Musik. Reaktionen auf Wetterwechsel. Müdigkeit und traurige Gedanken sind bestimmend.

Seltsam sind die schwachen Fußknöchel, die man bei Natrium-carbonicum-Menschen immer wieder beobachten kann: Der Fuß knickt einfach um.

Modalitäten

Verschlechterung durch Sommerhitze, Musik, geistige Anstrengung, Gewitter. Besserung durch Bewegung.

Natrium muriaticum/Kochsalz

Das Schüßlermittel Nr. 8. ist das Hauptmittel für alle Folgen stillen Kummers. Es ist ein gutes Mittel gegen chronische Traurigkeit und

Enttäuschungen, häufig beginnen viele Krankheiten gerade in solch einem Seelenzustand.
Gegen Kopfschmerz, Migräne, Bronchitis, Schnupfen, Beschwerden der Verdauungsorgane (Mund, Magen, Darm), Hauterkrankungen, Herzbeschwerden und anderes wird Natrium muriaticum eingesetzt.
Kochsalz hat so viele Kennzeichen und typische Symptome, daß man glauben könnte, nahezu jeder Mensch sei ein Natrium-muriaticum-Typ oder hat zumindest einen nicht zu übersehenden Anteil davon in seinem Charakterbild.
Was auch stimmt! Denn Salz regiert unser Dasein. Salz zieht Wasser an, löst sich in ihm auf: Tränen, Schweiß, der ganze Stoffwechsel werden vom Salz bestimmt.

Der Natrium-muriaticum-Typ

Sie magern oft ab, besonders am Hals, trotz Heißhunger und starkem Durst. Gierig stürzen sie sich auf salzige Brezeln, salziges Fleisch, scharf gewürzte Speisen. Brot verschmähen sie.
Tagsüber sind sie schläfrig, besonders nach dem Essen. Morgens kommen sie nur sehr schwer aus dem Bett. Im Mund verspüren sie oft eine recht störende Trockenheit, verbunden mit großem Durst. Flaues Hungergefühl zwischen neun und elf Uhr ist charakteristisch.
Die Lippen sind aufgesprungen, typisch ist die Zunge mit Einrissen und Belägen – oft haben sie auch das Gefühl eines Haars auf der Zunge. Früher Haarausfall oder fettiger Ausschlag an der Haargrenze, schuppige, trockene, aber auch fettige Haut passen ebenfalls zu Natrium muriaticum.
Bei Verstopfung ist der Stuhl trocken; sie können in Gegenwart anderer keinen Harn lassen – sehr bezeichnend. Haben sie Schnupfen, ist der Ausfluß glasig-hell und verursacht eine wunde Nase.

Natrium muriaticum ist selten ein Akutmittel. Es wirkt langsam und benötigt einen längeren Zeitraum der Therapie.

Natrium-muriaticum-Typen möchten auf hartem Untergrund liegen oder sich gegen einen Schrank oder eine Mauer stützen, wenn sie unter Rückenschmerzen leiden. Sie frieren und frösteln leicht und viel, besonders bei naßkaltem Wetter.
Am Meer fühlen sie sich äußerst wohl – vielleicht wegen des Jodgehalts im Salzwasser – oder sie werden dort krank. Interessant ist die Tatsache, daß Natrium-muriaticum-Typen wesentlich öfter in Küstengegenden als im Inland leben.

Salz bestimmt ihr Leben

Der reine Natrium-muriaticum-Typ gibt sich herb, verschlossen, abweisend und in sich gekehrt. Er ist empfindlich und empfindsam, zieht sich deshalb zurück. Er ist nachtragend. Aus Kindheitserlebnissen kann bei Männern Mutterhaß entspringen und eine Abneigung gegen Frauen. Bei Frauen wiederum entwickelt sich aus einer tiefsitzenden Störung der ersten Beziehung ein Haß auf die Männer.

Wer denkt, sie trösten zu müssen, hat sich geirrt. Trost verschlimmert ihre Stimmung, weil sie glauben, nicht verstanden zu werden. Sie weinen gern allein.

Als Erwachsene haben Natrium-muriaticum-Typen viel Verständnis für ihre Mitmenschen, sie gehen auf sie zu. Der Kochsalz-Mann bindet sich an Frauen, die schon in festen Händen sind. Insgeheim fürchtet er, die Geliebte doch wieder zu verlieren, deshalb will er sich gar nicht erst vollends binden. Auch ist er der Überzeugung, daß seine Erwartungen an andere nie erfüllt würden.

Sie sind es gewöhnt, alles von der schlechtesten Seite zu sehen. Sie quälen sich durch das Leben, leiden unter großer Zukunftsangst, sammeln negative Gedanken und versinken in tiefer Hoffnungslosigkeit. Meist sind sie recht bequem, haben keine Lust zu arbeiten. Stimmungswechsel sind bezeichnend.

Untergewichtige Kinder

Natrium-muriaticum-Kinder haben oft Untergewicht. Sie zeigen sich scheu und ablehnend, wollen ihre Ruhe haben. Gönnt man sie ihnen nicht, fangen sie an, zornig zu schreien. Auch können sie Trost nicht vertragen: Durch Zuwendung geraten sie in Wut. Sie sprechen langsam, fangen oft spät damit an.

Sie sind sehr selbständig, Jungen wie Mädchen, und eignen sich hervorragend als Vater- oder Mutter-Ersatz und als Babysitter. Die Eltern sind stolz auf ihr »erwachsenes« Kind, nehmen dessen Tugend aber als selbstverständlich.

Sie naschen Salz wie ihre Altersgenossen Zucker.

Kinder, die früh selbständig sind und freiwillig gern die kleineren Geschwister beaufsichtigen, können Sie häufig gut mit Natrium muriaticum heilen. Probieren Sie es aus!

Modalitäten

Verschlechterung durch Trost, Ärger, Kummer, wenn sie über sich selbst reden.
Geringste geistige und körperliche Anstrengung zieht Erschöpfung nach sich.
Ernste Musik, Geräusche, Lärm plagen; auch durch direkte Sonnenbestrahlung oder nach dem Geschlechtsverkehr wird der Zustand schlechter.
Besserung durch Hinlegen bzw. Hartliegen bei Rückenbeschwerden; nachmittags und abends, durch enge Kleidung und durch Fasten.

Natrium phosphoricum/Natriumphosphat

Das Schüßlermittel Nr. 9 hilft bei Übersäuerung. Hauptsächlich setzen Sie es bei Sodbrennen, bei Überschuß an Säure allgemein ein. Die Ausscheidungen riechen sauer. Der Natrium-phosphoricum-Typ reagiert auch schnell säuerlich, er ärgert sich häufig.

Natrium sulfuricum/Natriumsulfat/Glaubersalz

Glaubersalz ist allopathisch eingesetzt ein bewährtes Abführmittel. Als Schüßlermittel Nr. 10 ist es konstitutionsgebunden, d. h., die Modalitäten müssen stimmen. Wenden Sie es nur nach Befragung eines Schüßler-Spezialisten an.

Das Schüßlermittel Nr. 10 kann als »Wettermittel« bezeichnet werden. Es hilft dem Verdauungssystem und bei Schwangerschaftserbrechen. Kopftraumen, Bartflechte und andere Pilzerkrankungen sowie Ekzeme an den Händen von Bäckern heilt Natriumsulfat. Es ist die Arznei für melancholische, schlecht gelaunte Menschen, die selbstmordgefährdet sind.

- Husten mit grünem, fadenziehendem Schleim. Grünliche Ausscheidungen sind ein Charakteristikum. Großes Frösteln und starke Empfindlichkeit gegen Kälte. Der Patient fühlt sich – von der Wirbelsäule aus – wie zerschlagen bei Feuchtigkeit und Wärme. Ein bitterer Geschmack ist im Mund. Die Schmerzen strahlen speziell durch die linke Brust.
- Bei Folgen von Kopfverletzungen, Gehirnerschütterung. Bei Kopftraumen aller Art, wenn anschließend Kopfschmerzen, Migräne, Depressionen auftreten. Wetterfühlige, die jede klimatische Veränderung schon vorher in ihrem Kopf spüren, brauchen Natrium sulfuricum.
- Für Leber und Galle, den Verdauungstrakt, Magen- und Zwölffingerdarmentzündungen. Auch bei Gelbsucht und Durchfällen, die

auf Erkrankungen der Leber zurückzuführen sind. Oft sehen Natrium-sulfuricum-Patienten auffallend gelblich aus: Ein Zeichen für Erkrankungen der Leber.

- Sie neigen zu Durchfall nach Anstrengungen, nach dem Frühstück. Solange sie im Bett liegen, ist alles gut, aber wenn sie aufgestanden sind, könnte jeder Schritt zuviel sein.
- Bei Schwangerschaftserbrechen und Sodbrennen in der Schwangerschaft.

Die Wettermittel

Mit Dulcamara und Rhododendron ist Natrium sulfuricum eines der drei Wettermittel der Homöopathie. Es hilft bei den Folgen eines Wechsels von trockener zu feuchter Witterung, bei Beschwerden, die durch einen Aufenthalt in feuchten Räumen auftreten. Wenn sich Kurzatmigkeit, auch Asthma, bei feuchtem Wetter auffallend verschlechtern, kann dies ein Zeichen für eine Behandlung mit Natrium sulfuricum sein. Auch Durchfälle verschlimmern sich bei Wetterwechsel. Es ist ein spezifisches und sehr bewährtes Mittel bei Asthma von Kindern.

Auch für die Wetterfühligkeit, der so viele annähernd hilflos ausgeliefert sind, hat Hahnemann Mittel gefunden: Dulcamara, Natrium sulfuricum, Rhododendron.

Modalitäten

Verschlechterung durch Kälte und Feuchtigkeit; beim Musikhören, Liegen auf der linken Seite. Besserung durch trockene Hitze.

Nux moschata/Muskatnuß

Nux-moschata-Typen neigen zu rheumatischen Erkrankungen, wenn sie nasse Füße bekommen haben, auch bei Zugluft in erhitztem Zustand, bei nassem und kaltem Wetter. Die Körperteile, auf denen sie liegen, schmerzen sehr. Ihre Glieder sind wie taub und völlig gefühllos.

- Ihr Hauptleiden ist der Blähbauch; alles, was sie essen, scheint sich in Gase zu verwandeln. Dadurch besteht ein unerträglicher Druck auf das Herz (Roemheld-Syndrom).
- Die nervliche Anspannung schlägt sich heftig auf den Magen, Nux moschata heilt akute Magen- und Darmentzündungen. Sie haben häufig Verstopfung, auch weicher Stuhl läßt sich nur recht mühsam entleeren. Durchfall auf Milch.

Nux-moschata-Typ – müde und nervös zugleich

Nux-moschata-Typen sind die großen Träumer, sie leiden unter »traumhafter Verwirrung der Gedanken«. Sie leben in einer Traumwelt und finden sich im harten Leben nicht zurecht.

Der Nux-moschata-Patient ist müde, schlaftrunken, besonders nach dem Essen, oft unsagbar benommen, trotzdem sehr nervös. Gedächtnisverlust kommt vor, dazu die Neigung, bei nur geringen Schmerzen in Ohnmacht zu fallen. Auch reagiert er auf scheinbar harmlose Ereignisse mit Krämpfen und hysterischen Anfällen. Seine Stimmung wechselt sprunghaft zwischen Lachen und Weinen, Lebhaftigkeit und Ruhe. Oft fällt er unangenehm auf, weil ihm alles nur lächerlich erscheint.

Sehr typisch ist der stets trockene Mund, wobei die Zunge am Gaumen kleben bleibt. Der Hals ist ebenfalls trocken, der Speichel fühlt sich an wie Watte.

Bei Frauen charakteristisch: Mund, Zunge und Kehle werden bei jeder Monatsblutung unerträglich trocken.

Modalitäten

Verschlechterung durch Kälte, kaltes, nasses Wetter, Wind. Aber auch kalte Getränke, kalte Speisen, kaltes Waschen und Liegen auf der schmerzenden Seite. Besserung durch warmes, trockenes Wetter, im warmen Zimmer, durch Einhüllen.

Nux vomica/Brechnuß

Nux vomica ist das krampflösende Mittel schlechthin. Es bessert Migräne, Magenentzündungen und Zwölffingerdarmgeschwüre, spastische Verstopfung. Bei Frauen hilft es auch bei Menstruationsbeschwerden. Es ist das Gegenmittel, Antidot genannt, zu vielen homöopathischen Arzneien. Rezeptpflichtig bis D 3 und C 1.

- Der Nux-vomica-Typ leidet unter Brechreiz und Erbrechen, einem bitteren, sauren Geschmack im Mund, der ihm besonders in der Früh zu schaffen macht. Nach dem Essen verspürt er ein überaus quälendes Völlegefühl im Bauch, ein Drücken wie von einem Stein. Er will aufstoßen, aber es gelingt ihm nicht. In der Früh und ein bis zwei Stunden nach dem Essen geht es ihm am schlechtesten. Nux vomica hilft auch gegen Sodbrennen.
- Der Stuhlgang ist ein ständiges Problem. Wenn der Betroffene nicht zur gewohnten Stunde und am gewohnten Ort alles erledigen kann, ist der Tag verdorben.

- Plagen ihn nächtliche Kreuzschmerzen, muß er sich im Bett aufsetzen, um sich umdrehen zu können. Große Pein machen ihm Muskelkrämpfe, die ihn anfallweise überraschen, merkwürdigerweise ausgelöst durch Berührung – er ist sehr empfindlich – oder Geräusche.
- Bei Fieber und Schüttelfrost, wenn nur die Hand aus der Decke hervorgestreckt wird, hilft es.
- Ständige Gefahr besteht, sich zu erkälten, an Husten und Asthma zu erkranken. Er ist gegen Zugluft sehr empfindlich.
- Bei Medikamentenmißbrauch allopathischer Produkte, zu viel Rauchen, Trinken, Essen.

Der Nux-vomica-Typ fühlt sich ausgesprochen wohl vor dem Ausbruch einer Krankheit. Er nimmt seinen Körper bewußt nicht wahr und meint, für Krankheiten keine Zeit zu haben.

Nux vomica für ganze Kerle

Nux vomica ist ein typisches Männermittel. Kaffee schlürfende, Zigaretten rauchende, vor Ehrgeiz und Energie platzende Tag- und Nachtarbeiter brauchen dieses Mittel. Ihr ausgeprägtes Pflichtgefühl bringt sie zum Erfolg. Aber auch Frauen, die Karriere anstreben, tun dies immer mehr in Begleitung von Nux-vomica-Kennzeichen. Sie reagieren nervös, gereizt und sind leicht beleidigt.
Der Nux-vomica-Mann hat wilde Träume, seine erotischen Phantasien sind ausgeprägt. Oft ist er ein Künstlertyp, mit viel Phantasie und Begabung. Wenn er nur nicht pausenlos so viel essen würde! Denn was er in sich hineinschlingt, ist Gift für ihn. Sodbrennen und Magenkrämpfe sind seine Probleme, hinzu kommt tagelange Verstopfung. Denn das Essen war wieder einmal zu fett. Und statt Ruhe, Entspannung und in Zukunft eine gesündere Ernährung zu erwägen, greift er zum Kognak, der ihm auch nicht hilft. – Glücklicherweise gibt es diese absolute Ausgeburt eines Nux-vomica-Monarchen nur selten.

Modalitäten

Verschlechterung aller Symptome morgens, durch geistige Überarbeitung, nach dem Essen, durch Medikamente und Stimulanzien. Besserung abends, in der Ruhe, nach kurzem Schlaf.

Petroleum, homöopathisch aufbereitet, wirkt positiv auf Geist und Psyche. Testen Sie es bei Konzentrationsschwierigkeiten.

Petroleum/Steinöl

- Als Konstitutionsmittel wirkt das Petroleum oder Steinöl tief auf Geist und Psyche.
- Petroleum heilt Ausschläge, wenn die Haut trocken und schwielig ist, rissig und trocken, zu blutigen Schrunden neigt: hinter den Ohren, am ganzen Kopf, in den Mundwinkeln, an der Nase, den Augen – auch Augenentzündungen sind möglich –, am After, Hodensack. Und selbst die kleinste Wunde eitert. Gut wirksam gegen Frostbeulen.
- Magen- und Darmbeschwerden werden durch Petroleum gelindert und geheilt, auch Kopfbeschwerden und Schwindel. Petroleum ist deshalb eine hervorragende Arznei gegen Reisekrankheiten. Spezielles Kennzeichen: Appetit trotz Übelkeit, das Wasser läuft im Mund zusammen.

Der Petroleum-Typ zeigt sich unterschiedlich

Dieser Typ ist durch Schreck und Ärger leicht zu irritieren, oft reichen schon Kleinigkeiten. Er kann sich von erlittenem Verdruß nicht lösen, schon der kleinste Scherz wird als Beleidigung registriert.
Der Petroleum-Typ kann aber auch gefühlsmäßig erstarrt sein: Er lebt nur in seiner Welt und was daneben stattfindet – z. B. ein Unfall auf der anderen Straßenseite – kümmert ihn nicht.
Steht man unter Anspannung oder hat Sorgen, dann reagiert das Gedächtnis falsch. Man verirrt sich sogar in Gegenden, in denen man sich zu Hause fühlt. Oder man bildet sich ein, doppelt zu existieren, merkwürdige Wesen spielen Schabernack mit einem.
Eine völlig andere Variation des Petroleum-Typen ist die Konstitution »James Bond«. Er geht seinen Weg zum Ziel, in dem er alles zur Seite räumt, was sich ihm in den Weg stellt. Das Gute muß siegen, die Opfer haben Pech.

Modalitäten

Verschlimmerung der Übelkeit durch Bewegung, im Auto, auf einem Schiff, im Flugzeug. Ausschläge werden schlimmer im Winter. Schlechter wird der Zustand auch durch Ärger und Schock, morgens und tagsüber, während der Menstruation. Besserung der Übelkeit durch Essen. Die Ausschläge bessern sich im Sommer.

Phosphorus/Gelber Phosphor

- Brennen ist das Hauptproblem. Die Hände und Füße können brennen, der Rücken von unten nach oben, zwischen den Schulterblättern. Dieser Typ ist übrigens sehr kitzlig.
- Bei Herz- und Kreislaufbeschwerden hat er Herzklopfen, wenn er sich bewegt. Er kann nicht auf der linken Seite liegen, das Herzklopfen, ebenso Husten, wird dabei schlimmer.
- Auch Atemnot und Atembeklemmung verursachen ihm Pein.
- Blutungen sind aus allen Organen möglich, schon kleine Wunden bluten stark.
- Nach allen Knochenverletzungen hilft Phosphor, da es die Knochen wirksam stärkt.

Gelber Phosphor homöopathisch verwendet, hilft bei Erkrankungen der Atmungsorgane, der Nerven, des Magen-Darm-Bereichs, des Herzens, der Nieren, heilt Lungenentzündung, Bronchitis, Knochenkrankheiten und brennende Schmerzen.

Magen und Darm

Kennzeichnend für den Phosphor-Patienten sind die sogenannten Bleistiftstühle – wie vom Hund –, das Brennen im Magen, der Drang nach kalten Getränken, die oft wieder erbrochen werden, wenn sie im Magen warm geworden sind. Der Durst ist groß. Nachts steht er auf und ißt. Erst wenn er richtig satt ist, kann er wieder einschlafen. Während des Schlafs, besonders zu Beginn, muß er viel schwitzen.

Der Phosphor-Typ – mager und schnell erschöpft

Viel zu schnell gewachsen, mager und dünn sieht der Phosphor-Typ aus. Er klappt zusammen, wenn er erschöpft ist – das ist er schnell. Da ständig sein Temperament mit ihm durchgeht, überfordert er sich permanent. Er ist – stimmungsmäßig – schnell aufgebracht, alles regt ihn auf und macht ihn nervös. Erschöpft zittert er dann vor Angst, die er oft hat: vor Gewittern, bösen Vorahnungen, dem Alleinsein.

Auch ist er empfindlich: auf Geräusche, Licht, Gerüche. Wenn er besonders schlecht gelaunt ist, kann er vom Duft eines Blumenstraußes ohnmächtig werden.

Andererseits ist er ein durchaus fröhlicher Mensch, kontaktfreudig, er scheint überhaupt nicht müde zu werden. Wenn er aber im Bett liegt, schläft er tief und und fest. Und erstaunlich schnell wacht er wieder auf: Phosphor-Typen erholen sich rasch.

Es kann aber auch sein, daß er lange schlafen muß, bei Überforderung schnell erschöpft ist und recht gleichgültig auf seine Umgebung reagiert. Oft hat er dann starke Schmerzen in der Wirbelsäule oder bekommt sogar eine Knochenmarksentzündung bis hin zum Knochenschwund.

Den Typ bestimmen

So auffällig der reine Phosphor-Typ äußerlich auch erscheint, das Arzneimittelbild – also das, was sich durch Prüfung des Mittels am Gesunden zeigt – steht doch im Vordergrund. Denn auch Menschen, die nicht sehr groß sind und keine seidigen Wimpern haben, können von Fall zu Fall Phosphor brauchen. Wenn sie z.B. das charakteristische Brennen im Magen spüren oder schwindlig werden bei intensiven Gerüchen oder die für Phosphor typische Abneigung gegen gekochte Milch zeigen.

Äußerliche Kennzeichen

Phosphor-Männern wird ein übergroßer Geschlechtstrieb nachgesagt. Phosphor-Frauen bekommen ihre Regel oft zu früh, zu stark und zu lang.

Der Phosphor-Typ leuchtet. Er hat lange, seidige Wimpern. Wenn blonde, schmächtige Kinder, mit ungewöhnlich durchscheinender Haut, auffallend ungern allein sind, nicht allein einschlafen könnnen, sich gern an Vater oder Mutter kuscheln, sollte man an Phosphor denken.

Auch die Augen sind bemerkenswert: Ungewöhnlich groß, beherrschen sie das ganze Gesicht. Oder sie sind weit aufgerissen, glänzen, sind immer in Bewegung, mit häufigem Lidschlag.

Der Phosphor-Typ zeigt einen starken Willen. Und er liebt Erlesenes: erlesenes, nur warmes Essen mit erlesenem Wein in erlesener Umgebung. Dabei ißt er recht schnell, damit die Speisen nicht kalt werden. Gern trinkt er Cola, eiskalt, niemals lauwarm, er mag Fisch, Salziges genauso wie Süßes. Pilze verschmäht er. Abgekochte Milch ist eine Strafe für ihn.

Modalitäten

Verschlechterung abends und nachts; durch Aufregungen, auch durch körperliche und geistige Anstrengung. Besserung durch Ruhe und Schlaf, auch Kurzschlaf, durch Wärme und Dunkelheit. Phosphor-Menschen sind Sonnenanbeter, es kann aber auch vorkommen, daß sie sich in kaltem Wasser ganz besonders wohl fühlen.

Phytolacca/Kermesbeere

Halsschmerzen, Seitenstrang-angina, Ischias? Und immer wieder Beschwerden in der feuchtkalten Witterung? Hier hilft Phytolacca.

- Gute Heilwirkung bei Halsschmerzen, wenn man sich sehr zerschlagen fühlt. Müdigkeit bis zur Apathie gehört dazu. Der ganze Hals ist dunkelrot, dazu kommen stechende Schmerzen, die zum Ohr ausstrahlen, und ein heißer Kopf. Gefühl, eine glühende Kugel im Hals zu haben. Ständiger Reiz, sich zu räuspern, ohne daß dies erleichtert. Weiße Pünktchen sind auf dem Zäpfchen sichtbar, übler Mundgeruch plagt. Die Schmerzen verschlimmern sich durch warme Getränke. Phytolacca ist sehr gut einzusetzen bei Seitenstrangangina, auch bei Pfeifferschem Drüsenfieber, wenn Wärme verschlechtert. Wenn Wärme bessert, hilft Hepar sulfuris.
- Bei Ischiasschmerzen, wenn sie stechend, reißend, insbesondere schießend sind. Auch hier besteht ein starkes Zerschlagenheitsgefühl. Oft wandert der Schmerz von der Hüfte aus über die Außenseite des Ober- und Unterschenkels. Der Patient ist unruhig, möchte sich ständig bewegen. Die Schmerzen werden schlimmer bei feuchtkaltem Wetter, ebenso durch Abkühlung und bei Bewegung. Besser wird es durch Wärme, in der Ruhe, bei trockenem Wetter.
- Phytolacca hilft der stillenden Mutter, wenn die Milch reichlich fließt, die Brüste rot und heiß sind, hart geschwollen, wenn die Schmerzen über den ganzen Körper hin ausstrahlen.

Modalitäten

Verschlechterung durch feuchtes und kaltes Wetter, durch Bewegung, beim Aufstehen aus dem Bett, beim Schlucken, durch heißes Essen und Trinken, in der Nacht. Besserung durch kalte Getränke. Durch Ruhe, Liegen auf dem Bauch. Bei trockenem Wetter.

Platinum/Platin

Platin wird, trotzdem es auch häufig bei Männern vorkommt, als Frauenmittel bezeichnet, weil es gegen Hysterie wirkt – und diese Krankheit scheint sich bei Frauen offener zu zeigen.

Es wird erfolgreich eingesetzt bei Myomblutungen, Menstruationsbeschwerden, wenn die Regel zu früh eintritt, zu stark ist und zu lang, bei Jucken an den Geschlechtsteilen, bei Nervenschmerzen.
Die hohe Empfindlichkeit der Nerven zeigt sich auch in dem Problem, in ungewohnter Umgebung nicht auf die Toilette gehen zu können. Deshalb ist es für die Betroffenen ein wichtiges Mittel auf Reisen.

Der Platin-Typ ist besser!

Die Konstitutionstypen Platin haben es schwer: Sie zweifeln bei jeder Kritik an sich selbst. Als Folge machen sie andere schlecht.

Platin, das edle und teure Metall, bestimmt das Denken dieser Menschen. Sie fühlen sich allen anderen gegenüber erhaben, geistig und körperlich überlegen. Sind sie tief in ihrem Platinstadium verwurzelt, sehen sie die anderen tatsächlich kleiner, auch Gegenstände scheinen für sie zusammenzuschrumpfen. Sie können stolz und hochmütig sein.
Dabei ist es um ihre wahre Konstitution gar nicht so blendend bestellt. Kommt jemand und zweifelt an ihrem Können, reagieren sie wie gelähmt. Deshalb müssen sie andere kleinmachen, sonst können sie nicht überleben.
Wenn die Modalitäten stimmen, finden wir auch eine andere Variation des Platin-Typs: Er hat eine Neigung zu großer Traurigkeit, er lebt in sich gekehrt in einer stillen, zurückgezogenen Bedrücktheit.
Platin-Typen werden von einem ungewöhnlich raschen Umschlag der Gefühle beherrscht. Körperliche Schmerzen wechseln sich mit seelischen Störungen ab – sehr bezeichnend. Gefühl von Kribbeln, Taubheit, Kälte am ganzen Körper. Große Übererregbarkeit des Nervensystems, deshalb wird Platin erfolgreich bei sexuellen Anomalien gegeben.

Modalitäten

Verschlechterung abends. Besserung der Gemütssymptome und der Kopfschmerzen im Freien.

Psorinum

Als Nosode wird Psorinum aus dem Inhalt menschlicher Krätzebläschen hergestellt. Es ist ein Mittel für konstitutionelle Schwäche, verbunden mit einem traurigen, ängstlichen Gemüt, bis hin zur

Verzweiflung. Der Patient glaubt nicht daran, jemals wieder gesund zu werden, er sieht alles negativ. Er zeigt sich überempfindlich gegen Schmerzen.
Psorinum heilt, neben den Schwächezuständen in der Rekonvaleszenz, viele Krankeiten, wenn die Modalitäten stimmen: Hautausschläge, Durchfall, wenn der Stuhl übel riecht, Verstopfung, rheumatische Schmerzen in Gelenken, Asthma, Heuschnupfen.

Psorinum hat große Ähnlichkeit mit Sulfur. Beim Psorinum-Menschen sind aber das Frösteln und die Kälteempfindlichkeit ausschlaggebend. Der Sulfur-Typ hat mehr Hitzewallungen.

Typische Kennzeichen

Auffallend und ein guter Hinweis für den Behandler ist das Merkmal, daß sich der Patient einen Tag vor einer Erkrankung ganz besonders wohl gefühlt hat. Wer krank ist und Psorinum braucht, träumt oft von Räubern und Einbrechern. Er fröstelt, sogar im Sommer läuft er mit dicken Kleidern herum, dabei kann er Wolle auf der Haut nicht ausstehen. Er haßt den Winter.

Der Psorinum-Typ

Seine Haut ist fettig, nässend, auch schmutzig. Als Psorinum-Typ leidet man unter krustenbildenden, juckenden, zur Verzweiflung treibenden Ausschlägen. Schweiß bedeckt den ganzen Körper. Ein Kribbeln entsteht auf der Haut, besonders wenn andere zu nahe kommen. Er neigt dazu, allein zu sein.
Mangelnde Reaktionsfähigkeit fällt auf. Er wirkt sehr unsauber, auch nach dem Bad – das ist aber kein Charakterfehler! Nachts wacht er hungrig auf – wie der Phosphor-Typ. Er hat starkes Verlangen nach knusprigen, knackigen Leckereien. Auch wenn er Kopfweh hat, spürt er oft einen wahren Heißhunger. Psorinum-Kinder muß die Mutter alle zwei Stunden stillen, weil sie immer wieder Hunger haben.
Bei Speikindern, wenn sie säuerlich riechen, sollte Psorinum in Erwägung gezogen werden. Weiteres Kennzeichen bei Kindern: Tagsüber spielen sie ganz friedlich, nachts schreien sie.

Modalitäten

Verschlechterung bei Wetterwechsel von kalt nach warm (im Frühjahr), bei Sonnenschein, geringstem Luftzug, Kälte. Hautjucken wird schlechter durch (Bett)wärme.
Besserung im Sommer, durch Wärme, Ruhe und Liegen, durch Essen.

Pulsatilla/Küchenschelle

Rezeptpflichtig bis einschließlich D3 und C1 ist Pulsatilla. Wegen der zahlreichen Symptome ist es bei Pulsatilla-Typen oft schwierig, das richtige Mittel zu finden. Die Modalitäten weisen aber den Weg.

- Pulsatilla-Typen leiden unter auffallend vielen Augen- und Ohrenkrankheiten. Die Absonderungen der Schleimhäute sind meist dick, rahmig-mild.
- Es besteht eine Neigung zu Krampfadern.
- Vor und während der Regel – auch beim Ausbleiben – starkes Frösteln und kalte Füße, Hitzewallungen, Stimmungswechsel. Typisch ist auch die Unregelmäßigkeit, mit der die Monatsblutung kommt oder nicht kommt.
- Pulsatilla ist ein hervorragendes Wehenmittel.

Die Pulsatilla-Frau

Als umfassendes Konstitutionsmittel zeigt sich Pulsatilla in seiner Reinform in der häufig weinenden, rötlich-blonden, mädchenhaften Frau, die in gesunden Tagen mild und gutmütig, aber auch leichtsinnig und schalkhaft sein kann. Ein sicheres Zeichen sind die langsamen Bewegungen, das phlegmatische Temperament, das die Pulsatilla-Frau aber keineswegs daran hindert, penetrant und hartnäckig durchzusetzen, was ihr wichtig erscheint. Ihre Menstruation setzt oft zu spät ein – wie sie überhaupt gern zu allem zu spät kommt.
Die Pulsatilla-Frau ist mütterlich, als Kind spielt sie mit Hingabe Krankenschwester, sie lacht gern und weint sehr leicht: aus Glück, vor Kummer, wenn man ihr widerspricht oder nur so.
Charakteristisch: Mal geht es ihr gut, mal geht es ihr schlecht. Jeder Schmerz, jedes Leiden hat heute einen anderen Charakter als morgen. Die Schmerzen wandern, vom Kopf zur Ferse, nichts ist sich gleich, sogar der Stuhlgang ändert sich ständig.
Gern macht sie alles mit, was die anderen gerade machen: Surfen, segeln, die ganz neue Spezialdiät. Aber leider macht es ihr gar keinen Spaß. Man erkennt das an ihren Augen, die nach Trost verlangen.

Es gibt auch Pulsatilla-Männer! Sie mögen kein Fett und haben auch im heißesten Sommer nur wenig Durst. Ständig brauchen sie frische Luft, obwohl sie zum Frösteln neigen.

Modalitäten

Verschlechterung durch Wärme, warme Luft, beheizte Räume. Durch Fett und schweres, zu reichliches Essen. Schlechter wird es auch abends und in der Ruhe, vor bzw. während der Menstruation. Besserung in der kühlen, frischen Luft, durch kalte Umschläge. Deutlich besser wird der Zustand durch Zuwendung und Trost; durch leichte Bewegung, z. B. langsames Gehen.

Wichtig für Pulsatilla-Typen: Bei Erkältungen geht oft der Geruchs- und Geschmackssinn vorübergehend verloren.

Rhododendron/Goldgelbe Alpenrose

Das ist ein gutes Mittel bei ziehenden (!) Gicht- und Rheumaschmerzen, bevorzugt in den Unterarmen bis zu den Fingern, in den Beinen bis hinunter zu den Zehen.

Kennzeichnend ist die deutliche Verschlimmerung der Schmerzen bei einem Wetterumschwung zu nassem, stürmischem Wetter. Auch einsetzbar bei Entzündungen der Hoden oder Nebenhoden.

Modalitäten

Verschlechterung beim Übergang zu nassem, stürmischem Wetter, vor Sturm oder Gewitter, in der Ruhe. Besserung bei Bewegung.

Rhus toxicodendron/Giftsumach

Die »Möbelpackerarznei« kommt als reines Konstitutionsmittel relativ selten vor. Wenn, dann umfaßt es den Typ des nervösen, sportlichen Mannes, der sich ständig bewegen muß, auch nachts.

- Rhus toxicodendron wirkt gut bei allen Folgen von Nässe und Kälte, Zerrungen und Verrenkungen, bei Verheben und nach Überanstrengung. Es ist das Mittel beim Schulter-Arm-Syndrom, bei rheumatischen Schmerzen durch kaltes und feuchtes Wetter. Wer in feuchten Wohnungen leben muß, findet ebenfalls Erleichterung durch Rhus toxicodendron. Es ist ein Mittel in allen akuten Fällen, bei chronischem Rheuma versagt es seinen Dienst.
- Es hilft auch bei Folgen von unterdrücktem Schweiß, wenn man von der Hitze in einen vollklimatisierten Raum geht. Und es ist ein gutes Mittel bei Empfindlichkeit auf Luftzug – nicht bei Wind.
- Bei Neuralgien, Ischias, Trigeminusschmerzen, bei brennenden, juckenden, bläschenbildenden Hautausschlägen hilft es; auch bei Gürtelrose – je früher hier ein Einsatz möglich ist, desto besser.

- Auch auszuprobieren bei Grippe mit Gliederschmerzen, bei trockenem Husten, Kitzelhusten, häufigem Husten.

Wenn die Rückenbeschwerden Ihren Hund betreffen, können Sie Rhus toxicodendron bei Dackellähmung geben: 1 Kügelchen C 200 täglich, bis Besserung eintritt.

Rhus-toxicodendron-Typen – müde, aber nicht ruhig

Rhus-toxicodendron-Typen fühlen sich außergewöhnlich müde und abgespannt, die Glieder erscheinen ihnen wie gelähmt. Trotzdem müssen sie sich dauernd bewegen, finden in keiner Lage Ruhe; schlimmer wird es nach Mitternacht.
Weiterer Hinweis auf dieses Mittel: Oft erscheinen die Zähne zu lang, man hat ein wundes Gefühl auf der Zunge, sie hat einen braunen Belag oder eine dreieckig rote Stelle an der Spitze.
Typisches Kennzeichen für den Einsatz von Rhus toxicodendron: Besserung bei fortdauernder Bewegung, schlechter wird es jedoch zu Beginn der Bewegung.

Modalitäten

Verschlechterung beim Schlafen, nachts, in der Ruhe, bei jeglicher Kälte und Nässe. Besserung bei fortdauernder Bewegung – zu Beginn der Bewegung wird es jedoch schlechter –, bei warmen Anwendungen und warmem Wetter, bei Schweißausbruch.

Ruta graveolens/Gartenraute, Weinraute

Ruta zeigt eine gewisse Ähnlichkeit mit Arnica und Symphytum, ist also hilfreich bei Quetschung, Zerrung oder Prellung. Besonders wirksam ist die Gartenraute bei Verletzungen an den Hand- und Fußgelenken. Kennzeichnend ist das starke Gefühl von Zerschlagenheit und Überanstrengung.

Vorsicht bei Ruta: Es gilt seit alters als Abtreibungsmittel!

Hilfreich ist Ruta auch, wenn man zu lange vor dem Fernseher oder Computer gesessen hat, also bei Überanstrengung der Augen mit Brennen und Hitzegefühl. Auch bei Ermüdungserscheinen durch feine Arbeiten, bei zu schwachem Licht einsetzbar; bei verschwommenem Sehen, Nebelsehen und Druck in den Augenhöhlen.

Modalitäten

Verschlechterung abends, bei feucht-kaltem Wetter, nach Bücken und Heben, beim Treppenabwärtsgehen. Besserung bei Bewegung, durch Wärme, beim Liegen auf dem Rücken.

Die Garten- oder Weinraute wird in der Medizin Ruta graveolens genannt. Sie hilft bei leichten Sportverletzungen ebenso wie nach übereifrigem Arbeiten.

Sabal serrulatum/Zwerg- oder Sägepalme

Sabal serrulatum gilt als spezielles Männermittel, da über 50 Prozent aller Männer ab etwa 45 Jahren an Prostatabeschwerden leiden. Bei Störungen beim Wasserlassen, häufigem Harndrang, Hodenschmerzen in Folge von Prostataschwellung sollten Sie es versuchen.

Sepia/Tintenfisch

Charakteristisch für die Sepia-Frau mit ihren Menstruationsbeschwerden ist das ständige Drängen nach abwärts in der Gebärmutter.

Sepia heilt nervöse Störungen, zuweilen auch Depressionen, zumindest im Anfangsstadium der Entwicklung.

Erfolgreich anzuwenden ist es bei Übelkeit und Brechreiz, wenn man bestimmte Speisen nur sieht, riecht oder an sie denkt. Probieren Sie es in der Schwangerschaft.

Typischerweise tritt die Menstruation bei Frauen zu spät ein; manchmal auch zu früh. Die Scheide fühlt sich wund an und brennt. Ausfluß ist gelb oder gelbgrün, milchig, teils auch wäßrig.

Sepia kann chronische Magen-Darm-Entzündungen beheben, Krampfadern, Hämorrhoiden – hauptsächlich im Zusammenhang mit hormonalen Störungen.

Gut einsetzbar ist es zudem bei Verstopfung mit charakteristischem Kugelgefühl. Ein Leeregefühl besteht im Magen, das auch durch Essen nicht besser wird.

Sepia ist ein ausgesprochenes Frauenmittel: Erfolgreich hilft es schlanken, häufig müden Frauen, die leicht traurig und depressiv reagieren und schnell weinen.

Die Sepia-Typen – arbeitsam und ängstlich

- Die klassische Sepia-Frau ist schlank und brünett, wirkt aber auffallend abgespannt, was sich durch ihre schlaffe Haltung zeigt. Das Gesicht ist von gelblicher Farbe, mit braunen Flecken auf der Haut.
- Sie ist kritisch und mißtrauisch, auch rechthaberisch, oft besessen von einem wahren Ehrlichkeits- und Gerechtigkeitsfanatismus. Sie beobachtet gut, neigt zu drastischer Ausdrucksweise.
- Geht es ihr ganz schlecht, ist sie traurig und weint, etwa beim Erzählen ihrer Krankheitsgeschichte, ängstlich und depressiv. Auch ist sie von merkwürdiger Müdigkeit befallen, gleichgültig, ja sogar ablehnend gegenüber ihrer Familie und ihren Freunden.
- Andererseits opfert sie sich auf, kann von tiefem Pflichtgefühl durchdrungen sein, von einem absolutem Perfektionismus, der sie an den Rand der Verzweiflung bringt. Bezeichnenderweise trifft sie dabei oft auf Menschen, die unersättlich sind: Babys, Männer. Dann ist sie erschöpft.
- Sie hat Angst, mit Menschen in zu engen Kontakt zu kommen, weil sie dann von ihnen beherrscht oder ausgenutzt wird. Am liebsten würde sie einen hohen Zaun um sich herum bauen. Angst spielt eine große Rolle in ihrem Leben: Angst vor dem Alleinsein, vor einer Krankheit, vor der Zukunft.
- An Sexualität ist sie weniger interessiert.
- Die Sepia-Frau haßt den Haushalt, macht sich aber – wie gezwungen – ständig Sorgen darum. Manchmal unternimmt sie zaghafte Versuche, aus dem Kreislauf auszubrechen: Dann schreit sie los, rennt weg, um allein (!) einen langen Spaziergang zu machen. – Sepia-Kinder spielen gerne für sich.
- Es gibt auch Sepia-Männer, die ähnliche Symptome zeigen. So kann das Mittel beispielsweise Prostataentzündungen heilen.

Modalitäten

Verschlechterung in der Ruhe, vor und während der Menstruation, bei Neu- und Vollmond, vor Gewitter. In vollen Räumen, stickigen Zimmern, bei Feuchtigkeit, nach dem Schwitzen.
Besserung durch intensive Bewegung – etwa kreatives, schnelles Tanzen, Reiten, heiße Anwendungen.

Silicea/Kieselsäure

Das Schüßlermittel Nr. 11 hilft bei Eiterungen jeglicher Art, unter anderem auch bei allen Krankheiten, die mit Haut, Nägeln und Haaren zusammenhängen. Bei Erkrankungen der Schleimhäute, der Drüsen, des Bindegewebes, des Nervensystems.

Wer mitten im Berufsleben steht, 16 Stunden täglich arbeitet, sich ein enormes Wissen angeeignet hat und schließlich zu Tode erschöpft ist, der braucht Silicea.

Ein beachtenswerter Hinweis auf Silicea ist die schreckliche Angst der Patienten vor Injektionsnadeln, überhaupt vor spitzen Gegenständen. Auch das Gefühl, als haben sie ein Haar auf der Zunge, ist typisch.

Typische Beschwerden

Silicea-Typen leiden unter Kopf- und Fußschweiß, er macht an den Sohlen und zwischen den Zehen wund, riecht übel. Wenn die Schweißabsonderung, etwa durch Deodorant, verhindert wird, sind die daraus entstehenden Hautkrankheiten durch Silicea oft zu beheben.
Es ist ein Mittel für chronische Eiterungen, z. B. Fisteln, eiternde Mittelohrentzündung, Geschwüre der Lippen. Jede kleine Verletzung eitert bei diesen Typen. Es ist auch eine wirksame Arznei für Folgen von Impfungen. Der Stuhlgang verursacht große Anstrengungen, Stuhl schlüpft zurück. Silicea kann möglicherweise helfen, Knochensplitter aus dem Körper zu entfernen.

Silicea-Typen sind langsam

Silicea-Typen sind ängstlich und zurückhaltend. Sie brauchen oft tagelang, bis sie eine Arbeit fertig haben, weil sie immer noch etwas verbessern wollen. Sie haben ein ausgesprochen gutes Gedächtnis für Details. Charakteristisch ist die chronische Frostigkeit, ein oft tagelanges Frösteln, deshalb müssen sie ständig Hüte oder Kopftücher tragen. Kopfschmerzen werden bei ihnen durch Wärme besser; Erkältung durch Haareschneiden.

Silicea sollte nicht angewandt werden, wenn der Patient schon einmal an Tuberkulose erkrankt war.

Schreckhaftigkeit ist typisch, sie fahren aus dem Schlaf bei unangenehmen Träumen hoch. Überempfindlichkeit besteht gegenüber Geräuschen. Und diese Menschen haben einen Widerwillen gegen warme, gekochte Speisen.

Silicea-Kinder

Sie sind schüchtern und furchtsam, sie verstecken sich hinter der Mama. Oft sind sie eigensinnig, können scheinbar keinen Widerspruch ertragen. Wenn man aber auf sie eingeht, nach den Schwierigkeiten fragt, sie überzeugt, daß sie die Hausaufgaben durchaus erledigen können, hat man oft unerwarteten Erfolg. Sie sind guten Willens, haben aber häufig konstitutionelle Schwierigkeiten. Kinder, die nicht gedeihen wollen, brauchen Silicea.

Modalitäten

Verschlechterung durch Zugluft und jegliche Kälte, Entblößen des Kopfs, frische Luft und Bewegung; auch nachts, beim Hinlegen. Besserung durch warmes Einhüllen, Wärme überhaupt. Magenbeschwerden bessern sich durch kaltes Essen.

Staphisagria/Stephanskraut

Wer Ungerechtigkeiten erlitten hat und nicht mehr mit sich und der Welt klarkommt, sollte einen guten Homöopathen nach Staphisagria fragen.

Wer in den Staphisagria-Zustand verfällt, hat es schwer: Er leidet unter dem Verlust der eigenen Mitte, mag sich selbst nicht. Alles wirft ihn aus der Bahn, er ist dünnhäutig und gereizt, ist niedergeschlagen und unzufrieden. Es kann vorkommen, daß er aus Entrüstung Bauchschmerzen bekommt.

Gut einsetzbar ist Staphisagria bei brennenden und stechenden Blasenschmerzen, die nur vor und/oder nach dem Wasserlassen auftreten, nicht während. Bei Entzündungen der Prostata, hervorgerufen durch einen Katheter, bei Reizblase und erfolglosem Harndrang bei jung verheirateten Frauen, dem »Honeymoon-Syndrom«, tut es gute Dienste. Es ist das Mittel bei sexueller Überreizung, nach sexuellen Exzessen. Es ist aber auch erste Wahl bei Schnittwunden und nach Operationen. Außerdem hilft es speziell bei einem Gerstenkorn.

Modalitäten

Verschlechterung durch seelische Erregungen, nach Geschlechtsverkehr oder Onanie; nach dem Genuß kalter Getränke, nachts und in der Früh. Besserung durch Gehen im Freien, Liegen, Wärme, nach dem Frühstück.

Sulfur/Schwefelblüte

Wenn das Bild, das Sulfur in Hahnemannnschem Sinn am Gesunden verursacht, mit dem Bild des Kranken und Patienten übereinstimmt, kann diese Arznei in einem nahezu unbegrenzt weiten Wirkungsspektrum heilen. Aber noch mehr: Wenn ein Patient auf nötige homöopathische Arzneimittel nicht oder kaum reagiert, setzt Sulfur vieles in Bewegung. Es ist auch ein wichtiges Heilmittel für alte Menschen.

Akuter oder chronischer Darmkatarrh, Verstopfung und Hämorrhoiden gehören zu den häufigsten Unpäßlichkeiten, von denen der Sulfur-Typ betroffen ist.

Sulfur ist ein umfangreich einsetzbares, schier unerschöpfliches Mittel gegen brennende Schmerzen, Akne, Ekzeme, Furunkel, Hämorrhoiden, Krampfadern, Asthma. Es hilft bei Reaktionsmangel

Sulfur ist das homöopathische Allheilmittel schlechthin. Wer auf ein anderes Medikament nicht anspricht, kann die körperliche Reaktion durch Sulfur motivieren.

Sulfur gehört neben Arsen und Phosphor zu den drei homöopathischen Mitteln gegen starkes Brennen.

Der Sulfur-Typ – ungepflegt, aber kreativ

Von seinem Äußeren her erkennt das geschulte Auge den Sulfur-Typ an seinem mageren Aussehen, seinen Hängeschultern und seiner gebückten Haltung. Stundenlang kann er laufen, Stehen dagegen fällt ihm schwer. Sulfur-Typen brauchen frische Luft, es ist ihnen meistens zu heiß, auch wenn sie frieren.

Leider sieht er immer schmutzig aus, auch wenn er sich noch so oft wäscht. Oft hat er juckende Hautleiden, er fängt an zu kratzen, und schon beginnen die Stellen zu brennen. Er hat überhaupt eine große Begabung, unterschiedlichste Hautkrankheiten zu bekommen. Werden sie unterdrückt – etwa mit Kortisonsalben –, können andere Beschwerden daraus entstehen: Asthma oder Husten. Sulfur besitzt die Gabe, helfend einzugreifen.

Der Sulfur-Typ kann eigensinnig und egoistisch sein, dabei durchaus kontaktfreudig. Sie können kreativ sein, sammeln vieles, um es nie mehr zu finden. Gern laufen sie in alten Kleidern herum, kommen meist zu spät zu einem Termin, knausern mit dem Trinkgeld, haben ein ausgeprägtes Zahlenbewußtsein, sind neugierig auf ihre Umwelt.

Schlaf brauchen sie wenig, oft wachen sie auf, mit heißen Füßen und Schweißausbrüchen. Früh fahren sie hoch und können nicht mehr einschlafen. Gern halten sie deshalb einen Mittagsschlaf. Tagsüber sind sie eher durstig als hungrig, ihr Hunger ist gierig; wenn sie fasten müssen, leiden sie unter Kopfschmerzen. Sonntags bekommen sie Kopfweh, weil sie sich ohne Arbeit von ihrer Familie nicht abgrenzen können.

Auffallend für Sulfur: Die Haare sind glanzlos und struppig, auch der kräftigste Kamm kann sie nicht bändigen. Die Augen, Lippen usw. wirken rot. Sie besitzen ein unbändiges Verlangen nach Süßigkeiten, das sie jedoch mit Sodbrennen und Übelkeit bezahlen müssen. Um elf Uhr vormittags fühlen sie sich recht flau im Magen.

auf homöopathische Medikamente, Rückfallneigung nach Erkrankungen.

Modalitäten
Verschlimmerung aller Symptome um elf Uhr vormittags, durch Stehen, Bettwärme, Wasser, Aufenthalt in warmen Zimmern.
Besserung durch Bewegung, Gehen, warmes und trockenes Wetter, Liegen auf der rechten Seite.

Thuja occidentalis/Abendländischer Lebensbaum

Thuja heilt die unterschiedlichsten Erkrankungen und ist damit ein wichtiges Mittel der Homöopathie: Sie können es sowohl bei leichten Erkältungen und Blasenbeschwerden anwenden, als auch bei Kopfschmerz, Rheuma und Ischias oder sogar bei Gonorrhöe.

- Hautausschläge haben Thuja-Typen meist an den von ihrer Kleidung bedeckten Partien. Sie schwitzen nachts an Körperstellen, die unbedeckt sind. Ihre Haut wirkt unsauber, zuweilen fettig.
- Oft haben sie Warzen (siehe Seite 134f.), Frauen leiden auch an Feigwarzen.
- Sie sind sehr leicht erkältet, leiden oft unter Katarrh. Kälte und Nässe vertragen sie überhaupt nicht.
- Rissige, brüchige Nägel fallen auf.
- Kopfschmerz ist nachts typisch.
- Thuja hilft bei allen negativen Folgen von Impfungen, wenn man sich nach einer Impfung z. B. krank und unwohl fühlt.
- Wenn von den Zähnen, Mandeln, vom ganzen Kopfbereich aus Entzündungsherde auf weiter entfernte Körperteile ausstrahlen und Rheuma- oder Ischiasschmerzen hervorrufen, ist Thuja oft das richtige Mittel.
- Thuja war zu Hahnemanns Zeiten das Hauptmittel gegen Gonorrhöe, die heute seltener vorkommt. Dennoch sind ihre Nachwirkungen und damit auch ihre Modalitäten bei vielen noch vorhanden, da diese Krankheit stark verbreitet war und sich deshalb, homöopathisch gesehen, in vielen Eigenschaften und Krankheitssymptomen auch jetzt noch zeigt.
- Hämorrhoiden, die im Sitzen besonders schmerzen, heilt Thuja.
- Chronische Entzündungen der Blase, ein Brennen und Schneiden

Der Thuja-Patient erklärt von sich selbst kennzeichnenderweise, er sei zerbrechlich wie Glas.

beim Wasserlassen lindert dieses Mittel. Charakteristisch ist das Gefühl, als bleibe nach dem Wasserlassen noch etwas in der Harnröhre zurück, als laufe ein einziger Tropfen durch die Harnröhre.

- Bei Prostataentzündung und -vergrößerung und dadurch entstehende Hodenschmerzen hat sich Thuja ebenfalls bewährt.

Thuja-Menschen können vital und energiegeladen sein, trotzdem meditieren sie gerne.

Thuja-Typen – manchmal absonderlich

Thuja-Patienten sind meist dickliche Leute, dauernd in Eile, sie bewegen sich schnell, sprechen hastig, sind oft reizbar und überempfindsam. Sie sind vital und energiegeladen. Wenn sie Musik hören, die etwas in ihnen bewegt, fangen sie an zu weinen.

Es gibt aber auch, so ist das nun einmal in der Homöopathie, den eher mageren, stets erschöpften Thuja-Typen. Beobachten Sie daher die Krankheitssymptome und die Modalitäten.

Sie meditieren gern. Manchmal erzählen sie von recht absonderlichen Ideen. Sie behaupten, eine fremde Person an ihrer Seite zu sehen oder ein lebendiges Tier wühle in ihrem Leib oder eine fremde Macht gebe ihnen Befehle.

Modalitäten

Verschlechterung bei Feuchtigkeit und Kälte, beim Strecken, nach dem Impfen; durch ständiges Teetrinken. Besserung in der Ruhe, in der Wärme, in der frischen Luft; durch Hochziehen der Glieder.

Tuberculinum bovinum/Tuberkulin

Tuberculinum wird als Nosode aus Tuberkelbazillen hergestellt. Das Mittel ist rezeptpflichtig bis einschließlich D3 und C1. Vorsicht: Geben Sie Tuberculinum niemals bei aktiver Tbc.

- Tuberculinum-Typen haben Kopfschmerzen nach geistiger Anstrengung. Schulkopfschmerz tritt bei Kindern auf, als hätten sie einen Eisenring um den Kopf.
- Bei Frauen kann es sein, daß die Periode sehr früh kommt, sehr stark ist und lang andauert.

- Eine Neigung zu starkem Schwitzen bei geringster körperlicher Anstrengung, auch während des Schlafs, besteht.
- Angst vor Hunden ist ein weiteres Kennzeichen.

Tuberculinum-Typen – immer unterwegs

Die Arznei paßt zu Menschen, die in der Abwechslung ihre Erfüllung suchen. Sie sind voller Unruhe, die geborenen Globetrotter, auf der Flucht vor sich selbst. Sie müssen das Leben genießen, bis zum letzten Atemzug. Trotzdem können sie sehr unzufrieden sein, reizbar, manchmal sogar beleidigend. Es kommt vor, daß sie schreien und wilde Drohungen ausstoßen. Kinder werfen ihre Spielsachen weg oder demolieren sie sogar. Zu dieser Wechselhaftigkeit der Seele paßt der ständige Wechsel der Krankheitssymptome. Bei Schmerzen ständiger Ortswechsel. Sie mögen kein Fleisch und keine Süßigkeiten, zudem sind sie äußerst kälteempfindlich.
Tip: Fragen Sie bei Kindern, die sich vor Hunden fürchten, dauernd »Nein!« sagen, richtig »böse« sind, sich immer wieder erkälten und kein Fleisch mögen, Ihren Homöopathen nach Tuberculinum.

Modalitäten

Verschlimmerung morgens bei geringster körperlicher Anstrengung, in geschlossenen Räumen; durch plötzlichen Wetterwechsel; beim Anblick von Hunden. Besserung durch Aufenthalt im Freien.

Veratrum album/Weißer Germer

Hier erhalten Sie eine hervorragend wirkende Arznei bei plötzlichem Kreislaufkollaps, mit kaltem Stirnschweiß. Auch wenn der Kreislauf zusammenbricht und Übelkeit sowie Erbrechen, Durchfall dazukommen, können Sie es anwenden. Wenn der Betreffende völlig kraftlos ist, mit eisiger Nasenspitze oder dem Gefühl, als hätte er einen Eisklumpen auf dem Kopf, dann probieren Sie Veratrum album.
Bei akuten Lebensmittelvergiftungen, Sommerdiarrhöen, extremer Schwäche nach jedem Stuhlgang hat es sich bewährt.

Veratrum album und Arsenicum album sind die beiden wirksamsten Arzneien gegen sehr starke Übelkeit. Als Kennzeichen für Arsen muß große Angst existieren.

Modalitäten

Verschlechterung durch Bewegung, nach Getränken, während oder nach dem Stuhlgang. Besserung durch Druck auf den Scheitel.

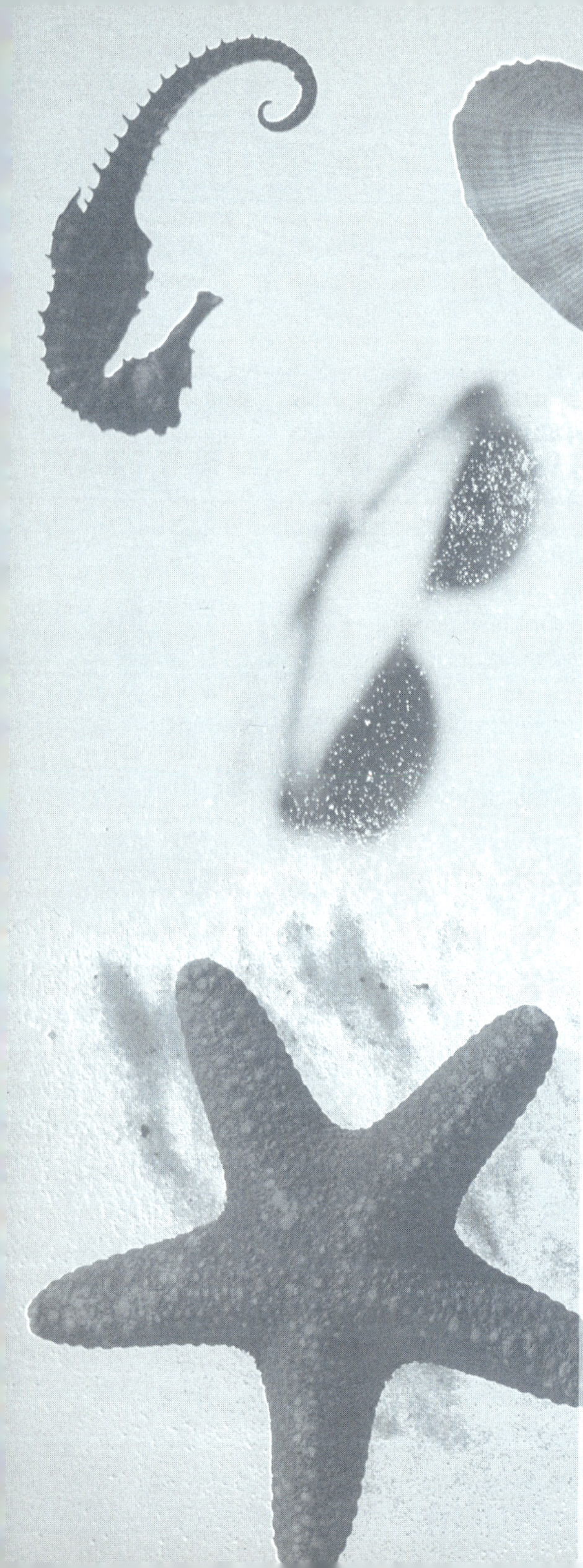

REISE-BESCHWERDEN

Auch auf Reisen bewähren sich Hahnemanns kleine Kügelchen, die Globuli, immer wieder.
Ob Reisefieber, Übelkeit, plötzlicher Durchfall, Sonnenbrand oder Lebensmittelvergiftungen: Wir zeigen Ihnen, wie Sie sich selbst gezielt helfen können, sei es am Strand von Fuerteventura oder in den Souks von Hamamet, in den Alpen beim Skifahren oder beim Sightseeing in New York.

Krank auf Reisen

Wer den Umgang mit homöopathischen Mitteln gewohnt ist, kann sich rasch selbst eine individuelle Reiseapotheke zusammenstellen und hat im Notfall immer die geeigneten Mittel zur Hand. Denken Sie vor einer Reise daran, daß Sie auch Mittel Ihres täglichen Bedarfs nicht vergessen und für typische Notfälle vor Ort gerüstet sind.
Gegen Mückenstiche an Badeseen sollten Sie bei einem entsprechenden Reiseziel gerüstet sein. Sonnenbrand ist an der See wie im Gebirge zu erwarten, wenn Sie nicht vorsorgen – doch auch hier kann die Homöopathie helfen. Und die ungeübten Urlaubssportler packen besser gleich etwas für den zu erwartenden Muskelkater nach Skifahren, Wandern oder ganztägigen Radtouren ein.

Die Vorfreude auf den Urlaub als die schönsten Wochen des Jahres ist schnell verflogen, wenn Reisedurchfall und -übelkeit plagen.

Die Dosierung auf Reisen

- 3 mal täglich 3–5 Globuli des empfohlenen homöopathischen Mittels C6.
- Wenn die Schmerzen stagnieren: 1 mal täglich 5 Globuli C12, bis endgültige Besserung eintritt.
- Abschließend nehmen Sie 1 mal 3 Globuli C30.
- Im Notfall können Sie ohne weiteres improvisieren, d.h., D-Potenzen statt C-Potenzen verwenden, D6 oder D12 wenn C6 oder C12 vorgeschlagen sind. Von Hochpotenzen (C30) lösen Sie 2 Globuli in Wasser auf, trinken Sie sie schluckweise über den Tag verteilt.
- Verwenden Sie keinen Metalllöffel! Wenn Horn- oder Plastiklöffel nicht vorhanden sind, einfach die Lösung schwenken.
- Wenn Sie keine Globuli zur Hand haben, beachten Sie die allgemein gültige Umrechnungsformel:

  3–5 Globuli = 1 Tablette = 5 Tropfen.

Gleichgültig, wohin die Reise geht, ob sie beruflich oder privat ist – wichtige homöopathische Mittel sollten Sie stets begleiten.

Die homöopathische Reiseapotheke

Homöopathisches Mittel	Potenz	Einsatz
Acidum carbolicum	C6	Reiseübelkeit
Aconitum napellus	C30	Fieber, Nervenschmerzen nach Kälte, Ohrenschmerzen bei Zugluft, Sonnenstich
Alumen	C6	Verstopfung, Husten
Arsenicum album	C30	Übelkeit mit Durchfall, nach Speiseeis, Fleisch- und Fischvergiftung
Belladonna	C6	Hitzschlag, Sonnenbrand
Borax	C6	Ohrenschmerzen im Flugzeug
Cantharis	C6	Sonnenbrand, Hautausschlag
Cinnamomum	C6	Reiseübelkeit mit häufigem Aufstoßen
Cocculus	C6, C30	Reiseübelkeit
Coffea	C30	Schlafbeschwerden, Kopfschmerzen
Colchicum	C6	Magen- und Darm-beschwerden, Reiseübelkeit
Ferrum phosphoricum	D12	Sonnenbrand, Erschöpfung, Fieber, Entzündungen, Erkältungen
Glonoinum	C6	Kopfschmerz, Hitzschlag
Lycopodium	C6	Blähungen, Verstopfung, Erkältungen

Homöopathisches Mittel	Potenz	Einsatz
Nux vomica	C6, C30	Erkältungen, Fieber, Empfindlichkeit bei Zugluft, Sodbrennen
Okoubaka	D3	Prophylaxemittel für Reisedurchfall
Opium	C6	Verstopfung
Petroleum	C6	Magen- und Darmbeschwerden, Kopfschmerzen, Schwindel
Pulsatilla	C6	Frösteln, kalte Füße, Menstruationsbeschwerden
Silicea	D12	Starkes Schwitzen, Verstopfung, Eiterungen
Staphisagria	C6	Blasenbeschwerden, sexuelle Überreizung, Schnittwunden
Tabacum	C6	Reiseübelkeit, Schwindel
Urtica urens	C6	Fischvergiftung, Hautausschläge
Veratrum album	C6	Brechdurchfall
Zeckenbißfieber	D200	Zeckenbisse

Dr. Bachs Notfalltropfen

Zusätzlich gehören Rescue-Remedy-Tropfen von Dr. Bach in das Reisegepäck.
Sie helfen nach Schock, Unfällen, Verletzungen, Verbrennungen, Insekten- und Tierbissen – ersetzen aber keine ärztliche Behandlung.

Verlassen Sie sich nicht allein auf Samuel Hahnemann; auch Bachs Notfalltropfen bewahren Sie im Urlaub vor unangenehmen Reaktionen.

Aufregung mit Angst: Aconitum

Dosierung
3 Globuli Aconitum C 30 einen Tag vor Beginn der Reise; eine halbe Stunde direkt vor dem Flug 1 mal 3 Globuli C 30

Wenn Sie ängstlich sind, das Herz schon vor Reisebeginn laut zu klopfen beginnt und Sie große Angst vor dem Fliegen haben, hilft das Schock- und Fiebermittel Aconitum. Bitte trinken Sie in den Tagen vorher keinen Kaffee!

Die Behandlung von Kindern

Auch die Kleinen werden im Urlaub krank, der noch nicht ausgereifte Körper ist besonders empfindlich. Und viele Kinder haben besondere Schwierigkeiten mit der Umstellung auf ein anderes Klima, andere Speisen ...
Da sind Aufregung, Fieber, Magen- und Darmbeschwerden ganz selbstverständlich! Behandeln Sie auch Ihre Kinder mit homöopathischen Mitteln – die Globuli und Tropfen, die Erwachsenen helfen, heilen auch die Beschwerden von Kindern.

Dosierung für Kinder

Säuglinge und Kleinkinder erhalten lediglich zwei Drittel der im Buch angegebenen Mengen. Ältere Kinder erhalten die gleichen Mengen wie Erwachsene. Bedenken Sie: Homöopathische Tropfen kommen für alle Kinder wegen des Alkoholgehalts nicht in Frage! Den schal süßlichen Geschmack der Milchzuckertabletten mögen viele Kinder nicht; ideal sind Globuli, die Sie auflösen können, wenn Kleinkinder sie nicht schlucken wollen.

3 Globuli Coffea C 30 einen Tag vor Beginn der Reise; eine halbe Stunde direkt vor dem Flug 1 mal 3 Globuli C 30

Aufregung ohne Angst: Coffea

Bei nervöser Erregung, Ruhelosigkeit und Herzklopfen wirkt der Muntermacher Kaffee – treu nach den Gesetzen Hahnemanns – in homöopathischer Potenzierung als Beruhigungsmittel, wenn Sie in der Nacht vor der Reise vor lauter Vorfreude kein Auge zutun können. Bitte aber trotzdem keinen echten Kaffee trinken!

Fischvergiftung: Arsenicum album

Anzeichen für eine Muschel-, Krebs- oder Langustenvergiftung sind Erbrechen mit Durchfall und/oder Nesselsucht. Auch eine Ohnmacht und Krämpfe sind möglich. Arsenicum album steht für Angst, Schwäche, Durst als kennzeichnende Begleiterscheinung der Krankheit. Frieren, Schüttelfrost und Fieber sowie eine schmerzbedingte Unruhe sind ebenfalls möglich.

Dosierung
Stündlich 3 Globuli Arsenicum album C 30, bis Besserung eintritt

Geben Sie nach einer Fischvergiftung Kohletabletten gegen den Durchfall. So wird er natürlich und ohne lästige Nebenwirkungen gestoppt.

Hautausschlag nach Fischvergiftung: Urtica urens

Wenn Hautausschläge oder rheumatische Schmerzen im Vordergrund stehen, hilft Urtica urens.

Jede halbe Stunde 3 Globuli Urtica urens C6

Heitere Tage am Meer, Erholung in den Wellen und abends ein fürstliches Fischmenü – wer möchte nicht davon träumen. Doch Vorsicht vor einer Fischvergiftung.

Jet-lag

Dosierung
Vor Reiseantritt 1 mal 3 Globuli Cocculus C 30; nach der Ankunft 1 mal 3 Globuli C 30

Wer mit dem Flugzeug von Ort zu Ort hetzen muß, bekommt Probleme mit der Zeitumstellung. Versuchen Sie, mit der Homöopathie dem Jet-lag ein Schnippchen zu schlagen.

Cocculus bei Jet-lag plus Übelkeit

Cocculus eignet sich hervorragend, wenn zu den Problemen der Zeitumstellung Übelkeit und Erbrechen hinzukommen. Besondere Kennzeichen für dieses Mittel sind außerdem große Traurigkeit, die Zeit vergeht zu rasch, auch ein schmerzhaftes Zusammenziehen der Glieder deutet auf Cocculus hin.
Die Beschwerden werden um so schlimmer, je mehr Sie unter Schlafmangel leiden.

Jet-lag plus Verstopfung: Nux vomica

Vor Beginn der Reise und nach der Ankunft je 3 Globuli Nux vomica C 30; eventuell noch 3 weitere Tage lang 1 mal täglich 3 Globuli

Oft hat man nach zwölf Stunden Flug nicht nur mit der verschwundenen oder gewonnenen Zeit zu kämpfen, sondern eine lästige Verstopfung beeinträchtigt außerdem das allgemein bereits angeschlagene Wohlbefinden. Nux vomica hilft hier, auch bei zusätzlicher Reizbarkeit, bei Überempfindlichkeit gegen Geräusche und Düfte (z. B. Parfum), bei Erkältung trotz großer Hitze – der Temperatursprung ist für diese Beschwerden verantwortlich.

Homöopathische Mittel unterwegs

- Bewahren Sie Ihre Tropfen und Globuli oder Tabletten stets in dunklen Fläschchen auf. So halten sie länger.
- Setzen Sie die Mittel nicht direkter Hitze aus. Kühl gelagert sind sie nahezu unbegrenzt haltbar.
- Verschließen Sie die Fläschchen für Globuli und Tabletten fest; wenn sie feucht werden, lösen sie sich auf und sind nicht mehr zu gebrauchen.
- Nehmen Sie Ihre Globuli in das Handgepäck; im Zoll nicht durchleuchten lassen!

Magen-Darm-Beschwerden

Siehe »Magenbeschwerden«, Seite 99 f.
Siehe »Durchfall«, Seite 55 ff.
Siehe »Reisedurchfall«, unten.
Siehe »Verstopfung«, Seite 131 f.

Ohrenschmerzen: Borax

Bei Ohrenschmerzen im Flugzeug, hervorgerufen durch Sinkflug, hilft eventuell Borax. Eine Verschlimmerung bei leisen Geräuschen ist möglich, weniger bei lauten. Besserung erfolgt durch Druck.

Dosierung
Viertelstündlich 3 Globuli Borax C 6, bis Besserung eintritt

Hilfe bei Ohrenschmerzen

Atmen Sie tief ein, halten Sie die Nase mit Daumen und Zeigefinger zu, und pressen Sie die Lippen zusammen. Jetzt kräftig ausatmen. Bei Bedarf wiederholen Sie das mehrmals, bis die Ohren wieder frei sind. Wenn es knackt, haben Sie die Schmerzen überstanden.

Reisedurchfall

Schon ein Blättchen Salat, ein zu kalter Trunk, ein Eis am Straßenrand kann in heißen Ländern zur Katastrophe führen. Montezumas Rache verschont weder Fußballstars noch gewöhnliche Sterbliche. Nehmen Sie deshalb geeignete homöopathische Mittel zur Vorbeugung und Behandlung eines akuten Durchfalls mit auf die Reise. So wird der Urlaub zum Erfolg! (Siehe auch »Durchfall«, Seite 55 ff.).

Okoubaka zur Vorbeugung

Okoubaka wirkt gut als Prophylaxemittel auf Reisen, besonders in fernen Ländern. Bei Anpassungsschwierigkeiten der Verdauungsorgane an fremde Kost ist es das geeignete Mittel.

3 mal täglich 5 Globuli Okoubaka D 3

Reisedurchfall in abgelegenen Gebieten
Wenn Sie in der »Wildnis« sind, organisieren Sie Zucker und Salz und bereiten sich eine Mischung aus 16 gestrichenen Teelöffeln Zucker und 1 gestrichenen Teelöffel Salz, aufgelöst in 2 Litern sauberem, abgekochtem Wasser.
Trinken Sie diese Mischung in kleinen Schlucken über den Tag verteilt. Hilfreich sind auch Salzstangen, Coca Cola – geschlagen bzw. verquirlt, also ohne Kohlensäure.

Reiseübelkeit

Es gibt Menschen, denen wird schon nach einer fünfminütigen Autofahrt derart schlecht, daß sie am liebsten alle Strecken zu Fuß zurücklegen würden. Busreisen kommen für diese armen Zeitgenossen überhaupt nicht in Frage. Hier folgt eine Auswahl homöopathischer Hilfen. Zur Vorbeugung kann das geeignete Mittel bereits am Abend vor Reiseantritt einmal genommen werden.

Bei starker Geruchsempfindlichkeit: Colchicum

Dosierung
Halbstündlich 3 Globuli Colchicum C 6

Gegen allgemeine Reisekrankheit hilft Colchicum. Starke Empfindlichkeit gegen Gerüche (Rauch, Parfum) ist typisch. Die Betroffenen können den Anblick von Essen nicht ertragen. Auch ein inneres Kältegefühl gehört zu diesem Krankheitsbild. Verschlimmerung tritt nach ungenügendem Schlaf ein, Besserung durch frische Luft. Ein offenes Fenster wird gewünscht, auf einem Schiff muß sich der Kranke auf Deck aufhalten.

Übelkeit mit Hunger: Petroleum

Bei akuter Reiseübelkeit: Halbstündlich 3 Globuli Petroleum C 6

Ständige Übelkeit, solange sich das Fahrzeug bewegt, verlangt nach Petroleum. Trotz Übelkeit besteht das Bedürfnis nach Essen. Der Appetit läßt das Wasser im Mund zusammenlaufen. Kennzeichnend für Petroleum ist Schwindelgefühl, plötzliches Erbrechen. Die Reiseübelkeit verschlechtert sich durch Bewegung, Sichaufrichten, in die Höhe blicken, Tieflage des Kopfes. Essen verbessert den Zustand.

Sodbrennen und aufgetriebener Magen: Acidum carbolicum

Geht dem Erbrechen ein dauerndes Aufstoßen voraus oder steigt ein lästiges Hitzegefühl die Speiseröhre hinauf oder leiden die Betroffenen an schmerzhafter Auftreibung von Magen oder Bauch, dann hilft Acidum carbolicum. Typisch sind ein Verlangen nach Kaffee, Tabak usw. und ein übersteigertes Geruchsempfinden.

Dosierung
Halbstündlich 3 Globuli Acidum carbolicum C6

Angst und Schwäche: Arsenicum album

Wenn zur Übelkeit Angst hinzukommt oder absolute Schwäche, hilft Arsenicum album. Man hat großen Durst, aber nur nach kleinen Mengen Flüssigkeit. Arsenicum album kommt insbesondere dann in Frage, wenn einem nach Milchgenuß und Milchprodukten (Speiseeis) übel geworden ist. Ekel vor Essen und Essensgerüchen ist typisch. Nach dem Erbrechen hat man Durst auf wenig kaltes Wasser.

Halbstündlich 3 Globuli Arsenicum album C6

Permanentes Aufstoßen: Cinnamomum

Wird die Übelkeit begleitet von häufigem Luftaufstoßen, hilft Cinnamomum. Wenn das Fahrzeug anhält, wird die Übelkeit schnell besser.

Halbstündlich 3 Globuli Cinnamomum C6

Schwindel und Schwäche: Cocculus

Wird die Übelkeit begleitet durch kollapsartige Schwäche mit starkem Schwindel, hilft Cocculus. Der Leidende hält sich still und will nicht sprechen. Verschlechterung nach Schlafmangel, Besserung durch Flachliegen. Charakteristisch: Zeit vergeht zu rasch, Traurigkeit, schmerzhaftes Zusammenziehen der Glieder.

Halbstündlich 3 Globuli Cocculus C6

Übelkeit und Schwitzen: Tabacum

Kommen zum Schwindel kalter Schweiß und sehr viel Speichelfluß hinzu, hilft Tabacum. Man fühlt sich unglaublich elend und muß beim Fahren die Augen geschlossen halten. Tabacum hilft gut, wenn man sich vor der Fahrt in verräucherten Räumen aufgehalten hat. Charakteristische Kennzeichen sind blasse oder gringelbe Haut mit kaltem Schweiß. Verschlechterung tritt durch Wärme und geöffnete Augen ein.

Eine Besserung erreicht man durch frische Luft, durch Aufdecken und Öffnen der Kleidung. Wie mit Petroleum kann man auch mit Tabacum die Behandlung am Tag vor der Reise beginnen.

Halbstündlich 3 Globuli Tabacum C6

UNFÄLLE UND NOTFÄLLE

Homöopathische Mittel zeigen ihre Stärke in vielen Notsituationen: Bei Schock und Verletzungen, bei Zerrungen, Quetschungen und Brüchen, bei ersten Maßnahmen nach Unfällen in Haus und Garten, aber auch bei »Reinfällen«, die Sie beispielsweise nach wunderbar schmeckenden, aber leider doch verdorbenen Speisen erleben können.

Erste Hilfe im Notfall

Versuchen Sie homoöpathische Mittel als Erste Hilfe bei Brüchen, Erfrierungen und Gehirnerschütterung, bei Sehnen- und Bänderriß oder unterschiedlichsten Knochenbrüchen, bei Hitzekrampf und Hitzschlag, Bienen-, Wespen- oder anderen Insektenstichen – auch den gefürchteten und äußerst gefährlichen Zeckenbissen. Hahnemanns Arzneien helfen ohne Nebenwirkungen.

Bänderrisse und -zerrungen

Calendula heilt Risse und Zerrungen

Machen Sie neben der Einnahme auch Umschläge mit Calendula-Urtinktur: 1 Teelöffel auf 1 Glas Wasser.

Dosierung
Calendula C 4,
3 mal täglich
5 Globuli

Modalitäten

Besser beim stillen Liegen und durch Wärme.
Schlechter beim Stehen, Sitzen und in der Kälte.

Arnica bei schmerzender Schwellung

Hat die schmerzhafte Stelle eine ausgeprägte Schwellung, dann hilft Arnica.

3 mal täglich
5 Globuli
Arnica C12

Modalitäten

Besser durch Flachliegen oder den Kopf in Tieflage und Ruhe.
Schlechter durch Berührung, geringsten Druck, Bewegung und Erschütterung, abends und nachts, sowie nach dem Schlaf.

Ledum gegen brennende Schmerzen

Charakteristisch ist, daß die Umgebung der verletzten Stelle eiskalt wird, dennoch verspürt der Patient einen brennenden Schmerz.

Ledum C 6,
3 mal täglich
5 Globuli

Modalitäten

Besser durch Kälte und kalte Anwendungen.
Schlimmer durch Zudecken und alkoholische Getränke.

Taub, Kribbeln, Schmerz: Rhus toxicodendron

Dosierung
Rhus toxicodendron C 6, 3 mal täglich 5 Globuli

Reißende Schmerzen entlang der verletzten Stelle, auch mit Taubheitsgefühlen oder Ameisenlaufen verbunden. Die Beschwerden sind meist eine Folge von Kälte oder Nässe, Überanstrengung, Verheben, falscher Bewegung; »Möbelpackermittel«.

Modalitäten

Besser durch lockernde Massagen, fortlaufende Bewegung und Wärme, warme Wickel und Packungen.
Schlechter in der Ruhe, durch Abkühlung und zu Beginn der Bewegung.

Calcium fluoratum nach der Ruhigstellung

Calcium fluoratum D12, 3 mal täglich 2 Tabletten

Wenn das Gelenk längere Zeit ruhiggestellt war, etwa ein Gipsverband angelegt worden war, dann ist Calcium fluoratum angeraten. Ist der Gips abgenommen, ist meist die Beweglichkeit stark eingeschränkt. Die Rehabilitationszeit verkürzt sich durch Calcium fluoratum deutlich!

Modalitäten

Besser durch Wärme, besonders Bettwärme.
Schlimmer durch Kälte, Zugwind und Wetterwechsel.

Bienenstiche

Apis mellifica gegen stechenden Schmerz

Wenn Sie auf Bienengift allergisch reagieren, müssen Sie nach einem Stich sofort einen Arzt rufen!

Brennender, stechender Schmerz ist typisch nach einem Bienenstich. Sie fühlen sich wie vom Schlag getroffen. Rosarote, wäßrige Schwellung. Oft ist sie von dramatischem Absinken des Blutdrucks begleitet. Allergische Reaktionen sind möglich. Typisch ist ein trockener Mund ohne Durst.

Bei allen brennenden und stechenden Schmerzen, z.B. auch Halsschmerzen, kann Apis helfen.
Auch bei Halsschmerzen nach Insektenstichen. Kühle Umschläge und ein kaltes Bad lindern den Schmerz.

Eine Überempfindlichkeit gegen Bienen- und andere Insektenstiche sollte mit dem jeweiligen Konstitutionsmittel für den Typ behandelt werden.

Dosierung
Apis mellifica C6, halbstündlich 3 Globuli – oder alle 10 Minuten, bis Besserung eintritt. Sie können auch 2 Kügelchen C200 nehmen.

Modalitäten

Wärme verschlechtert. Besser durch kühle Umschläge.

Apis – ein isopathisches Mittel

Der Einsatz von Apis (= Honigbiene) bei Bienenstichen ist – streng genommen – keine Homöopathie, sondern Isopathie, es wird Gleiches mit Gleichem behandelt: Bienenstiche mit Bienen. Isopathische Mittel werden meist wie die homöopathischen hergestellt – schon seit Anfang des 19. Jahrhunderts!

Cantharis bei entzündetem Stich

Wenn sich die Haut um die Einstichstelle entzündet, die Schmerzen sich durch Reiben bessern, hilft Cantharis.

Cantharis C6, stündlich 3 Globuli

Ledum bei eitrigem Stich

Ledum gilt als Hauptmittel bei Stichen aller Art, auch bei Stichen, die durch spitze Gegenstände (Messer, Nadeln) verursacht wurden. Ein sehr guter Hinweis auf Ledum als das Mittel der Wahl ist es, wenn der Betroffene die verletzten Teile als kalt empfindet oder wenn sie sich tatsächlich kalt anfühlen.

Ledum C6, stündlich 3 Globuli

Modalitäten

Besser durch kalte Anwendungen (gutes Charakteristikum).
Wärme verstärkt den Schmerz.

Unterstützung der Behandlung

- Zur äußerlichen Behandlung der Schwellung kann Ledum-, Arnica- oder Calendula-Tinktur verwendet werden, ebenso Salmiakgeist (aus der Apotheke). Ein paar Tropfen auf einen Wattebausch geben, auf die Schwellung tupfen.
- Rescue Remedy Cream ist ebenfalls geeignet bei Bienenstichen.

Improvisieren Sie bei Notfällen

»Man nehme, was man hat« ist ein Schlagwort der homöopathischen Behandlung, speziell bei Notfällen. Es bedeutet, daß Sie durchaus improvisieren können, wenn eine bestimmte Arznei in der empfohlenen Potenz nicht vorhanden ist.

- Sie können D-Potenzen verwenden statt C-Potenzen; also D6 oder D12 wenn C6 oder C12 vorgeschlagen sind.
- Sind im augenblicklichen Notfall nur Hochpotenzen greifbar – z.B. C30 –, dann lösen Sie bitte 2 Kügelchen der Hochpotenz in Wasser auf, und trinken Sie schluckweise über den Tag verteilt von dieser Lösung.
- Verrühren Sie die Lösung nicht mit einem Metall-, sondern möglichst mit einem Hornlöffel. Wenn keiner greifbar ist, schwenken Sie die Flüssigkeit lediglich.

Brüche

Dosierung
Aconit C30, 1 mal 3 Globuli unmittelbar nach der Verletzung

Aconit für die ersten Schmerzen

Aconit, das klassische Schockmittel, hilft bestens bei Brüchen, auch um die ersten Schmerzen zu lindern.
Nur in den ersten Stunden nach dem Unfall sollten Sie es verwenden. Dann hilft Arnica.

Arnica C30, 3 Tage lang je 3 Globuli früh und abends

Arnica bei Blutungen

Für die Weichteil- und Muskelverletzung samt Blutung wird Arnica eingenommen.

Calcium phosphoricum D12, 3 mal täglich 5 Globuli

Calcium phosphoricum hilft den Knochen

Bei allen Verletzungen der Knochen ist Kal7ium ein ausgezeichnetes Mittel. Versuchen Sie es bei jedem Bruch!
Calcium phosphoricum ist ein sehr wichtiges Knochen- und Gewebemittel. Es fördert auch die Neubildung von Gewebe nach dem Knochenbruch.

Modalitäten
Schlechter bei Kälte und Nässe, Zugwind, Wetterwechsel.

Symphytum als Folgemittel
Zur Unterstützung ärztlicher Hilfe (Gips usw.) gibt man Symphytum ein paar Tage nach dem Bruch – doch erst, nachdem Sie Arnica eingenommen haben. Bei Verletzungen der Knochenhaut und zur Anregung der Gewebeneubildung empfiehlt sich ebenfalls Symphytum.

Dosierung
Symphytum, innerlich genommen, wirkt ausgezeichnet bei Augenverletzungen; Symphytum C4, 3 mal täglich 5 Globuli

Unterstützung der Behandlung
Wenn Bein oder Arm vom Gips befreit sind, helfen warme Umschläge:

- Symphytum-Urtinktur: 50 Tropfen auf 1 Glas Wasser
- Leinentuch in die Lösung tauchen
- Tuch um das gebrochene Körperglied als Umschlag anlegen.
- Kyttaplasma eignet sich als Umschlag bei nicht heilenden Brüchen, wenn der Knochen an der Bruchstelle empfindlich ist.

Modalitäten
Besser durch Wärme.
Schlechter bei Bewegung, Berührung und Druck.

Calcium fluoratum für das Bindegewebe
Kalzium ist ein sehr gut wirksames Bindegewebsmittel: Es macht Weiches hart und Hartes weich. Kalzium dient dazu, die Elastizität der Knochen wieder herzustellen. Es verkürzt die Rehabilitationsphase um die Hälfte der Zeit.

Calcium fluoratum D12, 3 mal täglich 5 Globuli

Erfrierungen und Frostbeulen

Unmittelbar nach der Erfrierung dürfen Sie keinesfalls in warme Räume!
Einzelne Glieder und Körperteile, z. B. Nase und Ohren, müssen Sie vorsichtig mit Schnee abreiben. Reiben Sie so lange, bis sie biegsam und gut durchblutet rot werden. Dann erst können Sie vorsichtig (!) ins Warme gehen.

Agaricus bei Jucken und Brennen

Agaricus hilft gegen Schneeblindheit mit eitrigen Augen.

Erfrierungen im Gesicht, an Händen und Füßen mit den typischen Empfindungen wie unerträgliches Jucken und Brennen, als ob die erfrorenen Stellen wie von tausend Eisnadeln durchbohrt wären, behandeln Sie mit Agaricus. Ein Gefühl, als würden die erfrorenen Teile einem nicht mehr gehören, ist kennzeichnend.

Dosierung
2 mal täglich 5 Globuli Agaricus C 6

Modalitäten

Besser durch langsame Bewegung.
Schlechter durch Kälte, Sonne und Berührung.

Petroleum bei aufspringender Haut

2 mal täglich 5 Globuli Petroleum C 6

Erfrierungen und Frostbeulen – vor allem an Händen und Füßen. Vorsicht: Die betroffenen Stellen können sich entzünden und sind sehr schmerzhaft. Schrundenbildung durch die Erfrierung ist möglich.

Modalitäten

Schlimmer werden die Beschwerden morgens, tagsüber und in der Kälte.

Pulsatilla bei Entzündungen

2 mal täglich 5 Globuli Pulsatilla C 6

Frostbeulen und Erfrierungen entzünden sich. Die Haut ist dann purpurfarben und schmerzt.

Modalitäten

Besser: Vorsichtige Bewegung.
Durch Warmwerden vergrößern sich die Beschwerden.

Rhus toxicodendron bei Bläschen

2 mal täglich 5 Globuli Rhus toxicodendron C 6

Typisch ist die Bläschenbildung an erfrorenen Zonen, hier hilft Rhus toxicodendron.

Gehirnerschütterung

Sie erkennen eine Gehirnerschütterung leicht an den blutleeren Lippen, am starren, oft nach oben gerichteten Blick. Sofortige ärztliche

Notfälle bei Kindern

Auch Kleinkinder, Kinder und Jugendliche können leicht in einen Unfall verwickelt sein oder kommen beim Spielen einmal in eine Notsituation. Hier helfen die gleichen homöopathischen Mittel wie bei Erwachsenen. Orientieren Sie sich also allein an der Art der Verletzung und den auftretenden Beschwerden. So finden Sie rasch das geeignete Mittel.

Aber bedenken Sie: Säuglinge und Kleinkinder erhalten lediglich zwei Drittel der hier im Buch angegebenen Menge.

Behandlung ist unerläßlich – besonders wenn der Patient sich erbricht! Bis der Arzt kommt, geben Sie Arnica.

Arnica als erste Hilfe

Arnica kann in allen Potenzen verabreicht werden. C30 und C200 sind sehr gut geeignet. Die Kopfschmerzen bessern sich beim Kopf-nach-vorne-Beugen.

Dosierung

Arnica C30 oder C200, 1 mal 3 Globuli direkt nach dem Sturz, je 3 Kügelchen 1 mal täglich in den 3 darauffolgenden Tagen.

Acidum sulfuricum bei kaltem Schweiß

Nach der Gehirnerschütterung kommt es zu kalten Schweißausbrüchen mit nachfolgendem Kältegefühl der Haut. Die Arme und Finger schmerzen wie nach einem Stromschlag.

Acidum sulfuricum C6, 2–3 mal täglich

Cicuta bei Gedächtnisstörungen

Wenn es nach Kopfverletzungen, meist bei Sportlern, zu Absenzen, Verwirrtheit, Gedächtnisverlust, Schielen oder gar zu epileptischen Beschwerdebildern kommt.

Cicuta C12, 1 mal täglich 5 Globuli

Hypericum bei Hinterkopfverletzungen

Wenn der Patient auf den Hinterkopf gefallen ist und Vergrößerungs- oder Kribbelgefühl im Kopf plagen, hilft Hypericum.

Hypericum C6, 2 mal täglich 5 Globuli

Auch bei Epilepsie oder Haarverlust nach Kopfverletzung können Sie dieses Mittel einsetzen.

Modalitäten

Besser beim Kopf nach hinten Halten.

Natrium sulfuricum bei Folgeschäden

Dosierung
Natrium sulfuricum LM 6, 1 mal täglich 5 Globuli, 1 Woche lang oder bis Wirkung eintritt

Wenn die Gehirnerschütterung schon länger zurückliegt, bei Sprachschwierigkeiten, Neuralgien, Kopfschmerz, Meningitis oder Epilepsie durch Gehirnerschütterung oder bei schweren Kopfverletzungen hilft Natrium sulfuricum.

Persönlichkeitsveränderungen und Depressionen nach Kopfverletzungen lassen sich mit diesem Mittel bessern. Der Betroffene will nicht mehr sprechen und hat Angst vor anderen; auch ist er sehr vergeßlich. Kopfschmerzen vorzugsweise im Hinterkopf, dazu Speichelfluß und Übelkeit deuten auf Natrium sulfuricum als das richtige Mittel. Probieren Sie es aus!

Modalitäten

Besser nach Erbrechen, durch Liegen in abgedunkelten Räumen und bei trockenem Wetter.
Die Symptome verschlechtern sich durch Lärm, Essen, Nach-vorne-Bücken und feuchtes Wetter.

Hitzekrampf

Magnesium phosphoricum bei akutem Krampf

Magnesium phosphoricum LM 6 Tropfen/Globuli alle 2 Stunden, bis Besserung eintritt

Dieses Mittel ist geeignet für jeden akuten Krampf bei großer Hitze als Folge starken Schwitzens mit Mineralverlust.

Hitzschlag

Übermäßige Hitze und Alkohol statt erfrischender Orangengetränke verursachen einen Wärmestau im Körper, der zum Hitzschlag führen kann. Die Haut ist kalt und feucht, Schwäche, Übelkeit, Kopfschmerzen und Muskelkrämpfe sind weitere Begleiterscheinungen. Sobald sich eine Besserung einstellt, hören Sie mit der Einnahme der empfohlenen Mittel auf. Beginnen Sie mit einer Behandlung erst wieder, wenn ein Rückfall auftritt.

Gehen Sie nach einem Hitzschlag nicht sofort in die Kälte, der Körper muß sich erst allmählich abkühlen! Feuchte Kompressen auf der Stirn helfen. Trinken Sie Wasser, langsam, mit etwas Salz und Zucker versetzt.

Aconitum bei heißer, trockener Haut

Bei einem Gefühl von brennender Hitze und trockener Haut sowie großem Durst auf kaltes Wasser hilft Aconitum. Die Augen und die Haut sind rot. Ängstliche Unruhe.

Dosierung
Aconitum C 6, 3 Globuli alle 1–2 Stunden

Modalitäten

Besser durch frische Luft und Kälte.
Schlechter im warmen Zimmer, nachts, durch Lärm, Musik, Tabak.

Belladonna bei heißem Kopf

Charakteristische Merkmale für den Einsatz von Belladonna sind Hitze, Rötung, heißer Kopf, ein hämmernder Puls und geweitete Pupillen.
Eventuell auch Schweiß und Schüttelfrost. Kopfschmerzen. Der Betroffene ist unleidlich und aggressiv.

Alle 15 Minuten 3 Globuli Belladonna C 6

Modalitäten

Besser durch Aufrechtsitzen und Kopfhochlegen.
Schlechter durch Lärm, Licht, Berührung und beim Hinlegen.

Carbo vegetabilis bei Kältegefühl

Kollapszustand. Atem und Körper sind kalt, das Gesicht ist blaß. Es besteht großer Lufthunger, der Kollabierte möchte frische Luft zugefächelt bekommen.

Alle 15 Minuten 3 Globuli Carbo vegetabilis C12

Bryonia bei bewegungsbedingten Kopfschmerzen

Starke Kopfschmerzen, die sich schon beim Versuch, sich zu bewegen oder gar aufzustehen, vertärken. Selbst das Bewegen der Augen verstärkt den Schmerz.

Alle 15 Minuten 3 Globuli Bryonia C 6

Modalitäten

Besser durch Ruhe, Kühle und kalte Getränke.

Dosierung
Alle 15 Minuten 3 Globuli Glonoinum C 6

Glonoinum bei pulsierenden Kopfschmerzen

Typisch sind pulsierende Kopfschmerzen und ein Gefühl, als ob der Kopf größer wäre.

Die Betroffenen können den Kopf nicht auf ein Kissen legen und keine engen Kleider tragen.

Modalitäten

Besser im Schatten und durch kalte Umschläge.
Schlechter in der Sonne, beim Liegen und beim Bücken.

3 Globuli Moschus C 6 alle 15 Minuten

Moschus bei Kreislaufkollaps

Bei Kreislaufkollaps, dramatischem Absinken des Blutdrucks und Schwindel, mit der Gefahr ohnmächtig zu werden, hilft Moschus.

- Vor dem Ohnmachtsanfall Wutausbruch, Schreien, bis die Lippen blau werden.
- Die Augen verdrehen sich nach oben und werden starr.
- Eine Wange bzw. Hand ist rot und kalt, die andere blaß und warm.
- Muskelzuckungen am ganzen Körper.
- Unfreiwilliger Stuhl- oder Harnabgang kann während der Ohnmacht auftreten.

3 Globuli Veratrum album C 6 alle 15 Minuten

Veratrum album bei Kollaps und blauer Haut

Atem und Körperoberfläche werden durch den Kreislaufkollaps ganz kalt, die Haut wird blau.

Das Gesicht sieht eingefallen aus, auf der Stirn oder im Kopfbereich tritt kalter Schweiß auf.

Alle 15 Minuten 3 Globuli Cuprum metallicum C12

Cuprum metallicum bei Kollaps und Muskelkrampf

Allgemeinsymptome: Kollaps, verbunden mit heftigen Muskelkrämpfen, das Gesicht läuft blau an.

Stündlich 5 Globuli Cantharis C 6

Cantharis bei Blasenproblemen

Charakteristisch ist, daß der Betroffene nach dem Hitzschlag kein Wasser lassen kann.

Insektenstiche

Hypericum heilt Insektenstiche. Zu weiteren Insektenstichen siehe »Bienenstiche«, Seite 250f., »Wespenstiche«, Seite 270.

Hypericum bei starkem Schmerz

Hypericum ist das »Arnica der Nerven«. Es lindert und heilt Insektenstiche aller Art, wenn als Begleiterscheinung starke Schmerzen auftreten.

Dosierung
5 Globuli Hypericum C6, alle 2 Stunden, bis Besserung eintritt

Modalitäten

Taubheitsgefühl und eine allgemeine Verschlimmerung der Beschwerden durch Kälte.

Apis mellifica bei brennendem Schmerz

Wenn der Stich wie ein Bienenstich schmerzt, hilft Apis mellifica. Die Schwellung ist rosarot und wäßrig, brennend, stechend.

5 Globuli Apis mellifica C6, alle 2 Stunden, bis Besserung eintritt.

Modalitäten

Kühle Umschläge bessern den Zustand. Wärme verschlechtert die Beschwerden.

Arnica hilft bei allen Verletzungen und darf deshalb nie im Reisegepäck fehlen. Es heilt Prellungen, Zerrungen, Quetschungen, Muskelkater, Blutergüsse …

Staphisagria ist auch ein sehr gutes Mittel gegen Gerstenkorn; 2 mal täglich 2 Globuli C 6

Schutz gegen Mücken- und Insektenstiche

1–2 mal täglich 1–2 Tabletten Staphisagria D 3. Diese Vorbeugung ist nur sinnvoll, wenn Sie zur fraglichen Zeit keine anderen homöopathischen Mittel zu sich nehmen. Eine Einnahme allopathischer Medikamente – besonders Antibiotika – blockiert ebenfalls die Wirkung von Staphisagria.

Ledum gegen die Schmerzen bei kalter Haut

Dosierung **5 Globuli Ledum C 6 alle 2 Stunden**

Der Schmerz ist stechend, brennend; die Haut um den Stich herum ist kalt oder wird als kalt empfunden. Die Einstichstelle eitert gern.
Apis mellifica können Sie auch im stündlichen Wechsel mit Ledum in der Potenzierung C 6 anwenden.

Modalitäten

Kalte Umschläge bessern.
Wärme verschlimmert.

Muskelriß

Calendula

3 mal 5 Globuli Calendula C 6

Calendula ist gut wirksam bei Muskelriß, wenn Kälte, Sitzen und Stehen die Beschwerden verschlimmern.

Modalitäten

Besser durch Wärme und ruhiges Liegen.

Umschläge bei Muskelriß

Geben Sie 15 Tropfen Calendula-Urtinktur in 1 Tasse Wasser, gießen Sie diese Mischung auf ein sauberes Tuch, und machen Sie damit Umschläge.
Wie beim Muskelkater (Seite 102f.) helfen auch beim Muskelriß Arnica und Bryonia.

Rippenbruch

Arnica gegen stechenden Schmerz und Schwitzen

Sichere Hinweise auf Arnica: Angst vor Berührung, man fühlt sich wie zerschlagen, weist den Behandler von sich. Das Bett erscheint knochenhart. Der Kopf ist heiß, der übrige Körper kalt.

Dosierung
2 mal täglich 3 Globuli Arnica C 30, bis Besserung eintritt

Bei Rippenbruch fühlt sich alles wund an, stechende Schmerzen quälen, man ist schweißgebadet.

Modalitäten

Besser beim Liegen, durch Wärme und frische Luft. Durch Druck auf die Brust.
Schlimmer durch Berührung, Bewegung, Erschütterung – auch durch feuchte Kälte.

Symphytum als Folgemittel stärkt die Knochen

Symphytum ist ein Folgemittel von Arnica, setzen Sie es ein paar Tage nach dem Unfall ein. Es beschleunigt die Gewebeneubildung nach dem Bruch.

3 mal 5 Globuli Symphytum C 4

Rißwunden

Arnica als Wundheilmittel

Arnica, das wichtigste Wundheilmittel der Homöopathie, hilft vorzüglich bei allen Rißwunden. Es stillt die Blutung und wirkt schmerzlindernd.

3 mal 5 Globuli Arnica C 6

Calendula wirkt antiseptisch

Die starke antiseptische Wirkung von Calendula können Sie doppelt nutzen: innerlich und äußerlich.

3 mal 5 Globuli Calendula C 6

5–10 Tropfen Urtinktur auf eine Gaze geben, auf die Wunde legen und verbinden.
Der große Vorteil gegenüber chemischen Antiseptika: Calendula verlangsamt die Wundheilung nicht, sondern beschleunigt sie.

Schock

Dosierung

Aconit bei Schock nach Unfällen

Aconit C 30, 3 Globuli alle 1–2 Stunden, bis Besserung eintritt

Bei einem Schock nach Unfällen, wenn die Betreffenden so reagieren, als sei nichts passiert, auch völlig ruhig erscheinen, aber dennoch zittern vor Angst, gibt man Aconit.

Ambra nach Aufregung

Ambra C 30, 1 mal 3 Globuli täglich, 3 Tage lang

Wenn der Schock infolge von Aufregung entstanden ist, hilft Ihnen das homöopathische Mittel Ambra.
Bei Menschen, die wegen großer Sorgen nicht schlafen können, lieber allein sein wollen, durch fremde oder ungewohnte Gesellschaft aus dem Gleichgewicht gebracht werden, haben Sie mit diesem Mittel Erfolg.

Gelsemium bei Angst und Lampenfieber

Gelsemium C 30, alle 2–3 Stunden 3 Globuli, bis Besserung eintritt

Eine Arznei, die bei allen Folgen von schlechten Nachrichten, bei Lampenfieber und Prüfungsangst gute Dienste tut, ist Gelsemium. Dumpfe Kopfschmerzen, manchmal auch Durchfall, nach dem Schock sind charakteristisch.

Modalitäten

Besser durch Wasserlassen und an der frischen Luft, Tee oder Kaffee.

Opium nach Angst und Ärger

Alle 2–3 Stunden 3 Globuli Opium C 30, bis Besserung eintritt

Folgen von Schock, Schreck, Angst und Ärger behandeln Sie mit Opium. Benommenheit nach dem Schock ist typisch, der Patient ist kaum ansprechbar. Das Gesicht ist heiß und rot. Die Lippen und Zunge sind bläulich.
Opium hilft besonders gut, wenn man in einem absoluten Stimmungshoch in einen Schockzustand gerät, z. B. bei einem unvorhergesehenen Verkehrsunfall. Wirksam ist Opium auch nach einem Sonnenstich oder bei Kopftraumen. Auffallend geringe Schmerzempfindung zeigt, daß Opium das richtige Mittel ist.

Kalium phosphoricum bei Erschöpfung

Bei nervöser und körperlicher Erschöpfung nach dem Schock. Der

Betroffene will allein sein, ist lustlos, deprimiert. Alles fällt ihm schwer, auch die leichteste Arbeit. Das Mittel hilft auch bei Kopfweh nach Überarbeitung, wenn die Schmerzen im Hinterkopf spürbar sind, mit Schwindelanfällen.

Dosierung
2 mal täglich 5 Globuli Kalium phosphoricum C 6

Modalitäten

Besser durch Wärme und Ruhe sowie nach dem Essen.

Arnica nach Operation oder Stichen

Schock nach Zahnextraktionen, nach Stichen von Bienen, Wespen, Hornissen, Hummeln erleichtert Arnica. Hitze in Gesicht und Kopf ist typisch, der restliche Körper ist eiskalt. Reichliche kalte Schweißausbrüche.

Arnica C 30, 1 mal 3 Globuli täglich, 3 Tage lang

Sobald der Betreffende den Kopf hebt, wird ihm übel, beim Augenschließen schwindlig. Er schickt den Behandler weg, weil ihm angeblich nichts fehlt.

Sehnenriß

Rhus toxicodendron als erste Hilfe

Rhus toxicodendron ist das typische Mittel, wenn die Beschwerden bei fortgesetzter Bewegung besser werden, z. B. bei längerem Laufen.

Rhus toxicodendron C 6, alle 2 Stunden 3 Globuli

Modalitäten

Schlechter nachts, durch Bettwärme und in der Ruhe.
Besser durch Wärmflasche oder ein warmes Bad, durch Reiben und Kneten, durch Wärme mit Schwitzen.

Dunkel und kühl lagern

Bewahren Sie Ihre homöopathischen Mittel, die Notfalltropfen, Dr. Bachs Blüten und die Produkte von Dr. Schüßler in dunklen Gefäßen kühl auf. So halten sie unbegrenzt.

Calcium fluoratum – das Elastizitätsmittel

Dosierung
3 mal 5 Globuli Calcium fluoratum D12

Diese Arznei, die Weiches hart macht und umgekehrt, ist auch bei Bänder- und Sehnenrissen sehr zu empfehlen.
Calcium fluoratum stellt die Elastizität wieder her und bewirkt eine schnellere Heilung.

Modalitäten

Besser durch Wärme, besonders Bettwärme.
Schlechter durch Kälte, Zugluft und Wetterwechsel.

Sonnenstich

Ohne Kopfbedeckung in der prallen Sonne Beach-Volleyball zu spielen, ist nicht nur unmodisch, sondern auch höchst gefährlich: Durch die Einwirkung langwelliger Wärmestrahlen kommt es zu einer Reizung der Hirnhäute, also zum Sonnenstich.

Die Haut ist heiß und trocken, der Patient fühlt sich schlecht, schläfrig, vielleicht auch fiebrig. Durst, auch Erbrechen und Durchfall sind möglich.

Aconit

3 Globuli Aconit C 30 alle 1–2 Stunden

Wenn man in der Sonne eingeschlafen ist, man fühlt sich beim Erwachen unwohl. Beim Versuch aufzustehen, wird einem übel. Das Gesicht wird totenblaß, während das Blut im Kopf heftig pulsiert.

Modalitäten

Wasserlassen bessert den Kopfschmerz.

> **Vorsicht bei Sonnenstich!**
> Gehen Sie nach einem Sonnenstich nicht sofort in einen kalten Raum, erst allmählich darf sich der Körper an Kühle gewöhnen! Feuchte Kompressen auf der Stirn helfen. Trinken Sie Wasser, aber langsam und mit etwas Salz und Zucker versetzt.

Gelsemium bei Schwäche

Es besteht eine zittrige Schwäche, die Augenlider können vor lauter Schmerz kaum offen gehalten werden. Ein betäubender Kopfschmerz beginnt im Nacken oder am Hinterkopf und wandert zu Stirn und Augen.

Dosierung
3 Globuli
Gelsemium C 30
alle 1–2 Stunden

Modalitäten

Wenn der Kranke Wasser lassen kann, bessert sich der Kopfschmerz.

Apis bei gespannter Haut und steifem Nacken

Aufgedunsenes Gesicht mit gespannter, rosafarbener Haut. Symptome der Hirnhautreizung wie Nackensteifigkeit, den Kopf ins Kissen bohren oder ihn hin- und herrollen, bei Kindern auch schrilles Schreien im Schlaf. Die Reflexe sind gesteigert, der Betroffene ist empfindlich gegen die geringste Berührung. Wenig Durst.

Stündlich
3 Globuli
Apis C 6

Modalitäten

Besser durch Kälte.
Schlechter durch Wärme.

Belladonna bei heißem Kopf und kalten Händen

Hochrotes, heißes Gesicht mit erweiterten Pupillen. Meist kalte Hände und Füße. Klopfende und auch sichtbar pulsierende Schläfen und Halsschlagadern sind ein weiteres Kennzeichen. Gefühl, als ob das ganze Blut im Kopf gestaut wäre. Klopfende Kopfschmerzen, mit Überempfindlichkeit gegen Licht, Lärm und vor allem Erschütterung. Auch Schwindelgefühl ist möglich.

Stündlich
3 Globuli
Belladonna C 6

Modalitäten

Besser durch Zudecken, nach hinten lehnen und Ruhe.
Schlimmer durch noch mehr Sonne, Erschütterung, Lärm, Licht, Bewegung.

Glonoinum bei starkem Pulsieren

Das Gesicht ist rot oder blaß. Im Gegensatz zu den Zeichen, die auf Belladonna verweisen, ist das Pulsieren nicht nur im Kopf, sondern auch im Herzbereich und Brustraum zu spüren. Die Empfindlichkeit gegenüber Erschütterungen ist weniger ausgeprägt. Gefühl, als ob der Kopf zu groß wäre. Auch ein Schwindelgefühl ist zuweilen möglich.

Dosierung
Alle 1–2 Stunden 3 Globuli Glonoinum C 30

Dosierung
Sie können auch Glonoinum C 6 im Wechsel mit Belladonna C 6 einnehmen: alle 15 Minuten 3–5 Globuli.

Modalitäten
Besser durch kalte Anwendungen (kalter Waschlappen). Blutet die Nase, dann werden die Beschwerden ebenfalls besser.
Der Kopfschmerz wird stärker durch Wärme und Bücken.

3 Globuli Meliotus C 30 alle 1–2 Stunden

Melilotus bei unerträglichem, pochendem Kopfschmerz

Das Gesicht ist hochrot. Furchtbare Kopfschmerzen pochen mit jedem Pulsschlag, die Halsschlagadern pulsieren sichtbar. Der Kranke ist verwirrt.

Modalitäten
Falls Nasenbluten eintritt, lassen die Kopfschmerzen nach. Auch Wasserlassen bessert den Zustand.

3 Globuli Veratrum album C 30 alle 1–2 Stunden

Veratrum album bei Übelkeit und Erbrechen

Kommen Übelkeit und Erbrechen zu den allgemeinen Sonnenstichbeschwerden, dazu ein blaues Gesicht mit kaltem Schweiß, deutet dies auf Veratrum album hin.

Stichwunden

3 mal täglich 5 Globuli Arnica C 6

Arnica heilt Wunden

Zur vielseitigen Anwendung von Arnica siehe »Rißwunden«, Seite 261.

3 mal täglich 5 Globuli Hypericum C 6

Hypericum gegen Nervenverletzungen

Speziell dort, wo Nerven verletzt wurden, z. B. an der Fußsohle, den Zehen, Fingerspitzen, ist Hypericum bestens geeignet.

Ledum gegen Muskelverletzungen

Wenn der Stich direkt in einen Muskel gegangen und die verletzte Stelle eiskalt geworden ist, hilft Ledum.

Dosierung
3 mal täglich
5 Globuli
Ledum C 6

Modalitäten

Besser durch Kälte, kalte Umschläge, kalte Luft.
Schlechter durch Zudecken und alkoholische Getränke.

Verbrennungen

Bitte beachten Sie: Bei schweren Verbrennungen müssen Sie immer sofort zum Arzt!

Sofortmaßnahme: Arnica

Bei Verbrennungen sofort Arnica einnehmen; es hilft gegen den Schock!

5 Globuli
Arnica C 6,
alle 10 Minuten

Wundversorgung bei Verbrennungen

- Reinigen Sie die Wunde mit Calendula-Urtinktur: 10 Tropfen auf 1 Glas gekochtes und wieder abgekühltes Wasser.
- Neben Calendula-Urtinktur hilft auch unverdünnter Essig (nicht Essigessenz), den Sie auf die Haut auftragen.
- Legen Sie dann einen Verband mit Combudoron-Gel oder -Essenz an (aus der Apotheke).
- Wenn auf der Wunde neue Haut entsteht, kann Combudoron Salbe oder Hametum Salbe verwendet werden. Sie fördert die Heilung.

Hitze gegen Verbrennungen – für Mutige

Die Methode, die verbrannten Stellen mit kaltem Wasser zu übergießen, hat sich bis heute erhalten.
Ravi und Carola Roy dagegen empfehlen in ihrem Buch »Selbstheilung durch Homöopathie«, die Brandwunde noch einmal kurz in die Nähe der Hitzequelle zu halten.
Der momentane Schmerz überdeckt dann durch die abermalige Hitzeeinwirkung den der Verbrennung.

Ein nochmaliges Herantreten an die Hitzequelle ist Isopathie: Gleiches wird durch Gleiches geheilt.

Verbrennungen in vier Graden

- Verbrennung 1. Grades: Rötung und leichte Schwellung der Haut, Spannungsgefühl und Schmerzen. Die Verbrennung heil narbenlos ab.
- Verbrennung 2. Grades: Blasenbildung. Zellen der Haut werden geschädigt und zerstört. Die Regenerationsfähigkeit der Haut bleibt bestehen, eine narbenlose Heilung kann erfolgen.
- Verbrennung 3. Grades: Zerstörung der Haut. Abheilung nur mit starker Narbenbildung.
- Verbrennung 4. Grades: Totale Zerstörung der Haut. Die Gewebe sind jetzt durch Hitzeeinwirkung schwarz verkohlt; eine Heilung ist nicht möglich. Die zerstörten Hautpartien können nur durch eine Transplantation ersetzt werden.

Die Selbstheilungskräfte des Körpers werden sofort angeregt und können so mit der Verletzung besser fertig werden. Wer Mut hat, ist mit diesem Tip sehr gut beraten. Die psychologischen Vorteile der Methode liegen auf der Hand: Überwindung bzw. Bearbeiten des Schockerlebnisses und ein größerer Lernerfolg durch nochmaliges Sichvergegenwärtigen des Unfalls.

Verbrennungen 1. Grades

Dosierung

Alle 10 Minuten 5 Globuli Belladonna C6

Belladonna bei roter Haut

Wenn die Haut hochrot oder rot gefleckt ist und der Patient klopfende Schmerzen um die Brandstelle empfindet, nehmen Sie Belladonna. Häufig starkes Kopfweh, jede Erschütterung des Kopfes verschlechtert den Zustand.

Ferrum phosphoricum D12, stündlich 5 Globuli, bei Kindern 3

Ferrum phosphoricum gegen Berührungsempfindlichkeit

Rote Haut mit starker Berührungsempfindlichkeit wird mit Ferrum phosphoricum geheilt. Die Betroffenen sind auffallend erschöpft.

Hamamelis für Zunge und Lippen

Speziell bei verbrannter Zunge oder Gaumen und verbrannten Lippen durch zu heiße Getränke oder Suppen hilft Hamamelis.

Dosierung
Hamamelis C 4, viertelstündlich 5 Globuli

Verbrennungen 2. Grades

Arsenicum album bei Schmerz und Blasen

Brennender Schmerz mit Blasenbildung, die sich durch warme Umschläge bessert, ist typisch für Verbrennungen 2. Grades.
Die Betroffenen sind meist ängstlich und wollen nicht allein sein. Sie möchten unbedingt, daß jemand bei ihnen bleibt. Ängstliche Unruhe ist ein Kennzeichen, auch im Liegen kommen sie nicht zur Ruhe.

Arsenicum album C12, 2 Globuli alle 10 Minuten

Urtica urens bei eingedellten Blasen

Blasen nach Verbrennungen können in der Mitte eine Eindellung haben. Brennender Schmerz mit Jucken, der durch Kälte, kaltes Wasser oder Berührung schlimmer wird, ist ein Kennzeichen, daß Urtica urens hilft.

Urtica urens C 6 stündlich 3 Globuli

Cantharis für brennenden Schmerz

Brennender Schmerz (!) weist auf Cantharis hin; auch wenn Blasen entstanden sind, ist Cantharis die beste Arznei. Frostschauer wechseln ab mit Hitzewallungen. Ruhelosigkeit ist typisch, der Patient muß sich dauernd bewegen. Cantharis sollte als sehr wirksames Mittel bei Verbrennungen in der Hausapotheke unbedingt vorhanden sein!

Alle 10 Minuten 5 Globuli Cantharis C 6

Verbrennungen 3. und 4. Grades

Wenn der Transport in ein Krankenhaus nicht möglich ist:

- Sofort den Notarzt rufen!
- Entfernen Sie vorsichtig die Kleidung aus dem Wundbereich; angeklebte Stoffe aber nicht wegreißen.
- Decken Sie die verbrannten Körperstellen mit sterilem Verbandmaterial (Erste-Hilfe-Set, Hausapotheke) vorsichtig ab.
- Geben Sie keine Salbe, Paste oder ähnliches auf die Brandwunde!

Hier ist nur ein Rat angebracht: Sofort in das nächste Krankenhaus!

Dosierung
Arsenicum album C12, alle 10 Minuten 5 Globuli

Arsenicum album heilt schwarze Blasenränder

Wenn die Blasenränder schwarz verfärbt sind nach der Verbrennung, dann ist für die erste homöopathische Versorgung Arsenicum album das Mittel der Wahl.

Alle 10 Minuten 5 Globuli Causticum C6

Causticum bei verkohlter Haut

Wenn die Haut wie verkohlt aussieht, kann Ihnen Causticum aus der homöopathischen Hausapotheke helfen.

Wespenstiche

Ähnlich wie Bienenstiche (Seite 250f.) behandeln. Speziell gegen Wespenstiche hilft Vespa. Besserung durch Essigumschläge.

Halbstündlich 5 Globuli Vespa C6, bis Besserung eintritt

Vespa

Ähnlich wie Apis bei allen bienenstichartigen Schwellungen wirkt Vespa bei Wespenstichen mit roter Schwellung und heftigen Schmerzen. Der Gestochene ist äußerst gereizt. Gelegentlich sind auch Schwellungen im Mund- und Halsbereich mit brennenden Schmerzen als Begleiterscheinung möglich.

Zeckenbisse

Wichtig: Der Kopf der Zecke muß unbedingt mitentfernt werden.

Zecken sind auf der Haut oftmals nicht sofort zu identifizieren. Sie zeigen sich anfangs als kleine Ausstülpungen. Zecken dürfen Sie niemals ohne Vorbereitung entfernen! Mit Öl oder flüssigem Klebstoff bedecken Sie den sichtbaren Kopf der Zecke, warten ein paar Minuten, drehen sie mit einer Pinzette heraus.

Zur Vorbeugung können die beiden folgenden Mittel mit 14tägigem Abstand verabreicht werden. Nehmen Sie sie möglichst vier Wochen vor dem befürchteten Biß. Der Schutz hält ein halbes Jahr.

- Zeckenbißfieber D200; 2 mal 3 Globuli im Abstand von 15 Minuten.
- Nach 14 Tagen Borelliose D200; 2 mal 3 Globuli in 15minütigem Abstand.

Rechte Seite: Aus den Blüten des Olivenbaums wird eine der 38 Bach-Blüten gewonnen.

DR. BACHS BLÜTEN

*Homöopathie ist ein
großer, aber keineswegs
der einzige Bereich
der umfangreichen und
seit langem bewährten
Naturmedizin.
Neben den von
Samuel Hahnemann
entwickelten
homöopathischen
Arzneimitteln stehen
Ihnen seit langem die
natürlich gewonnenen
Blütenessenzen von
Dr. Edward Bach,
seine Rescue-Remedy-
Notfalltropfen zur
inneren sowie die
Rescue-Salbe zur
äußeren Anwendung
zur Verfügung.*

Blüten als Heilmittel

Dr. Edward Bach entdeckte die Heilkraft, die in frisch gepflückten Blüten steckt und die es ermöglicht, negative Gemütsstimmungen auszugleichen und die Persönlichkeit zu stabilisieren. Dr. Bachs Blütenlehre geht von dem Gedanken aus, daß Krankheiten eine Botschaft des Körpers sind, um den Patienten auf seine Fehler hinzuweisen und nachdenklich zu stimmen. Krankheit, so Dr. Bach, betrifft die Einheit von Körper, Seele und Geist.

Die noch heute nach dem Rezept von Dr. Bach hergestellten Blütenessenzen werden ausschließlich mit reinem Wasser hergestellt; 40prozentiger Alkohol konserviert sie.

Wie Hahnemann – und vor ihm schon Paracelsus und Hippokrates – war auch der Arzt Dr. Edward Bach der Überzeugung: Es gibt keine isolierten Krankheiten, die den Menschen plötzlich von außen angreifen, sondern nur unglückliche, geschwächte oder kranke Menschen, die aufgrund ihrer eingeschränkten Körperabwehr Krankheitserreger aufnehmen. Und hier kann die Natur helfen, den Körper wieder zu stärken und damit vor Krankheiten zu schützen!

Bach-Blütenessenzen herstellen und nutzen

Die Blütenessenzen werden gewonnen, indem voll ausgebildete Pflanzenblüten in reines Wasser, z.B. natürliches, unbelastetes Quellwasser, gelegt werden. Nachdem sie darin drei bis vier Stunden in der Sonne gestanden haben, nimmt man sie aus dem Wasser, setzt der Flüssigkeit zur Konservierung der abgegebenen Blütenstoffe 40prozentigen Alkohol zu und erhält so die heilenden Blütenessenzen.

Bach-Blüten plus Homöopathie?

Die Herstellung und Zuordnung der Bachschen Blütenessenzen wie der Bachschen Notfalltropfen unterscheiden sich grundsätzlich von denen der homöopathischen Mittel. Sie können aber gut parallel eingesetzt werden. Deshalb sollten in Ihrer Haus- und Reiseapotheke die Notfalltropfen von Dr. Bach nicht fehlen.

Bach-Blüten einkaufen

Sie kaufen zur Behandlung fertige, gemischte Bach-Blütenessenzen rezeptfrei in der Apotheke; oder Sie kaufen die Vorratsflaschen,

Stock-Bottles genannt, einzeln oder im Set alle 38 Blütenessenzen. Sie sind rezeptfrei. In England, dem Heimatland von Dr. Bach, erhalten Sie die Blütenessenzen in jedem Drugstore.

Der Arzt Dr. Bach

Der Anspruch des Arztes Bach am Beginn unseres Jahrhunderts, rein natürliche Arzneien ohne chemische Zusätze herzustellen, ist heute noch äußerst modern.

Dr. Edward Bach war praktischer Arzt und Homöopath, aber auch Chirurg, Bakteriologe und Pathologe. Er lebte von 1886 bis 1936 in England, praktizierte in London, gab aber 1930 seine Praxis auf, um sich ganz seinen Forschungen zu widmen.

Er war ein hochsensibler, feinfühliger Mensch, ausgestattet mit dem siebten Sinn, eine einfache und natürliche Heilmethode zu finden. Seine Mittel sollten, so war es sein Wunsch, ohne jegliche chemische Zusätze und für jedermann zugänglich sein.

Rescue-Remedy-Tropfen für den Notfall

Bachs Rescue-Remedy-Tropfen sind bei Schockzuständen nach Unfällen und psychischen Belastungen eine sinnvolle Ergänzung homöopathischer Arzneien. Es sind echte Notfalltropfen.
Die Tropfen enthalten fünf verschiedene Blütenessenzen:

- Cherry Plum, zu deutsch Kirsch-Pflaume, gegen die Angst, außer sich zu geraten
- Clematis, weiße Waldrebe, gegen die Gefahr, bewußtlos zu werden
- Impatiens, Springkraut, gegen Streß und Verkrampfung
- Rock Rose, gelbes Sonnenröschen, gegen Terror- und Panikgefühle
- Star of Bethlehem, doldiger Milchstern, gegen Schock und Betäubung.

Die Tropfen sind in der einzunehmenden Verdünnung in jeder Apotheke rezeptfrei erhältlich. Sie können auch die sogenannten Stock-Bottles mit den Essenzen kaufen; sie enthalten die noch zu verdünnende Substanz.
Sie sollten in keiner Haus- und Notfallapotheke fehlen – packen Sie auch ein Fläschchen in den Autoverbandskasten, in die Fahrradtasche und die Handtasche.

Rescue-Remedy-Tropfen für alle Fälle

Rescue-Remedy-Tropfen ersetzen keine ärztliche Behandlung, sie sind jedoch bei Notfällen als erste Hilfe sinnvoll!

- Sie sind bei allen Schock- und Unfallgeschehen unentbehrlich, bei Stürzen und eingeklemmten Fingern, beim Erhalt schlechter Nachrichten genauso wie vor unangenehmen Prüfungen.
- Sie sind auch hervorragend zur Schock- und Verletzungsbehandlung bei Tieren geeignet. Geben Sie die Tropfen ins Trinkwasser oder auf die Zunge des Tieres.
- Rescue-Tropfen im Gießwasser haben schon vielen »kranken« Blumen und Pflanzen geholfen.

Packen Sie Ihre Sporttasche in Zukunft nie mehr ohne Notfalltropfen von Dr. Bach. Auch bei Ausflügen, Radtouren und auf Reisen sollten sie Ihr ständiger Begleiter sein.

Dosierung

- In akuten Fällen 2 Tropfen Konzentrat in 1 Glas Wasser geben und schluckweise trinken.
- Oder 2 Tropfen Konzentrat in 10 Millilitern Wasser auflösen (mit Hilfe einer Tropf- oder Pipettenflasche) und davon viertelstündlich 4 Tropfen auf die Zunge geben oder auf den Handrücken träufeln und aufschlecken.
- Bewußtlosen träufeln Sie die Tropfen auf die Lippen oder auf das Zahnfleisch, die Schläfen, hinter das Ohr, auf die Handgelenke.

Bach-Blütensalbe oder Rescue-Salbe

Für die äußerliche Anwendung, z. B. bei Verbrennungen und Verstauchungen, Insektenstichen und Tierbissen, Wunden, Schuppenflechte und Hautausschlägen sowie Herpes benutzen Sie zweckmäßig die Bach-Blütensalbe, auch Rescue-Salbe genannt. Sie wird auf der Basis der Bachschen Notfalltropfen hergestellt und enthält noch einen sechsten Bestandteil: Crab Apple, Holzapfel. Er hilft gegen den Ekel vor allem Unreinen und bietet damit eine sinnvolle Hilfe bei allen äußeren Hautverletzungen.

38 Blütenessenzen, die jeweils von einer einzigen Pflanzenart gewonnen werden, helfen Körper und Psyche auf natürliche Weise.

Die 38 Blütenessenzen von Dr. Bach

Pflanze	**Anwendungsgebiete**
Agrimony/Kleiner Odermenning	Schüchternheit, Schwierigkeiten, sich anderen zu öffnen
Aspen/Zitterpappel	Angstzustände
Beech/Buche	Intoleranz, Kleinlichkeit
Centaury/ Tausendgüldenkraut	Mangelndes Durchsetzungsvermögen
Cerato/Bleiwurz	Blockierte Intuition
Cherry Plum/Kirschpflaume	Angst vor Kontrollverlust
Chestnut Bud/ Kastanienknospe	Lernschwäche, inkonsequent
Chicory/Zichorie	Egoismus
Clematis/Gemeine Waldrebe	Mangelnde Aufmerksamkeit und Konzentration
Crab Apple/Holzapfel	Übertriebener Ordnungs- und Sauberkeitsdrang
Elm/Larch	Versagensängste bei Überforderung
Gentian/Bitterer Enzian	Pessimismus, mangelnde Zuversicht
Gorse/Stechginster	Hoffnungslosigkeit
Heather/Schottisches Heidekraut	Ich-bezogen, unfähig, die Probleme anderer zu sehen
Holly/Stechpalme	Negative Grundeinstellung zum Leben
Honeysuckle/Geißblatt	Verhaftet in der Vergangenheit
Hornbeam/Hainbuche	Geistige Erschöpfung
Impatiens/Springkraut	Ungeduld, innere Unruhe
Larch/Lärche	Mangelndes Selbstvertrauen

Pflanze	Anwendungsgebiete
Mimulus/Gauklerblume	Angst, fehlender Mut
Mustard/Ackersenf	Mangelnde Lebensfreude, depressive Stimmungen
Oak/Eiche	Starrsinn
Olive/Olivenbaum	Streß, Erschöpfung, Müdigkeit
Pine/Schottische Föhre	Schuldgefühle, Selbstvorwürfe
Red Chestnut/Rote Kastanie	Übertriebene Angst
Rock Rose/Gemeines Sonnenröschen	Angst, Schrecken, innere Unruhe
Rock Water/Quellwasser	Selbstkasteiung
Scleranthus/Einjähriger Knäuel	Entscheidungsängste, Gefühlsschwankungen
Star of Bethlehem/ Goldiger Milchstern	Sorgen, Schmerzen, innere Blockaden, unverarbeitete Erlebnisse
Sweet Chestnut/Edelkastanie	Verzweiflung, Hoffnungslosigkeit
Vervain/Eisenkraut	Unruhe, Anspannung
Vine/Weinrebe	Unterdrückung anderer
Walnut/Walnuß	Stärkung der Persönlichkeit
Water Violet/ Sumpfwasserfeder	Übertriebener Stolz, Überlegenheitsgefühl, innere Distanziertheit, Isolation
White Chestnut/Roßkastanie	Gefangen in hemmenden Gedanken, mangelnde Konzentration
Wild Oat/Waldtrespe	Zur Selbstfindung
Wild Rose/Heckenrose	Resignation, Isolation
Willow/Weide	Verbitterung

Wenn Sie sich mit Hilfe eines Fachmanns über die Blütentherapie informieren, können Sie sich selbst ein passendes Mittel zusammenstellen.

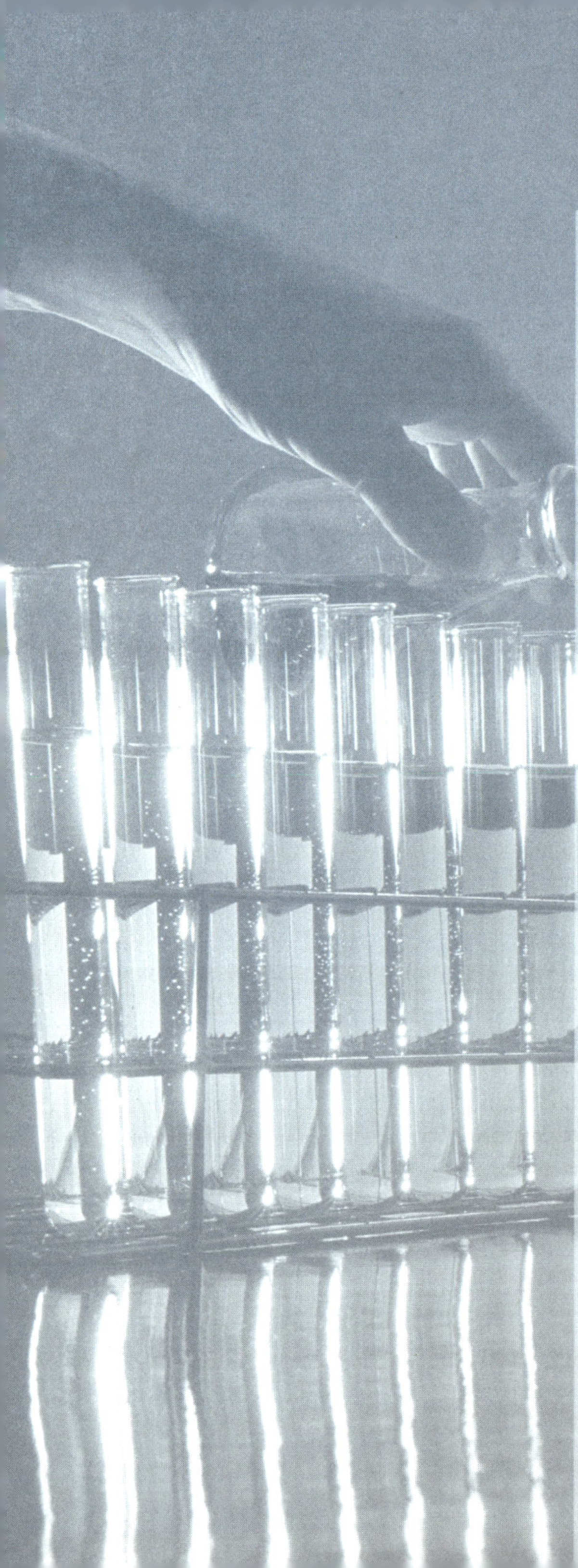

DIE BIOCHEMIE VON DR. SCHÜSSLER

Wie Samuel Hahnemann mit der Homöopathie und Dr. Edward Bach mit seinen Blütenessenzen, so setzte auch Dr. Wilhelm Heinrich Schüßler natürliche Stoffe zur Heilung im Krankheitsfall ein. Er nutzte Mineralsalze in seiner Therapie. Mit der sogenannten Biochemie stellte er Arzneien her, die sich bei Menstruationsbeschwerden, Migräne, Trigeminusneuralgien, Nervenbeschwerden, Entzündungen, Husten, Zahnbeschwerden und allgemeiner Abwehrschwäche bewährt haben.

Schüßler-Mittel Nr. 1 bis 12

Dr. Schüßler entwickelte in einem biochemischen Verfahren aus zwölf Mineralsalzen, die im menschlichen Körper enthalten sind, einzelne Arzneimittel, die bei ganz unterschiedlichen Beschwerden angewendet werden können. Die Biochemie beschäftigt sich mit Substanzen, die im lebenden Organismus vorkommen, ihrer Zusammensetzung und Wirkungsweise. Schüßler entdeckte in Versuchen, daß z. B. Kalzium Knochen und Zähne stärkt, Kalium Nerven und Herz hilft, Silicea die Abwehrkräfte mobilisiert (Tabelle Seite 280).

Der Arzt Dr. Schüßler

Ende des 19. Jahrhunderts hat der Arzt Wilhelm Heinrich Schüßler (1821–1898) die sogenannte Biochemie entwickelt. Sie umfaßt die zwölf Mineralsalze, die bei der Veraschung von Körpergewebe nachweisbar sind.
Dr. Schüßler fand heraus, daß diese mineralischen Salze eine tiefgreifende umstimmende Wirkung im menschlichen Körper hervorrufen, setzt man sie in den Potenzierungen D3, D6 und D12 therapeutisch ein.

»Die Heiße 7«

Mehrmals in diesem Buch ist die Nummer 7 der Schüßler-Präparate erwähnt, ein hervorragendes krampflösendes Mittel.

- Die »Heiße 7« wirkt bei allen Koliken und Krämpfen.
- Sie ist das Mittel der Wahl bei Menstruationsbeschwerden.
- Sie lindert Migräne und langanhaltende Kopfschmerzen.
- Sie hilft bei Trigeminusschmerzen im Gesicht.
- Sie lindert lästige Koliken.
- Sie heilt hartnäckigen und schmerzenden Krampfhusten.

Dr. Schüßler stellt Ihnen zwölf Mittel zur Verfügung, die Ihnen schon aus der Homöopathie vertraut sind. Die »Heiße 7« ist ein Spezialrezept.

Dosierung

Man löst 10 Tabletten des siebten Schüßler-Mittels Magnesium phosphoricum D6 in 1 Glas heißem Wasser auf und trinkt alle 2 bis 5 Minuten einen Schluck. Bitte häufig umrühren, da Magnesium phosphoricum schwer löslich ist.

Im Gegensatz zu Hahnemann und Bach sind Schüßlers Arzneien ausschließlich aus mineralischen Stoffen hergestellt.

Die zwölf Schüßler-Mittel

1. Calcium fluoratum als Knochen-, Zahn und Elastizitätsmittel
2. Calcium phosphoricum, das Heilmittel »anämischer Zustände und Restaurationsmittel der Gewebe«
3. Ferrum phosphoricum bei Entzündungen aller Art im ersten Stadium (Trockenheit, Röte und Schmerz)
4. Kalium chloratum für Haut, Schleimhäute, Brust- und Rippenfell usw. im zweiten Entzündungsstadium (der serösen Ausscheidung)
5. Kalium phosphoricum ist das Nerven-, Herz- und Entzündungsmittel
6. Kalium sulfuricum bei allen Krankheiten, die nicht richtig herauskommen und im dritten Entzündungsstadium der Eiterung
7. Magnesium phosphoricum, die »Heiße 7«, lindert Krämpfe, beruhigt Schmerzen. Dosierung: 10 Tabletten in heißem Wasser auflösen, schluckweise trinken
8. Natrium muriaticum für den schwerfälligen, müden, traurigen Menschen
9. Natrium phosphoricum für »saure« Menschen: saures Aufstoßen, Sodbrennen, saure Schweiße usw.
10. Natrium sulfuricum für Menschen mit verwässerten, schwammigen Geweben
11. Silicea bei Kindern, die nicht wachsen wollen, bei Patienten mit Abwehrschwäche – ein Präparat für Haut, Nägel, Haare
12. Calcium sulfuricum – Bindegewebsmittel, bei Rheumatismus und Gicht, bei Eiterungen

Die homöopathische Hausapotheke

Homöopathisches Mittel	Potenz	Einsatz
Acidum sulfuricum	C 6	Gehirnerschütterung
Aconitum napellus	C 30	Fieber, Nervenschmerzen, Ohrenschmerzen
Agaricus	C 6	Erfrierungen
Ambra	C 30	Schock
Apis mellifica	C 6 C 12	Entzündungen, Insektenstiche
Arnica	C 6 C 12, C 30	Verletzungen, Prellungen, Zerrungen, Blutergüsse
Arsenicum album	C 6 C 12	Schmerzen, Übelkeit, Angst
Badiaga	C 6	Blutergüsse
Belladonna	C 6	Fieber, Schüttelfrost, Hitzschlag, Sonnenbrand
Bellis perennis	C 6	Quetschungen mit Abszeßgefahr, Rückenverletzungen
Bovista	C 6	Verstauchungen
Bryonia alba	C 6	Schmerzen, Rheuma
Calcium fluoratum	D 12	Haut-, Knochenverletzung
Calcium phosphoricum	D 12	Verletzungen
Calendula	C 4, C 6	wirkt antiseptisch
Cantharis	C 6	Verbrennungen
Carbo vegetabilis	C 12	Gastritis, Blähungen
Causticum	C 6	Verdauungsbeschwerden, Lähmungen, Ischias

Diese Grundausstattung homöopathischer Mittel sollten Sie immer zur Hand haben.

Diese homöopathischen Mittel erhalten Sie in den meisten Apotheken.

Homöopathisches Mittel	Potenz	Einsatz
Cicuta	C 12	Gehirnerschütterung
Colocynthis	C6	Koliken, Ischias, Trigenimusneuralgien
Conium	C 6	Magenschmerzen, Schwindel, Lähmungen
Cuprum metallicum	C 12	Kollaps
Ferrum phosphoricum	D12	Fieber, Entzündungen, Sonnenbrand
Gelsemium	C 30	Grippe, Zittern, Durchfall, Lähmungen
Glonoinum	C6 C30	Kopfschmerz, Hitzschlag, Angina pectoris
Hamamelis	C4	Blutende Hämorrhoiden
Hypericum perforatum	C 6	Nervenschmerzen, Verletzungen der Wirbelsäule, Querschnittslähmungen
Ipecacuanha	C 6	Übelkeit, Erbrechen, Husten, Uterusblutung
Kalium phosphoricum	C 6	Kopfschmerz, Schlaflosigkeit, Überforderung
Ledum	C6	Rheuma, Artritis,Gicht, blaue Flecken
Magnesium phosphoricum	LM6 D12	Schmerzen, Ischias, Migräne, Trigenimusneuralgien, Kolik, Krämpfe
Melilotus	C30	Sonnenstich, Kopfschmerz

Homöopathisches Mittel	Potenz	Einsatz
Moschus	C6	Kreislaufkollaps
Natrium muriaticum	LM6	Depressionen, Kopfschmerz, Migräne, Verdauungs beschwerden, Bronchitis
Natrium sulfurium	LM6	Verdauungsbeschwerden, Schwangerschaftserbrechen, Melancholie
Nux vomica	C6	Magenbeschwerden nach reichlichem Alkoholgenuß, Überforderung
Opium	C30	Schock
Petroleum	C6	Magen-, Darmbeschwerden, Frostbeulen, Übelkeit
Phosphorus	C12	Menstruationsbeschwerden, Magen-, Darmbeschwerden, Herzerkrankungen, Knochenverletzungen
Pulsatilla	C6	Hämorrhoiden, Krampfadern, Mittelohrentzündung
Rhus toxicodendron	C6	Zerrungen, Verrenkungen, Überlastung
Ruta graveolens	C4 C6	Stoß-, Schlagverletzungen, Quetschungen
Symphytum	C4	Knochenbruch
Urtica urens	C6	Verbrennungen
Veratrum album	C6 C30	Kollaps, Brechdurchfall
Vespa	C6	Bienen-, Wespenstich

Die Selbstbehandlung kann – vor allem in chronischen Fällen – nicht das vertrauensvolle Gespräch mit dem Homöopathen ersetzen.

LITERATUR

Boericke: Homöopathische Mittel und ihre Wirkungen. Verlag Grundlagen und Praxis. Leer 1973

Coulter, Catherine R.: Portraits homöopathischer Arzneimittel. Band I und II. Haug-Verlag. Heidelberg 1988

Friedrich, E. und P.: Charaktere homöopathischer Arzneimittel. Traupe-Verlag. Höhenkirchen 1991

Fritsche, Herbert: Samuel Hahnemann, Idee und Wirklichkeit. Ulrich Burgdorf-Verlag. Göttingen 1987

Jaedicke, H. G.: Dr. Schüßlers Biochemie. Alwin Fröhlich-Verlag. Bad Vilbel 1991

Kents Repertorium. Haug-Verlag. Heidelberg 1986

Kents Arzneimittelbilder. Haug-Verlag. Heidelberg 1990

Köhler, Gerhard: Lehrbuch der Homöopathie. Band 1 und 2. Hippokrates-Verlag. Stuttgart 1988

Murphy, Robin: Homoeopathic Medical Repertory. Indian Books. New Dehli 1994

Rose, Barry: The family guide to Homoeopathy. Dragons World Book. London 1992

Roy, Ravi und Carola: Selbstheilung durch Homöopathie. Droemer Knaur. München 1988

Scheffer, M.: Bach-Blütentherapie. Hugendubel. München 1991

Staufer, K.: Homöotherapie. Sonntag-Verlag. Regensburg 1986 (Faksimile-Nachdruck)

Vithoulkas, G.: Essenzen homöopathischer Arzneimittel. Sylvia Faust-Verlag. Frankfurt 1990

Vithoulkas, G.: Materia Medica viva. Band I bis IV. Burgdorf-Verlag. Göttingen 1995

Voegeli, Adolf: Heilkunst in neuer Sicht. Haug-Verlag. Heidelberg 1988

Mezger, Julius: Gesichtete Homöopathische Arzneimittellehre. Haug-Verlag. Heidelberg 1985

Bildnachweis

Karin de Cuveland, Bornheim: S. 271; Das Fotoarchiv, Essen: S. 8 (Riedmüller), 180, 272 (Schwerberger), 243 (Bentley); DIAGENTUR Elke Stolt, München: S. 172 (M. Stolt); Homöopathie-Forum, Gauting: S. 11, 20, 51, 56, 82, 100, 107, 122, 132, 186, 199, 209, 229, 233, 259; IFA-Bilderteam, München: S. 114 (TPL), 139 (Heron), 162 (Diaf), 278 (ICS); Alfred Pasieka, Hilden: S. 12; Premium, Düsseldorf: S. 2 (Turnau), Hans Seidenabel, München: S. 40; Tony Stone, München: Titel (Husmo), S. 30 (Correz), 238 (Hunter), 248 (Ayres)

© 1995 Südwest Verlag
GmbH & Co. KG, München
Alle Rechte vorbehalten

Redaktion: Dr. Elisabeth Veit
Medizinische Fachberatung:
Dr. med. Christiane Lentz
Redaktionsleitung: Ernst Dahlke
Bildredaktion: Barbara Glöggler
Produktion: Manfred Metzger
Umschlag und Layout:
Heinz Kraxenberger, München
DTP/Satz: AVAK Publikationsdesign, München
Druck und Bindung: Legoprint, Trento
Printed in Italy

Gedruckt auf chlor- und säurearmem Papier
ISBN 3-517-01529-6

Hinweis

Alle Angaben in diesem Buch beruhen auf dem aktuellen Stand von Wissenschaft und Forschung. Der Leser darf darauf vertrauen, daß alle Hinweise auf Therapien beziehungsweise Dosierungen ebenfalls diesem Stand entsprechen; dies gilt insbesondere auch für alle Anregungen zur Selbstbehandlung.

Grundsätzlich sollten jedoch alle Befindlichkeitsstörungen mit einem Arzt besprochen werden, ehe eine Selbst behandlung vorgenommen wird.

Insbesondere sollte abgeklärt werden, daß etwaige vorliegende Beschwerden nicht Symptome von Krankheiten sind, die dringender ärztlicher Behandlung bedürfen. Weil bei jeder Therapie immer die genauen Umstände des Einzelfalls berücksichtigt werden müssen, sollten auch alle in diesem Buch empfohlenen Anwendungen mit dem Arzt besprochen werden.

Für den Erfolg beziehungsweise die Richtigkeit der Anwendungen können Autoren, Redaktion und Verlag deshalb keine Gewähr übernehmen.

KRANKHEITS-/BESCHWERDENREGISTER

Homöopathie-Forum

Zentrale für homöopathische Information

Das Homöopathie-Forum ist ein Zusammenschluß von Klassischen Homöopathen und an der Homöopathie Interessierten aus der ganzen Bundesrepublik.

Diese Organisation wurde ins Leben gerufen mit dem Ziel, eine Zentrale für Information, Austausch und Unterstützung bezüglich Klassischer Homöopathie zu bieten.

Unsere Aufgaben:

- Herausgabe eines bundesweiten Therapeutenverzeichnisses
- Information durch Vorträge, Literaturempfehlungen, Herausgabe einer Fachzeitschrift
- Einführungsseminare in die Klassische Homöopathie für Laien
- Fachausbildung zum Klassischen Homöopathen für Heilpraktiker und Ärzte
- Komplettausbildung zum Heilpraktiker-Homöopathen
- Fortbildungsseminare für praktizierende Homöopathen
- Öffentlichkeits- und Aufklärungsarbeit über Klassische Homöopathie

Wenn Sie weitere Informationen wünschen, wenden Sie sich bitte an das:

Homöopathie-Forum e.V., Grubmühlerfeldstr. 14 a, 82131 Gauting,

Tel. 0 89/8 50 03 56, Fax. 0 89/8 50 37 45